工业和信息化普通高等教育 "十三五"规划教材立项项目 | 全国跨境电商"十三五"系列教材

U0734047

跨境电商实务
速卖通运营与实操

余以胜 吕星海 杨泽乾◎主编

梁华 郑经全 钟小立◎副主编

CROSS-BORDER
E-commerce Practice

微课版

人民邮电出版社

北京

图书在版编目（CIP）数据

跨境电商实务：速卖通运营与实操：微课版 / 余
以胜，吕星海，杨泽乾主编. -- 北京：人民邮电出版社，
2022.1

全国跨境电商"十三五"系列教材

ISBN 978-7-115-57716-0

Ⅰ. ①跨… Ⅱ. ①余… ②吕… ③杨… Ⅲ. ①电子商
务－商业经营－高等学校－教材 Ⅳ. ①F713.365.2

中国版本图书馆CIP数据核字(2021)第211518号

内 容 提 要

本书着眼于实战，遵循跨境电商行业人才从新手、熟手到能手的成长规律，将理论与实际相结合，从零基础开始，系统、全面地讲解速卖通跨境电商平台运营的基础知识和应用技巧。本书按店铺运营操作流程设计，包括跨境电商概述、跨境电商物流、行业选品、注册开店、商品发布与店铺装修、店铺营销与推广、数据分析与店铺优化、客户服务与订单处理等内容，还设计了与内容匹配、能满足行业职业技能需求的独特的配套任务实训模块。本书基于编者多年跨境电商运营经验、跨境电商教学经验以及带领跨境电商学生团队创业的经验编写而成，内容通俗易懂，后台数据均来源于企业真实运作案例，是一本不可多得的实战型教材。

本书既可作为高等职业学校和普通高等学校电子商务类、经济管理类、国际贸易类和跨境电商类专业的跨境电商实务相关课程的教材，也可作为有意从事跨境电商运营工作的人员的入门指导书，还可作为在电子商务及外贸行业从事跨境电商相关工作的人员、培训机构的参考书。

◆ 主　　编　余以胜　吕星海　杨泽乾

　　副主编　梁　华　郑经全　钟小立

　　责任编辑　刘向荣

　　责任印制　李　东　胡　南

◆ 人民邮电出版社出版发行　　北京市丰台区成寿寺路11号

　　邮编　100164　　电子邮件　315@ptpress.com.cn

　　网址　https://www.ptpress.com.cn

　　固安县铭成印刷有限公司印刷

◆ 开本：787×1092　1/16

　　印张：12.75　　　　　　　2022年1月第1版

　　字数：301千字　　　　　　2025年8月河北第10次印刷

定价：46.00 元

读者服务热线：(010)81055256　印装质量热线：(010)81055316
反盗版热线：(010)81055315

党的二十大报告指出，实施科教兴国战略，强化现代化人才支撑。随着跨境电商行业的蓬勃发展，对跨境电商相关人才的需求在不断增加，对人才的质量要求也在不断提升，国家和社会对跨境电商产业的发展也给予了高度关注。这不仅吸引了大量高校纷纷开设跨境电商专业或者跨境电商实务课程，也让大量有意从事跨境电商运营工作的人员跃跃欲试。编者作为一名在跨境电商行业从事运营工作6年，以及在教育行业任教10多年的教师，深知每位老师在带领学生全面掌握跨境电商核心技能和开展相应的实训时，拥有一本好的教材是多么重要。为此，编者结合自身多年的跨境电商运营实战经验、教学经验和指导学生创业的经验，编写了本书。

本书摒弃了以知识体系为线索的传统编写模式，采用了任务驱动、工学结合的模式，还原了一个跨境电商从业者从生手、熟手到能手的经历，将每个阶段需要完成的任务转化为我们学习的任务，以目前国内体量较大，也较适合新手入门的阿里巴巴全球速卖通平台为例，引领学生进行学习和实训。本书注重以学生为主体，以培养职业核心能力为目标，以真实项目为载体，融"教、学、训、考、创"为一体，强调对跨境电商运营每一环节知识的理解与应用，使学生通过实训环节，达到学以致用的目标。

本书的内容安排如图1所示。

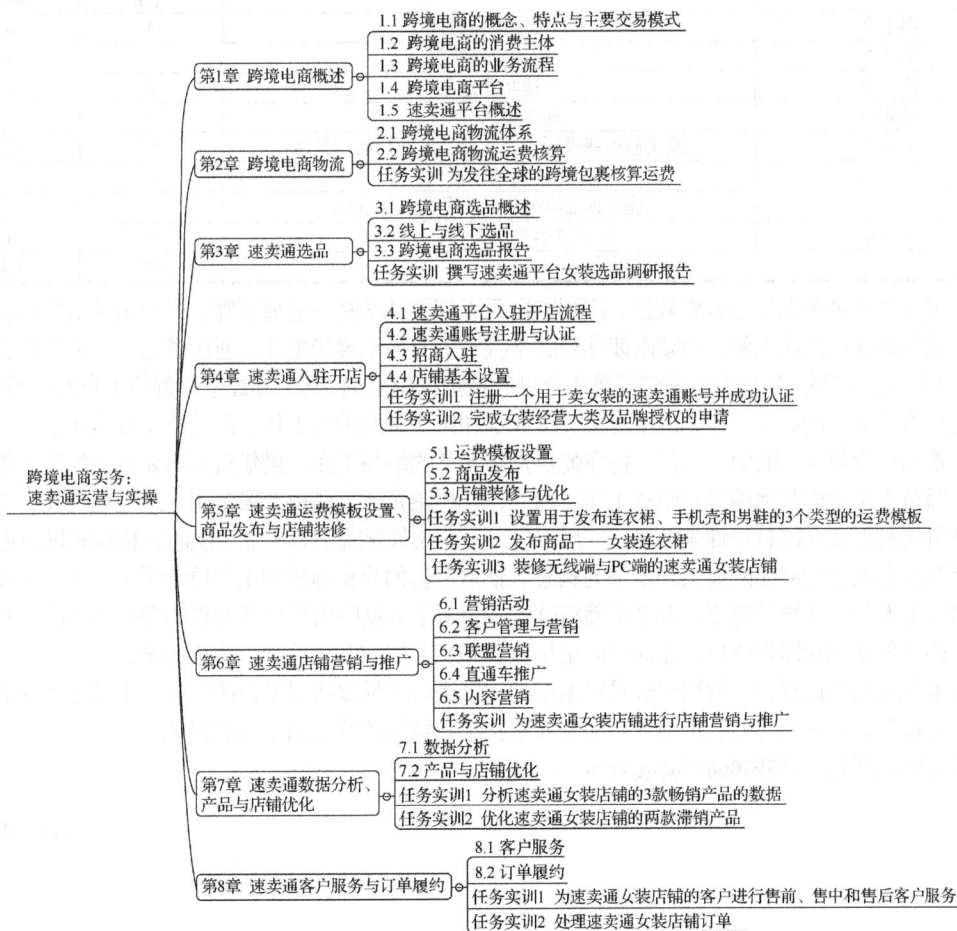

图1　本书内容安排

本书的主要特色和创新点如下。

（1）编写体例新颖：将企业的真实工作任务——跨境电商行业开店运营的工作流程内容转化为学习模块内容，并为相关核心模块设计了配套的任务实训。

（2）系统性强：按照跨境电商行业内工作流程和店铺运营的规律，由浅入深地精选教学内容，既有基础知识的讲解，也有应用技能的提升。

（3）实战性强：本书中的实例、数据和图表均来自企业和平台的真实店铺，有利于读者直观地了解操作流程和进行数据分析；任务实训均与跨境电商行业的工作任务一致，以便与真实的跨境电商平台接轨。

建议使用本书的老师在讲授课程时，使用阿里巴巴全球速卖通真实的卖家后台展开教学。自学本书的读者，有条件的可以以团队的方式在全球速卖通平台开设真实的店铺；如无法开设真实的店铺，也可以使用仿真性高的速卖通实训模拟平台，认真对书中相应的任务实训进行全面的训练，以掌握相关的核心技能。本书学时安排建议如表1所示。

表1　　　　　　　　　　　　　学时安排

项目	课程内容	学时安排	
		讲授	实践
第1章	跨境电商概述	4	0
第2章	跨境电商物流	6	4
第3章	速卖通选品	6	6
第4章	速卖通入驻开店	2	4
第5章	速卖通运费模板设置、商品发布与店铺装修	14	22
第6章	速卖通店铺营销与推广	6	10
第7章	速卖通数据分析、产品与店铺优化	6	10
第8章	速卖通客户服务与订单履约	4	4
学时总计		48	60

本书由华南师范大学余以胜教授、广州市白云工商技师学院吕星海老师、广州铂元信息科技有限公司总经理杨泽乾担任主编，由湖南涉外经济学院电子商务系梁华主任、浙江省电子商务促进会执行秘书长郑经全、广州工程职业技术学院钟小立副教授担任副主编。其中郑经全负责第1章的编写工作，钟小立负责第2章的编写工作，吕星海负责第3章和第7章的编写工作，余以胜负责第4章的编写工作，蓝锦和负责第5章的编写工作，杨泽乾负责第6章的编写工作，梁华负责第8章的编写工作。吕星海老师负责全书的整体编排和统稿工作。另外，广州铂元信息科技有限公司副总经理杨凡，杭州黉宇教育科技有限公司副总经理朱丽娜，广州市白云工商技师学院电商产业学院陈立稳院长以及浙江国贸数字科技有限公司的团队成员为本书的构思、信息资料的收集与整理工作给予了大力支持和帮助，在此对以上人员一并表示感谢。本书在编写过程中参考了大量国内外公开发表的资料和文献，并引用了其中的部分案例和图表资料，在此谨向诸位作者和相关组织及企业表示由衷的感谢。

在本书的编写过程中，编写组成员对本书的内容进行了反复研讨及修改，但由于编者水平有限，书中难免存在表达欠妥之处，恳请读者朋友和专家学者能够拨冗提出宝贵的建议。

编者联系邮箱：2539406875@qq.com。

编　者

目 录

目 录

第1章

跨境电商概述

知识目标

（1）熟悉跨境电商的概念、特点与主要交易模式。

（2）了解跨境电商的消费主体。

（3）了解跨境电商的业务流程。

（4）熟悉主流跨境电商平台的特点。

（5）熟悉速卖通平台的业务模式与相关规则。

能力目标

（1）能根据跨境电商平台的特点，合理选择适合自己的平台。

（2）能运用各国的消费差异为选品或推广决策提供依据。

情景导入

家在广州的黄志远，其家族企业中有服装厂、五金厂、汽摩配厂、化妆品厂等多个生产工厂。近几年来，由于实体店的销售额逐年下滑，企业的产能输出与发展受到了越来越严重的制约。所以，如何拓展产品的销售渠道，成为每个生产型企业急需解决的大事。令人欣慰的是，近几年来，国家大力倡导发展跨境电商，出台了重大利好政策，国际零售市场份额越来越大，发展也越来越快。面对陌生的跨境市场，主要的客户来自哪里？他们有什么特征？目前主流的跨境电商平台有哪些？主流的跨境电商平台有哪些规则？有哪些"高压线"是卖家不能触碰，可能给店铺带来非常大的风险的？该如何开展跨境电商业务？这些问题都需要黄志远的跨境电商团队在一一了解之后才能做出更准确的回答。

1.1 跨境电商的概念、特点与主要交易模式

近年来，随着电子商务产业环境的不断变化，跨境电商逐渐走进了人们的生活。跨境电商是信息技术发展、产业发展、国际分工发展共同作用下的一场行业变革的产物。它不仅冲破了地理上的交易障碍，使全球贸易更加便捷，而且引起了世界经济贸易形式的巨大变革，成为全球贸易的一个重要组成部分。

1.1.1 跨境电商的概念

跨境电子商务（Cross-Border Electronic Commerce）简称跨境电商，是指分属于不同关境的交易主体，通过电子商务平台完成交易，进行跨境支付结算，并通过跨境物流送达商品、完成交易的一种商业活动。

跨境电商的概念有狭义和广义之分。

从狭义上看，跨境电商相当于跨境零售。所谓跨境零售，是指分属于不同关境的交易主体，通过计算机网络完成交易，进行支付结算，并利用小包、快件等方式通过跨境物流将商品送达消费者手中的商业活动。

从广义上看，跨境电商泛指对外贸易的电子商务活动，是分属于不同关境的交易主体通过电子商务的手段，利用网络将传统对外贸易中的展示、洽谈以及成交等各环节电子化、数字化和网络化，并借助跨境物流运送商品、完成交易的一种商业活动。

跨境电商以计算机和网络技术为基础，以商品交易为核心，打破国家与地区之间的壁垒，极大地降低了全球商家与消费者之间的交易门槛，满足了当今世界全球化发展的需求，是电子商务发展的必然结果。

1.1.2 跨境电商的特点

跨境电商是基于网络发展起来的，网络空间相对于物理空间来说是一个新空间，是一个由网址和密码组成的虚拟但客观存在的世界。网络空间独特的价值标准和行为模式深刻地影响着跨境电商，使其不同于传统的交易方式并呈现自己的特点。

从网络空间的角度分析，跨境电商具有如下特点。

1. 全球性（Global）

网络是一个没有边界的媒介，具有全球性和非中心化的特点。依附于网络的跨境电商是以各种跨境电商平台为依托进行国际贸易的活动，它也因此具备了全球性和非中心化的特点。跨境电商与传统的交易方式相比，其重要特点在于跨境电商是一种无边界交易，不受传统交易方式中地理因素的限制。互联网用户不需要考虑地理限制，可以直接把产品和服务信息，尤其是高附加值的产品和服务信息提交到网络平台上。

2. 无形性（Intangible）

网络的发展使数字化产品和服务的传输盛行，而数字化传输是通过不同类型的媒介实现的。例如，数据、声音和图像在全球化网络环境中进行传输，这些内容是以计算机数据代码的形式呈现的，因而是无形的。

基于数字化产品网络传输的特点，数字化产品和服务也必然具有无形性。传统交易以

线下实物交易为主，而在跨境电商的活动中，"无形产品"先在线上实现购买，然后在线下完成交易。

3. 匿名性（Anonymous）

由于跨境电商具有全球性和非中心化的特性，因此跨境电商中的消费者的真实身份和其所处的地理位置很难被识别。在线交易的消费者往往不展示自己的真实身份和自己的地理位置，重要的是这丝毫不影响交易地进行，网络的匿名性也允许消费者这样做。

4. 即时性（Instantaneous）

对于网络而言，传输的速度与时空距离无关。传统对外贸易模式的信息交流方式，如信函、电报、传真等，在信息发送与接收的时间上存在差异，而且在传输过程中还有可能遇到一定的障碍，这使得信息无法流畅、即时地进行传递，在一定程度上影响了贸易活动的正常进行。不同于传统的对外贸易模式，跨境电商中的信息交流，不受时空距离的限制，一方发送信息与另一方接收信息几乎是同时发生的，时间差微乎其微。

5. 无纸化（Paperless）

在传统的对外贸易中，从询价、议价、磋商、订立合同到货款结算，双方乃至多方都需要一系列的书面文件，并且将其当作交易的凭据。而跨境电商主要采取无纸化操作的方式，这是跨境电商交易形式的主要特征。

6. 快速演进（Rapidly Evolving）

互联网是一个快速发展的事物，网络技术、设施和相应软件的发展日新月异。例如，5G 网络即第五代移动通信网络，其峰值理论传输速度可达 10Gbit/s，比 4G 网络的传输速度快数百倍。互联网本身无时无刻不在发生着变化，跨境电商活动也处在瞬息万变的发展过程中。短短几十年中，在电子商务交易从电子数据交换（Electronic Data Interchange，EDI）到电子商务零售业兴起的过程中，数字化产品和服务更是花样百出，不断改变着人类的生活。而跨境电商的出现，使人们在家中动动手指就可以买到境外的产品，享受到境外的服务。新技术、新设备的变革将推动跨境电商快速演进。

1.1.3　跨境电商的主要交易模式

跨境电商按交易模式的不同，可分为企业对企业（Business to Business，B2B）、企业对消费者（Business to Customer，B2C）和消费者对消费者（Customer to Customer，C2C）3 种模式。

1. B2B模式

B2B 跨境电商，是指分属不同关境的企业与企业之间，通过电商平台达成交易、进行支付结算，并通过跨境物流送达商品、完成交易的一种商业活动。相关电商平台主要有"交易佣金+服务费"和"会员制+服务费"两种经营模式。国内采用 B2B 模式的跨境电商平台有阿里巴巴、中国制造网、环球资源网、敦煌网等。B2B 模式主要有以下特点。

（1）单次交易量巨大

商家与商家之间交易的次数较少，但单次交易量及交易金额远大于 B2C 模式和 C2C 模式。

（2）交易对象广泛

交易对象可以是任何一种产品，如它既可以是原材料，也可以是半成品或产成品。相对而言，B2C 模式的交易对象则主要表现为生活消费用品。

（3）交易操作规范

B2B 交易的操作流程更加规范、更加严格，从询价、磋商到结算，各个交易环节均严格地按照合同及 EDI 标准操作。

2. B2C 模式

B2C 跨境电商是指分属于不同关境的企业直接面向个人消费者在线销售产品和服务，通过电商平台达成交易、进行支付结算，并通过跨境物流送达产品、完成交易。相关电商平台主要有"保税进口+海外直邮""自营""自营+招商"3 种经营模式，主要平台有全球速卖通（Aliexpress）、亚马逊（Amazon）、易贝（eBay）、Wish 等。B2C 模式主要有以下特点。

（1）用户量大且群体范围广

B2C 的线上交易方式不仅为消费者节约了时间、精力、资金，而且为企业节省了各种成本，实现了利润最大化，因而广受欢迎，已成为人们习惯性消费方式。

（2）提供多方面的个性化服务

此模式下的销售更加多元化，企业可以提供多方面的个性化服务。

（3）拥有合理的销售渠道

在这种直接面对消费者的销售情况下，企业省去了多个中间商环节，不仅有了固定的供货渠道，还满足了不同消费者的需求。

3. C2C 模式

C2C 跨境电商是指分属不同关境的个人卖方向个人买方在线销售产品和服务，个人卖方通过第三方平台发布产品和服务售卖信息等，个人买方从中进行筛选，最终通过电商平台达成交易、进行支付结算，并通过跨境物流送达产品、完成交易的一种商业活动。个人卖方入驻淘宝全球购、洋码头、海蜜等平台开店等均属 C2C 跨境电商模式，产品多为长尾非标品。C2C 模式主要有以下特点。

（1）产品丰富

随着跨境电商的商业逻辑向以消费者为中心转移，C2C 模式能提供更加丰富的个性化、人性化的优势产品。

（2）精准营销

C2C 模式能够更好地关注消费者的情感体验，做好与消费者的全面沟通，从而满足消费者的个性化、定制化需求。

1.2 跨境电商的消费主体

东西方国家的消费者有着不同的消费趋向和习惯，跨境电商面对的是不同国家和地区的消费者，因此了解跨境电商的主要参与国家和地区消费者的特点与消费习惯是十分有必要的。

从跨境电商出口国家和地区来看，欧美等发达国家和地区依然是中国出口跨境电商的主要目的地，如图 1-1 所示。这主要是因为这些国家和地区的基础设施完善，具有较为成熟的网络购物环境。而近年来，俄罗斯等新兴市场蓬勃发展，也吸引了大量中国出口跨境电商企业纷纷布局。

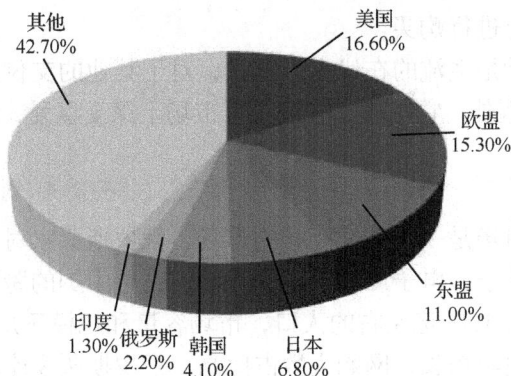

图 1-1　2020 年中国出口跨境电商的目的地

（1）美国

美国市场规模大、消费者购买能力强。我们在与美国人洽谈商务合作时，不需要拐弯抹角，开门见山地直奔主题即可。

美国人穿衣以舒适为原则，通常不会强制规定在什么场合应该穿什么类型的衣服。

美国采用 8 小时工作制，一般工作时间为上午 9 点到下午 5 点，就美国东部时区的夏令时而言，这相当于中国的晚上 9 点到凌晨 5 点。美国人一般不加班，所以最好在工作时间与他们联系。

一般来说，美国买家追求时尚，爱好高科技，喜欢使用社交工具，所以卖家在平时的沟通中也可以多使用一些新潮的词汇或者社交工具，尤其可以提及商业相关性较高的词汇和话题，这可能更易吸引美国买家。

美国买家很重视产品质量和包装，产品质量的优劣是能否进入美国市场的关键。在美国市场上，高、中、低档产品的价差很大，如一件中高档服饰的零售价在 300 美元以上，而低档服饰的零售价可能不到 5 美元。在美国，产品稍有质量缺陷，就只能被放在商店的角落，减价处理。包装也是一个重要因素，产品不但要质量好，更要包装精美，以给人较好的视觉体验。

美国是一个注重效率的国家，买家希望下单后可以尽快收到让自己满意的产品，所以卖家在设置运费模板的时候最好选择高效率的物流方式。

在美国市场，每个季节都有一个产品换季的销售高峰，如果错过了这个销售高峰，卖家就要对产品进行降价处理。美国大商场的销售高峰是 1～5 月和 7～9 月，主要以销售学生用品为主；11～12 月为节日期间，且恰逢退税季节，消费者会趁机添置生活用品，购买节日礼物，此时的美国市场最为火爆，许多产品均能很快被一扫而空，所以卖家要利用好节日进行营销。

（2）法国

法国网上购物的消费者主要集中在 25～40 岁，女性客户多于男性客户。因为法国旅游业很发达，所以很多法国消费者购买的产品都与旅游、文化和服务有关，当然也有一些法国消费者购买 3C、服装、美容类产品。

法国买家一般会在网站上直接搜索自己想要的产品，准确、全面和富有吸引力的产品信息能够更有效地吸引他们。他们的网购目的性相对而言比较强，很多时候都是确定了要购买什么产品才会去网上进行购买。

在法国，银行卡支付是主流的在线支付方式，对于其他的支付方式，法国人使用得比较少。当然 PayPal 是个例外，它在法国在线支付市场上深受喜爱，是除银行卡支付以外的第一大支付方式。

（3）俄罗斯

俄罗斯市场和中国市场是一个高度互补的市场，俄罗斯买家对日常消费品的进口需求很大，其中包括服装、鞋子、电子产品、配饰等。这也给中国的跨境电商卖家带来了机遇和挑战。目前俄罗斯共有 1.43 亿左右的人口，市场容量和规模还是很大的。

俄罗斯的网购人数逐年增长，网购人数占比高。俄罗斯买家比较关注的是产品的性价比，在产品的选择上有一定的滞后性。过去在中国网站上购买跨境产品的多是一些低收入消费人群，现在俄罗斯的一些主流的消费人群也渐渐开始在线上购买产品了，这也给中国跨境电商卖家带来了不少机会。

这几年，俄罗斯市场在不断地发生变化，变得更加包容和开放，这让中国跨境电商卖家在俄罗斯拥有了进一步深入市场的可能性，如设立一些办事机构，或者寻找一些当地的核心的合作伙伴进行渠道的开拓，甚至可在当地提供品牌的售后服务。

（4）英国

英国是世界上主要的贸易国家之一。英国买家比较关注产品细节，追求产品的质量，奉行实用主义。

近几年来，英国电商快速发展，网络下单和支付规模不断刷新着以往的纪录。据统计，80%以上的英国网民在网络上有多次购物行为，这个比例在 G20（二十国集团）中是非常高的。

面向英国市场的中国跨境电商卖家，可以根据英国买家的习惯、喜好、风俗文化、消费特征等因素进行本地化的运营，了解英国的历史和节日，在这方面策划相应的活动，或许会收到意想不到的效果。

（5）巴西

巴西是世界人口大国之一，国内生产总值（GDP）排名位居世界前列。巴西的电子商务发展迅速，消费人群以女性为主，主要是高收入群体，英语较好。

巴西买家的消费偏好主要为服装配饰、化妆品、手机、电器、家具和运动产品等。他们喜欢的服装以休闲大气、配色夸张的风格为主。他们追求潮流，普遍喜欢包邮的产品。

巴西买家更倾向于朋友之间互相推荐，也喜欢在社交网站上分享好的产品。他们在购物时会参考其他买家的评论，因此高质量的产品会获得更高的回购率。

巴西买家在消费方面还有一个特点，即他们非常注重售后服务和产品的耐用性，所以卖家销售产品时最好附带说明书，并且要提供完善的售后服务。

1.3　跨境电商的业务流程

跨境电商交易涉及不同国家和地区，需要多方的协作与配合才能顺利达成，其业务流程如图 1-2 所示。

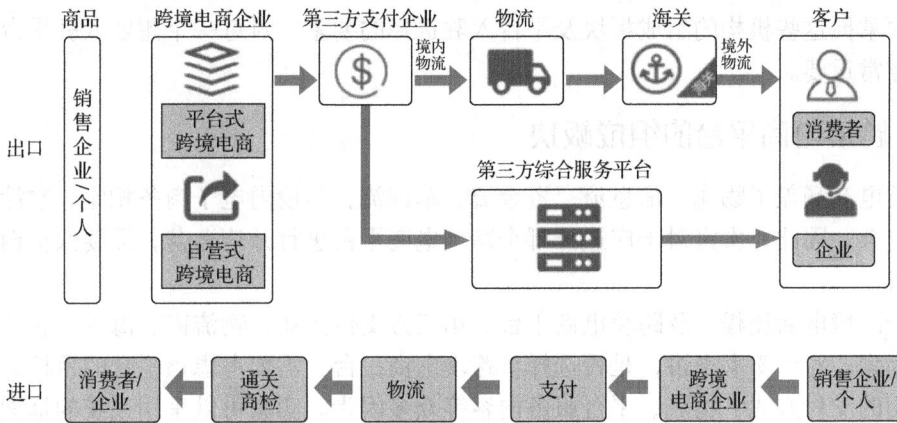

图 1-2　跨境电商的业务流程

　　跨境电商的出口流程：销售企业或个人将商品信息放到跨境电商平台上展示，在消费者选购商品、下单并完成支付后，将商品交付给物流企业进行运输，经过两次（出口关境和进口关境）海关通关商检后，商品最终送达消费者或企业手中，从而完成整个交易。跨境电商的进口流程与出口流程的内容基本相同，只不过商品是从境外的销售企业或个人流向境内的购买企业或消费者。

　　跨境进口电商主要有两种模式：直邮进口模式和保税进口模式。

　　直邮进口模式是指符合条件的跨境电商平台与海关联网，在境内消费者选购下单后，将电子订单、支付凭证、电子运单等由跨境电商平台实时传给海关，海关按个人邮递物品向商品征税，与个人海外代购和自己海淘相比，该模式符合国家海关监管政策，清关操作更阳光、信息更透明。

　　保税进口模式是指跨境进口电商企业提前批量采购，将商品运至保税区内的保税仓库免税备货，在消费者订单发出后，将商品直接从保税仓库发出并以个人物品的形式申报，在海关等部门的监管下通关，最后由物流企业将邮包派送到消费者手中，如图 1-3 所示。

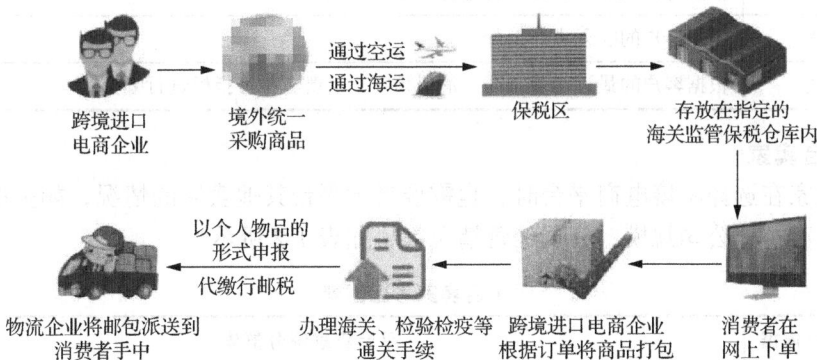

图 1-3　保税进口模式

1.4　跨境电商平台

　　跨境电商平台也称为第三方跨境电商平台，指的是独立于买家和卖家之外的第三方机构。全面掌握这些机构的组成板块及平台入驻选择的要素，对每一个想要入驻平台经营的卖家都非常重要。

1.4.1　跨境电商平台的组成板块

跨境电商涵盖了物流、信息流、资金流、单证流，与境内电子商务相比，它涉及的环节更为复杂。因此，卖家对于应选择哪个跨境电商平台进行开店运营，需要做全面的、科学的分析。

整个跨境电商流程涉及跨境电商平台、第三方支付企业、物流商、海关、客户等一系列关键因素。对于卖家来讲，是否选择该跨境电商平台，需要考虑该平台的目标客户、客户所采用的支付方式、物流、平台服务内容等众多因素。卖家可以采用系统的框架来衡量平台价值。这一框架主要由 7 个板块组成，即目标客户、平台卖家、准入条件、支付方式、网上服务平台、物流及其他服务。

1. 目标客户

跨境电商平台必须做出合理决策，明确到底要服务哪些国家和地区的客户。由于跨境电商平台所涉及的买家在异国他乡，当地文化与境内的情况具有极大的差异，所以针对某些国家和地区的客户，跨境电商平台可以凭借对特定群体需求的深刻理解，设计相应的服务。表 1-1 所示为部分跨境电商平台目标客户细分依据。

表 1-1　　　　　　　　　部分跨境电商平台目标客户细分依据

目标客户细分依据	目标客户细分群体
类型	按照客户是零售还是批发进行划分
国家和地区	跨境电商平台服务于哪些国家和地区
性别	男、女
年龄	青年人、中年人、老年人
职业	根据客户从事的工作内容进行划分
收入水平	根据客户的收入进行划分
客户价值	根据客户的最近消费时间、消费频率、消费金额等指标进行划分

2. 平台卖家

平台卖家在选择跨境电商平台时，也需要考虑平台其他卖家的情况，如类型、国家和地区、产品种类、公司规模、公司经营情况等，如表 1-2 所示。

表 1-2　　　　　　　　　　平台卖家考虑因素

平台卖家细分依据	平台卖家细分群体
类型	个体还是企业
国家和地区	来自哪个国家或地区
产品种类	销售的产品属于什么类别
公司规模	大、中、小公司
公司经营情况	公司的销售量、顾客数量等

3. 准入条件

各大跨境电商平台对卖家的要求不尽相同，部分平台只接受企业卖家，不接受个人卖家或者对个人卖家的要求较严格，个人卖家在进入该平台之前必须首先考虑这一因素。另外，各大平台的收费方式也有着显著的差异，其收费方式主要有年费、交易佣金、服务费等，不同的平台的收费模式也大相径庭。

4. 支付方式

开展跨境电商业务除了保证自身产品的质量和服务以外，还需要了解客户的需求，其中支付方式就是较重要的一部分。全球各地的人们在网上购物时，所使用的支付方式是有差异的。表1-3简单罗列了全球各地常见的支付方式。

表 1-3   全球各地常见的支付方式

国家或地区	常见的支付方式
北美地区（泛指美国和加拿大）	熟悉各种先进的电子支付方式，如网上支付、电话支付、邮件支付等，信用卡是北美地区常用的在线支付方式之一
欧洲	欧洲人习惯使用的电子支付方式除了维萨（Visa）和万事达（MasterCard）等国际卡外，还有当地卡，如英国人喜欢使用Maestro、爱尔兰人喜欢使用Laser、法国人喜欢使用Carte Bleue等
日本	常用的支付方式有：货到付款、信用卡支付、银行卡转账和支付宝，JCB信用卡支付占据超过一半的份额，其次是Konbini
澳大利亚、新加坡、南非和南美地区	这几个地区的人们习惯使用的电子支付方式是Visa和MasterCard，或使用PayPal电子账户支付
其他地区	东南亚、南亚、非洲的中北部等地区一般使用信用卡支付。但是风险较大，卖家要充分利用第三方支付企业提供的反欺诈服务，事先屏蔽恶意欺骗或有较大风险的订单

5. 网上服务平台

网上服务平台更注重用户体验。用户体验主要可以分为感官用户体验、交互用户体验、情感用户体验3类。感官用户体验是呈现给用户的视听体验，强调舒适性，一般在色彩、声音、图像、文字内容、网站布局等方面进行呈现。交互用户体验是界面给用户在使用、交流过程中的体验，强调互动、交互特性，交互体验的过程中穿插着浏览、点击、输入、输出等操作。情感用户体验是给用户的心理体验，强调心理认可度。例如，现在很多网站设立了客服，客服回答的及时性、解决问题的快速性等影响情感用户体验。如果用户能通过网站认同、抒发自己的内在情感，则该网上服务平台的情感用户体验较好。

6. 物流

众多跨境电商平台涉及跨境物流，基本会选择第三方跨境物流来提供服务，但其选择的第三方跨境物流公司具有不同的特点，如物流时间、物流成本等，并且很多跨境电商平台在境外设立了海外仓，缩短了物流时间，提高了办事效率，所以海外仓也是需要考虑的关键因素。

7. 其他服务

跨境电商平台提供的主要服务是产品销售，围绕着产品销售，平台会根据自身情况和客户需求提供其他相应的服务，但各大平台提供的服务有较大的差异，卖家需要根据自身情况选择适合自己的平台。

1.4.2 跨境电商平台入驻选择的要素

在跨境电商平台的评价标准及框架体系下，卖家可以结合自身的行业特征和产品特点，对跨境电商平台进行选择，选择适合自己的平台入驻。通常，入驻选择的要素有以下几个。

1．了解各平台的准入条件及相关规则

卖家分为企业卖家和个人卖家。国内的跨境电商平台，如敦煌网接受个人卖家和企业卖家；但国外的很多跨境电商平台，如亚马逊只接受企业卖家。

2．分析平台所针对的买家群体

买家群体大致上分为零售商和小额批发商，卖家要考虑自己的产品特点及企业特点。如果企业的产品主要销售给个人，那卖家可以选择 B2C 平台。

卖家还要了解平台买家的分布。各大平台的精力有限，所以其推广的国家和地区也有针对性，各国家和地区的买家对平台的使用频率略有差异。另外，产品品牌的知名度在各个国家和地区也存在差异，卖家应对平台在境外的知名度等进行考虑，从而选择适合自己产品的平台。例如，速卖通的买家主要分布在俄罗斯、南美洲；敦煌网的买家主要分布在欧洲、北美、澳大利亚等国家和地区；亚马逊的买家主要分布在欧洲、北美地区。如果企业的产品主要销往美国，那卖家可以考虑入驻美国买家群体规模较大的亚马逊或者 eBay。

3．掌握平台销售的商品信息

目前，从亚马逊、eBay、速卖通等平台的销售产品品类来看，跨境电商企业销售的产品品类已从服装服饰、3C 电子、计算机及配件等便捷运输产品向家居、汽车等大型产品扩展。eBay 的数据显示，eBay 平台上销售额增长最快的三大品类依次为家居园艺、汽配和时尚。

4．熟悉平台的操作及其用户体验

卖家应从用户体验角度出发，充分分析平台的感官用户体验、交互用户体验和情感用户体验，找到便于操作且能提升买家体验的平台。

5．了解平台所采用的支付方式

卖家应从买家的角度出发，分析平台所采用的支付方式是否能满足目标客户的需求。

6．清楚平台的物流方式及其提供的其他服务

便利的物流能更好地吸引买家，充分了解目标客户对物流的需求，以及平台是否提供便利的物流服务对卖家至关重要。除此之外，平台提供的各种增值服务也是"引流"的一大利器。卖家需要将自己产品的特点及所需服务和平台的特点进行匹配，选择符合自己要求的平台。

1.4.3 主流跨境电商平台

1．速卖通——产品价格为王，适合新手

速卖通作为阿里巴巴国际化的重要战略产品，已成为全球活跃的跨境电商平台，并依靠阿里巴巴庞大的会员基础，成为目前全球产品品类丰富的跨境电商平台。

速卖通的买家对价格比较敏感，因而在该平台采用低价策略具有比较明显的销售效果，这也和阿里巴巴导入淘宝卖家的客户策略有关。很多卖家运营速卖通店铺的策略就类似于在前几年运营淘宝店铺的策略。

速卖通的重点在新兴市场,特别是俄罗斯和巴西。对于俄罗斯市场,截至 2015 年年底,每月登录速卖通服务器的俄罗斯人近 1600 万,近几年更是人数剧增。

速卖通是阿里巴巴系列的平台产品,整个页面简单整洁,适合新手。另外,阿里巴巴一直有非常好的社区和客户培训体系,使新手可以快速入门。

速卖通平台吸引卖家的特点是"价格为王",有价格优势的产品更适合在这个平台上销售。速卖通适合新手卖家,尤其是其产品特点符合新兴市场要求的卖家。此平台的产品性价比较高、有供应链优势,想要建立价格优势的卖家建议直接找供应商拿货销售。

2. 亚马逊——产品为王

作为全球电子商务鼻祖,亚马逊对整个世界的影响是巨大的。大多数中国外贸从业者最先接触的出口跨境电商平台就是亚马逊,其主要市场在美国和加拿大。

亚马逊对卖家在产品品质、品牌等方面的要求比较高,手续也比速卖通复杂。成熟的亚马逊卖家建议先注册一家美国公司或者找一家美国代理公司,然后申请联邦税号。

选择亚马逊平台需要卖家有很好的外贸基础和资源,包括稳定可靠的供应商资源、美国本土人脉资源等。卖家最好有一定的资金实力,并且有长期投入的心理准备。

选择入驻亚马逊,卖家最好有比较好的供应商合作资源。供应商的产品品质需要非常稳定,最好有很强的研发能力。另外,建议准备入行的新手接受专业培训,多了解开店政策和知识。

在亚马逊开店,流量是关键。亚马逊流量主要分为内部流量和外部流量两类,类似于国内的淘宝。同时,卖家应注重在社交网络平台上营销,通过软文等方式营销比较容易出效果。

3. eBay——卖家的制胜关键是选品

eBay 类似国内的淘宝。对于从事国际零售业务的外贸从业者来说,eBay 的潜力是巨大的,因为 eBay 的核心市场在美国和欧洲,都是比较成熟的市场。

相对于亚马逊,eBay 的开店手续不是很复杂。不过,eBay 有一个需要卖家重视的问题:规则偏向于买家。如果产品售后问题严重,店铺很容易出现问题。

在 eBay 开店最核心的问题应该是支付方式的选择。大部分买家一般选择 PayPal,但这有一定的风险,特别是对于 eBay 来说。经常有这样的案例:遇到买卖双方出现争议时,eBay 最终选择偏向买家,从而导致卖家损失惨重。

在 eBay 成功开店的关键是选品,因为其主要市场在美国和欧洲,所以,在 eBay 开店前最好做个市场调研,对欧美市场的文化、人口、消费习惯、消费水平等方面进行研究,从而选择潜力产品;此外,还要选择一些 eBay 的热销产品。

eBay 的操作比较简单,投入不大,适合有一定外贸资源的卖家入驻。在 eBay 开店是免费的,但卖家上架产品时 eBay 会收取一定的费用。卖家在刚开始时要通过拍卖积累信誉,出订单的周期相对较长。如果遇到买家投诉就会很麻烦,所以产品质量一定要过关。

4. Wish——只有移动端的平台

Wish 是新兴的基于 App 的跨境电商平台,主要靠物美价廉吸引客户,在美国市场有非常高的人气,其核心品类包括服装、饰品、手机、礼品等,大部分产品会从中国发货。

Wish 平台的订单来自移动端,App 的日均下载量稳定在 10 万次,高峰时可达到 20 万次。就目前的移动互联网优势来看,Wish 未来的潜力是巨大的。

Wish 的特点是只在移动端销售，利用智能推送技术为买家推送他们喜欢的产品，真正做到点对点推送。Wish 的一个优点是它一次显示的产品数量比较少。

通过这样的精准营销，卖家在短期内可以获得销售额的大幅增长。其实，Wish 最初仅仅是一个收集和管理产品的工具，后来才发展成一个交易平台，并且人气越来越高。

对于中小型卖家来说，Wish 的成功让大家明白了移动互联网的潜力所在。现在速卖通、亚马逊等平台也纷纷推出了移动端 App。不过，Wish 更偏向于信任买家，所以卖家在退货纠纷中较易有损失。

1.5 速卖通平台概述

阿里巴巴的全球速卖通（以下简称"速卖通"）平台，由于具有供货商进入门槛低、全球市场广阔、订单多、交易活跃等特点，加上阿里巴巴集团的大力支持，近几年来业务发展迅猛。2021 年，速卖通平台的单日跨境成交额（GMV）已经超过 1 亿元人民币，速卖通平台累计成交用户数量已突破 1.5 亿人，其 App 的海外下载量超过 6 亿次，在全球应用榜单中排名前十，支持 18 种语言站点且相关交易已经覆盖 220 个国家和地区。

1.5.1 速卖通平台的业务模式

速卖通平台的业务模式主要是 B2C 模式，即境内供货商与境外客户开展交易的一种小额跨境电商业务模式。速卖通平台中 65% 的客户是个人，35% 的客户是从事小额批发业务的企业。该平台成立于 2009 年下半年，经过 10 多年的迅猛发展，目前已成为中国流行、全球第三大的英文在线购物电商平台。

1. 速卖通平台的优点

（1）进入门槛低，交易活跃

速卖通平台能满足众多小商家迅速从事出口业务的愿望。速卖通平台对卖家没有企业组织形式和资金的限制，进入门槛低，使企业和个人都可以在平台上发布商品。卖家可以直接面向全球 200 多个国家和地区的客户，既可以和客户进行沟通和交流，也可以发布和推广自己的商品。速卖通平台的订单交易完成迅速，有效提高了平台交易的活跃性。

（2）交易流程简便

卖家无须具备企业外贸资质，无须亲自进行进出口报关，将进出口报关交由物流企业后，卖家进行简单操作即可完成交易。

（3）无关税支出

由于速卖通的单笔订单成交金额低，因此，寄出的包裹价值普遍较低，一般没有达到进口海关关税最低起征点的标准，因而无关税支出，这大大降低了客户的购买成本。因此，速卖通平台上的产品具有较强的价格竞争优势。

（4）产品品种多，价格低廉

由于我国制造业具有聚集优势，因此我国已成为众多国家和地区的货源国，而且产品品种多、价格低廉。因此，相应产品具有比较强的市场竞争优势。

（5）短期内无国际贸易摩擦问题

由于速卖通的订单金额小，因此，产品往往以礼品或样品的方式进入进口国家和地区，其对进口国家和地区的同类产业的影响往往会被忽略。因此，短期内小额跨境电商业务没有国际贸易摩擦问题。

2．速卖通平台的缺点

（1）价格竞争激烈

由于平台的进入门槛低，卖家数量众多，同类产品较多，价格竞争激烈，市场的价格调整空间较小。

（2）性价比不高

平台上每单成交量和成交金额较低，卖家的回报与投入的性价比不高。因此，有些传统国际贸易公司不愿做这种跨境零售业务。

（3）受跨境物流问题制约明显

平台采用的主要跨境物流方式是中国邮政小包、速卖通合作物流及商业快递。因价格低，中国邮政的订单量大增，但中国邮政的业务运载和服务能力有限，存在邮件包裹运输慢、查件困难、丢包率高等问题，所以卖家受到的制约比较大。

（4）卖家对平台的依赖性较强

卖家最终成交的订单数量完全依赖于平台，卖家的自主性比较差，受平台的影响过大，不利于长期发展。

1.5.2　速卖通平台的规则

没有规矩，不成方圆。没有规则，无论哪个跨境电商平台都不可能发展壮大，也无法保障买卖双方的权益。速卖通平台自然也有自己的各种规则。想要在这个平台上顺利经营，卖家就必须遵循平台的相关规则。卖家可以在速卖通首页单击"经营支持"中的"规则频道"，在相应的页面中查看相关规则，如图 1-4 所示。

图 1-4　速卖通"规则频道"页面

1. 基础规则

基础规则包括卖家基本义务、交易、违规及处罚规则和附则等内容，如卖家基本义务包括以下内容。

第一条 卖家在平台的任何行为应遵守中国及其他国家可适用的法律、法规、规章、政令、判决等规范性文件。对任何涉嫌违法的行为，平台有权依照本规则进行处罚或处理。同时，速卖通对卖家的处理不免除其应尽的任何法律责任。

第二条 作为交易市场的卖方，卖家应就双方达成的买卖交易自主对买家负责，切实履行卖家的信息披露、质量保证、发货与服务、售后及质保等义务。同时，卖家有义务了解并熟悉交易过程中平台对买家市场的规定，遵守并进行善意、合理的配合。

第三条 遵守平台各类目的商品发布规则；禁止发布禁限售的商品或信息，详见全球速卖通禁限售商品目录。

第四条 尊重他人的知识产权，严禁未经授权发布、销售侵犯第三方知识产权的商品，包括但不限于商标、著作权、专利等，详见全球速卖通知识产权规则。

第五条 卖家应恪守诚信经营原则，及时履行订单要求，兑现服务承诺等，不得出现虚假交易、虚假发货、货不对版等不诚信行为，详见交易类规则。

第六条 保障消费者知情权，履行信息披露义务。发布商品应如实描述，包括但不限于在商品描述页面、店铺页面、站内信、速卖通通信系统等所有平台提供的渠道中，向买家就自己提供的商品和服务进行真实、完整的描述，包括但不限于对物流、售后、保险等服务的方式、价格，商品的基本属性、功能、包装、成色、价格等，不应做虚假或误导性陈述。

第七条 保证出售的商品在合理期限内可以正常使用，包括商品不存在危及人身、财产安全的风险，具备商品应当具备的使用性能、符合商品或其包装上注明采用的标准等。

第八条 卖家不遵守本章约定，严重违反卖家基本义务，全球速卖通保留依照本规则进行市场管理的权利。基于维护市场良好秩序、保障买家权益的目的，全球速卖通有权进行商品品质抽检及真假鉴定（包括但不限于通过自购或从消费者处获取，通过独立的第三方质检机构或品牌权利人进行鉴定、指定合作物流公司协助抽检等）；在速卖通不定时地检查卖家所售商品是否具有合法来源、是否为真实，卖家有义务保留并出示相关商品合法进货来源的凭证。对于速卖通有理由认为检查结果不良，或卖家无法提供相关凭证的，速卖通有权对卖家或店铺采取限制措施，包括但不限于扣分、删除商品、关闭店铺、限制其他技术服务等。

基础规则中的交易、违规及处罚规则和附则等的具体内容可参看速卖通官网。

2. 招商规则

招商规则频道涵盖了速卖通近几年的招商具体规范和服务协议，具体内容请参看速卖通官网的"招商规则"页面，如图1-5所示。

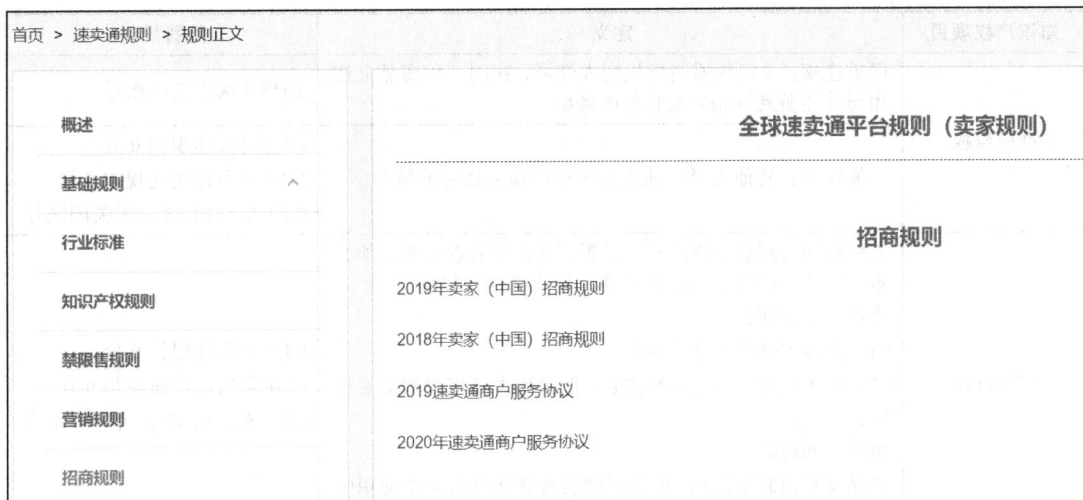

图 1-5 "招商规则"页面

3. 禁限售规则

禁限售规则里展示了禁限售违禁信息列表和限售商品要求详单，卖家在开设速卖通店铺前必须对禁限售规则进行全面的梳理，以免做无用功，浪费人力、物力和财力，具体的内容可参看速卖通官网的"禁限售规则"页面，如图 1-6 所示。

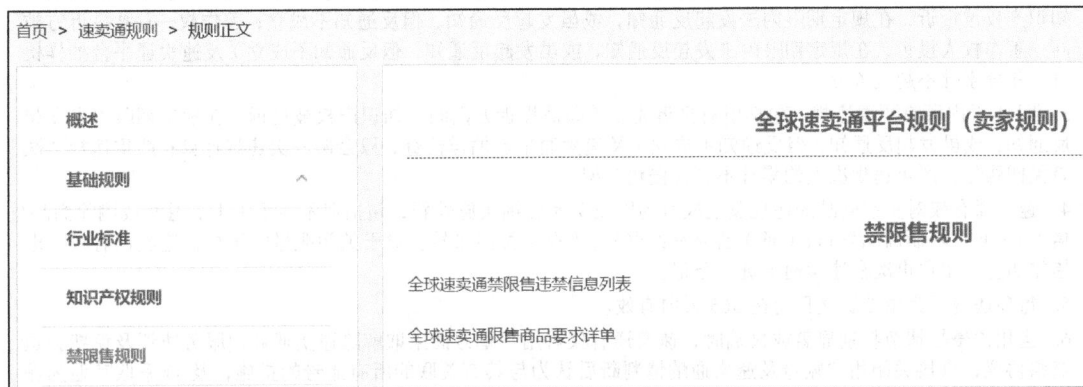

图 1-6 "禁限售规则"页面

4. 知识产权规则

知识产权规则是跨境电商平台的高压线，每一个入驻跨境电商平台的卖家都需要对此高度重视。速卖通平台严禁卖家未经授权发布、销售涉嫌侵犯第三方知识产权的商品或信息。若卖家发布、销售涉嫌侵犯第三方知识产权的商品或信息，则有可能被知识产权所有人或者买家投诉，平台也会随机对店铺信息、商品（包含下架商品）信息、产品组名进行抽查，若涉嫌侵权，则商品或信息会被退回或删除，卖家也会根据侵权类型被执行处罚。知识产权具体规则如表 1-4 所示。

表 1-4   知识产权具体规则

知识产权项目	定义	处罚规则
商标侵权	严重违规：未经注册商标权利人许可，在同一种商品上使用与其注册商标相同或相似的商标	违规 3 次者关闭账号
	一般违规：其他未经权利人许可使用他人商标的情况	（1）首次违规扣 0 分 （2）其后每次违规扣 6 分 （3）累计扣 48 分者关闭账号
著作权侵权	未经权利人授权，擅自使用受版权保护的作品材料，如文本、照片、视频、音乐和软件，构成著作权侵权 实物层面侵权： （1）盗版实体产品或其包装 （2）实体产品或其包装非盗版，但包括未经授权的受版权保护的作品 信息层面侵权： 产品及其包装不侵权，但未经授权便在店铺信息中使用图片、文字等受著作权保护的作品	（1）首次违规扣 0 分 （2）其后每次违规扣 6 分 （3）累计扣 48 分者关闭账号
专利侵权	侵犯他人的外观专利、实用新型专利、发明专利、外观设计（一般违规或严重违规的判定视个案而定）	（1）首次违规扣 0 分 （2）其后每次违规扣 6 分 （3）累计扣 48 分者关闭账号 （严重违规情况，违规 3 次者关闭账号）

1. 速卖通会按照侵权商品投诉被受理时的状态，根据相关规定对相关卖家实施适用处罚。

2. 同一天内所有一般违规及著作权侵权被投诉，包括所有投诉成立（商标权或专利权——被投诉方因同一知识产权被投诉，在规定期限内未发起反通知，或虽发起反通知，但反通知不成立；著作权——被投诉方被同一著作权人投诉，在规定期限内未发起反通知，或虽发起反通知，但反通知不成立）及速卖通平台抽样检查，扣分累计不超过 6 分。

3. 同 3 天内所有严重违规，包括所有投诉成立（即被投诉方因同一知识产权被投诉，在规定期限内未发起反通知；或虽发起反通知，但反通知不成立）及速卖通平台抽样检查，只会做一次违规计算；严重违规 3 次者关闭账号，严重违规次数的累计不区分侵权类型。

4. 速卖通有权对卖家商品的违规及侵权行为以及卖家店铺实施处罚，包括但不限于（Ⅰ）退回或删除商品/信息；（Ⅱ）限制商品发布；（Ⅲ）暂时冻结账号；（Ⅳ）关闭账号。对于关闭账号的用户，速卖通有权采取措施防止该用户再次在速卖通上进行登记。

5. 每项违规行为由处罚之日起在 365 天内有效。

6. 当用户侵权情节特别显著或极端时，速卖通有权对用户单方面采取解除速卖通商户服务协议及免费会员资格协议，直接关闭用户账号及速卖通酌情判断后认为与其有关联的所有账号的措施，及/或采取其他为保护消费者或权利人的合法权益及平台正常的经营秩序，由速卖通酌情判断认为适当的措施。在此类情况下，速卖通除有权直接关闭账号外，还有权冻结用户关联的国际支付宝账户资金及速卖通账户资金，其依据包括保障消费者或权利人在行使投诉、举报、诉讼等救济权利时的合法权益。"侵权情节特别显著或极端"包括但不限于以下情形：

- 用户侵权情节特别严重；
- 权利人针对速卖通提起诉讼或法律要求；
- 用户因侵权行为被权利人起诉，被司法、执法或行政机关立案处理；
- 应司法、执法或行政机关要求，速卖通需处置账号或采取其他相关措施；
- 用户所销售的商品在产品属性、来源、销售规模、影响面、损害等任一方面造成较大影响；
- 构成严重侵权的其他情形（如错放类目、使用变形词、遮盖商标等）。

7. 速卖通保留采取以上处理措施的最终解释权及决定权，也会保留与之相关的一切权利。

8. 本规则如中文版和非中文版存在不一致、歧义或冲突，应以中文版为准

备注：卖家可登录卖家后台，在经营表现公告栏中查看细节规则内容。

5. 行业标准

行业标准主要是针对当下新的行业类目、部分需要特殊资质的类目产品、品牌规范等的标准规则，其页面如图 1-7 所示。速卖通的行业标准会不定时地更新，在经营某个类目的产品前，卖家需要查询具体的要求。

图 1-7　"行业标准"页面

课后习题

一、名词解释

跨境电商　B2B　B2C　C2C　直邮进口　保税进口

二、单项选择题

1. 在跨境电商的交易模式中，C2C 是指（　　　　）。

　　A．消费者对消费者　　　　　　　　B．企业对企业

　　C．企业对消费者　　　　　　　　　D．企业内部

2. 下列（　　　　）平台不属于 B2C 跨境电商平台。

　　A．eBay　　　　　　B．速卖通　　　　　C．Wish　　　　　D．Made-in-China

3. B2C 跨境电商的特点不包括（　　　　）。

　　A．用户量大且群体范围广　　　　　B．提供多方面的个性化服务

　　C．拥有合理的销售渠道　　　　　　D．单次交易量大

4. 在速卖通平台规则中，对（　　　　）次违规者平台会实施关闭账号处罚。

　　A．1　　　　　　　　B．2　　　　　　　　C．3　　　　　　　　D．4

5. 巴西消费者的消费偏好是（　　）。

    A. 追求潮流　　　　B. 追求实用　　　　C. 物流高效　　　　D. 目的性强

三、简答题

1. 速卖通平台的优点和缺点有哪些？

2. 速卖通平台与亚马逊平台有哪些不同之处？

第 2 章

跨境电商物流

→ 知识目标

（1）了解跨境电商物流的分类。

（2）掌握各种跨境电商物流方式的运费核算方法。

→ 能力目标

（1）了解各种物流方式的优缺点，从而熟悉其应用领域。

（2）能够计算各种跨境电商物流方式的运费。

→ 情景导入

　　跨境电商从业者们有一个共识：跨境电商物流太重要了！因为在跨境电商店铺的运营过程中，客户来自全球 200 多个不同的国家和地区，产品运费普遍比较高，在订单成交总额中，基本有一半或者超过一半的费用要花在物流上。物流影响产品的成本核算，涉及店铺的运输时效与成本间的平衡、店铺物流评分等，从而会影响产品的流量获取能力和转化率。跨境电商物流包含了邮政体系、商业快递、专线物流和海外仓等，每种物流的时效、收费标准相差很大，所以黄志远团队需要全面了解整个跨境电商物流体系，了解每个物流运费的核算方法及时效，这样才能更好地提升店铺的运营效果。

2.1　跨境电商物流体系

　　跨境电商物流，是指物品从一个国家（地区）的供应地向另一个国家（地区）的接收地的实体流动过程。由于不同的国家（地区）有不同的与物流相适应的法律，跨境电商物流的复杂性较强；由于不同国家（地区）有不同的科技发展水平，跨境电商物流会在不同科技条件的支撑下出现不平衡发展的情况，甚至会因为有些国家（地区）根本无法应用某些技术而导致跨境电商物流全系统运作的水平下降。因此，跨境电商卖家根据跨境电商物流的实际情况，为自己的产品选择最合适的物流方式就显得格外重要。目前，全球物流体系一般可以分为邮政体系、商业快递、专线物流和海外仓等。

2.1.1 邮政体系

1. 邮政体系的基本介绍

在国际上，邮政行业中有一个组织叫"万国邮政联盟"（Universal Postal Union，UPU），简称"万国邮联"或"邮联"，是商定国际邮政事务的政府间国际组织，旨在保障各国通信的权利。因邮政体系价格低、运送范围广，基本能够覆盖全世界大多数国家和地区，邮政体系成了跨境电商物流发货的主要渠道。

2. 中国邮政物流的分类与特点

中国邮政物流根据包裹质量、运送的时效以及与一些跨境电商平台的政策结合的情况，有多种不同的类型，每种类型具有不同的特点。

（1）中国邮政大包

① 中国邮政大包的概念

中国邮政航空大包（China Post Air Parcel）又叫中国邮政大包、中国邮政国际大包裹、中邮大包。中国邮政大包适合邮寄质量较大（超过 2kg）且体积较大的包裹，可寄达全球 200 多个国家和地区。此渠道全程采用航空运输，可以到达世界各地的邮政网点。中国邮政大包分为普通空邮（Normal Air Mail，非挂号）和挂号（Registered Air Mail）两种。前者费率较低，中国邮政不对其提供跟踪查询服务；后者费率稍高，用户可进行网上跟踪查询。

② 中国邮政大包的特点

- 成本相对较低，不计算体积质量，没有偏远附加费，没有燃油附加费。
- 通达率高。
- 运单操作简单。
- 投递速度慢。
- 查询信息更新慢。

（2）中国邮政小包

① 中国邮政小包的概念

中国邮政航空小包（China Post Air Mail）又称中国邮政小包、邮政小包、航空小包，是指包裹质量在 2kg 以内，并且外包装的长、宽、高之和小于 90cm，且最长边小于 60cm，通过中国邮政空邮服务寄往境外的小邮包。它包含挂号、平邮两种服务，可寄达全球各个邮政网点。挂号服务的费率稍高，用户可进行网上跟踪查询。中国邮政小包出关不会产生关税或清关费用，但在进入目的国（地区）时有可能产生进口关税，具体根据每个国家（地区）的海关税法的规定而有所不同，但相对其他商业快递来说，中国邮政小包能最大限度地避免产生关税。

② 中国邮政小包的特点

- 运费低。
- 海关通关手续简单。
- 邮递物品种类多。
- 邮递质量有限制。
- 运送时间相对较长。
- 平邮不支持全程跟踪。

③ 中国邮政小包的赔偿政策

- 对延误邮件、平邮小包不赔偿。
- 对由于地址出错或海关扣留而不能正常投递的邮件不赔偿。
- 对由于邮递不合格商品而不能正常投递的邮件不赔偿。
- 由于中国邮政的原因给卖家造成损失时，卖家需要举证。根据《中华人民共和国邮政法》，卖家最多可获得 3 倍邮资的赔偿（挂号费不在赔偿范围内），具体赔偿金额以邮局确认的赔偿金额为准。

（3）EMS 国际快递

① EMS 国际快递的概念

EMS（Express Mail Service），即特快专递邮件业务。EMS 国际快递是各国邮政开办的一项特殊邮政业务。该业务在各国邮政、海关、航空等部门均享有优先处理权。

EMS 国际快递以高速度、高质量为用户传递国际紧急信函、文件资料、金融票据、商品货样等各类文件资料和物品，同时提供多种形式的邮件跟踪查询服务。用户可通过 EMS 官网查询资费标准、参考实效、体积限制、禁限运等具体信息。

② EMS 国际快递的特点

- 邮政的投递网络覆盖面广，价格比较合理。
- 不提供商业发票也可以清关，而且有优先通关的权利，即使是无法通关的货物也可免费运回发出地，而其他快递在此情况下一般都要收费。
- EMS 国际快递适合发小件且对时效要求不高的货物，不容易产生关税问题。
- 将货物寄往巴西及俄罗斯等国家和地区时，EMS 国际快递有绝对优势。
- EMS 国际快递相比于其他国际商业快递来说，速度偏慢。
- 查询网站信息滞后，一旦出现问题，用户只能做书面查询，查询时间较长。
- EMS 国际快递不可以一票多件，大货价格偏高。

（4）e 邮宝

e 邮宝又称 ePacket，简称 EUB，是中国邮政为满足跨境电商轻小件物品寄递市场的需求推出的经济型国际速递业务。e 邮宝单件限重 2kg，7～10 个工作日可妥投，价格实惠，非常受中小跨境电商卖家的欢迎。目前 e 邮宝可发往美国、澳大利亚、英国、加拿大、法国、俄罗斯等国家，卖家可通过 EMS 官网查询相关信息。

美国、澳大利亚和加拿大的 e 邮宝业务支持全程时限跟踪查询，但不提供收件人签收

证明；英国的 e 邮宝业务提供收寄、出口封发和进口接收信息，不提供投递确认信息。e 邮宝业务不受理查单业务，不对邮件丢失、延误等进行赔偿。因此，e 邮宝并不适合寄递一些价值比较高的产品。

3. 其他邮政小包

（1）邮政小包的介绍

邮政小包是使用较多的一种跨境物流方式，依托万国邮政联盟的网点覆盖全球，其对质量、体积、禁限运物品要求等方面与中国邮政小包有很多共同点，但不同国家和地区会有不同的价格和时效，对承运物品的限制也不同。

（2）其他常用的航空小包

① 中国香港小包：处理速度快，上网速度快。

② 新加坡小包：价格适中，服务质量高于邮政小包的平均水平，并且是目前常见的手机、平板电脑等含锂电池商品的常用运输渠道。

③ 瑞士小包：欧洲线路的时效较短，但价格较高。

④ 瑞典小包：欧洲线路的时效较短，从俄罗斯通关后投递速度较快，且价格较低。

2.1.2　商业快递

1. 商业快递的基本概念

商业快递是指在两个或两个以上国家（或地区）之间所进行的快递、物流业务。目前，国际商业快递的典型代表有 DHL（敦豪）、UPS（联合包裹）、FedEx（联邦）、TNT（天地）四大商业快递巨头。通过其自建的全球网络、强大的 IT 系统和本地化服务，这些国际快递提供商为境外用户提供了各种优质的国际物流运送体验。

2. 商业快递的分类与特点

（1）UPS

UPS（United Parcel Service）是一家全球性的公司，拥有覆盖 220 多个国家和地区的强大物流网络，以及高度整合的全球服务运输网络，支持多种不同运输方式的立体综合交流网络体系，可实现海、陆、空多式联运之间的"无缝连接"运作，可帮助客户的货件畅达全球市场。UPS 旗下主打的 4 种快递方式如下。

① UPS Worldwide Express Plus——全球特快加急，时效快，费用比较高；

② UPS Worldwide Express——全球特快，正常的快速时效和费用；

③ UPS Worldwide Saver——全球速快，即红单，在运送过程中有优先权，时效相对比较快，费用也比较高；

④ UPS Worldwide Expedited——全球快捷，即蓝单，时效是几种方式中最慢的，收费也是最便宜的。

（2）DHL

DHL 是全球快递行业的市场领导者。它可寄达 200 多个国家及地区，拥有涵盖超过 12 万个目的地（主要邮政区码地区）的网络，向企业及个人客户提供专递及速递服务。

DHL 操作注意事项如下。

① 物品描述。报品名时需要填写实际品名和数量，不接受礼物或样品申报。

② 申报价值。DHL 对申报价值是没有要求的，建议按实际价值申报，以免产生高额关税及罚金。

③ 收件人地址。部分国家不接收 PO.Box 地址（邮政信箱地址），如收件地址为 PO.BOX，货件将无法派送，且随时可能在无任何通知的情况下被自动退回，产生的一切费用由发件人承担，所以寄件时必须提供收件人的姓名和电话号码。

④ 填写寄件资料应该用英文填写，不可以用其他的语种。

⑤ 泡重计算方法。

泡重是指泡货的重量。泡货又叫抛货，通俗地讲就是轻货，是指体积折算的重量大于实际重量的货物。如果包裹的体积质量大于实际质量，即为泡货，那么这个包裹就要按照体积质量来收费。其计算公式如下：

体积质量=长×宽×高/5000（6000）（官方标准），其中长、宽、高的单位为 cm（厘米）。

（3）FedEx

FedEx 的全称是 Federal Express，即联邦国际快递，是一家国际性速递集团，提供隔夜快递、地面快递、重型货物运送、文件复印及物流服务。

面向中国的客户，联邦国际快递提供的服务有中国联邦快递优先型服务（IP）和中国联邦快递经济型服务（IE）。

FedEx IE 的特点如下。

① 价格更优惠，相对于 FedEx IP 的价格更有优势；时效长，比 FedEx IP 慢 1～3 个工作日。

② 清关能力比 FedEx IP 稍弱，提供服务的国家在 90 个左右。

FedEx 的特点如下。

① 寄送 21kg 以上的大件更有优势，到南美洲的价格较有竞争力。

② 一般 2～8 个工作日可送达。

③ 网站信息更新快，网络覆盖全，查询响应快。

④ 价格较贵，需要考虑产品体积重量。

⑤ 对托运物品的限制比较多。

FedEx IP 和 FedEx IE 的主要区别如下。

FedEx IP 的特点如下。

① 时效短，快递的时效为 2～5 个工作日。

② 清关能力强，为全球 200 多个国家及地区提供快捷、可靠的快递服务。

（4）TNT

TNT 的总部位于荷兰，为客户提供从定时的门到门快递服务和供应链管理，到直邮服务的整合业务解决方案，能为客户提供国际快递中最快捷、最可信赖的门到门送递服务。

TNT 的优点如下。

① 提供全球货到付款、代理报关的服务，速度快、通关能力强。

② 免费提供准确的货物追踪查询服务，无附加费。

③ 受外界自然环境和人文环境影响比较小。

④ 2～4 个工作日基本可妥投全球大部分国家和地区，到西欧地区只需 3 个工作日，可送达国家比较多。

⑤ 网络覆盖比较全，网站信息更新快，遇到问题响应及时。

TNT 的缺点如下。

① 对货物限制比较多。

② 价格相对比较高。

2.1.3 专线物流

1. 专线物流的概念

跨境电商专线物流一般通过航空包舱的方式将货物运输到境外，再通过合作公司在目的地进行派送，是比较受欢迎的一种物流方式。目前，业内使用较多的专线物流包括美国专线、欧洲专线、澳洲专线、俄罗斯专线等，也有不少物流公司推出了中东专线、南美专线。

跨境电商专线物流集中大批量货物发往目的地，通过规模效应降低成本，因此，其价格比商业快递低，速度快于邮政小包，丢包率也比较低。但相较于邮政小包来说，其运输成本还是高出不少，而且在境内的揽收范围相对有限，覆盖地区有待扩大。

2. 常见的专线物流与特点

（1）Special Line-YW

Special Line-YW 即航空专线-燕文，也称燕文专线，是北京燕文物流有限公司旗下的国内跨境电商物流综合服务商，在全国 50 个城市提供直营服务，立志打造一个适应全球电商发展的物流服务网络。燕文专线的高性价比全追踪妥投类业务，可通达英国、法国、德国、俄罗斯、以色列、瑞典、美国、加拿大、西班牙、印度等，妥投率高，时效短且稳定，依托燕文专线稳定的干线资源和清关系统，可从多个口岸直飞各目的地。燕文专线的服务标准如表 2-1 所示，具体信息可以参见燕文官网。

表 2-1　　　　　　　　　　燕文专线服务标准

质量限制	尺寸限制
包裹单件质量不超过 2kg 发往印度的包裹的质量不超过 5kg	英国：包裹的最大尺寸为 46cm×46cm×61cm
	德国：包裹的最小尺寸为 14cm×9cm×1cm，单边尺寸小于 60cm，不接受圆柱体和异型件
	印度：包裹的单边尺寸不超过 150cm，三边总长不超过 200cm；袋装货物不计泡，纸箱包装计泡，体积计算公式为长×宽×高/6000
	加拿大：包裹的最小尺寸为 15cm×10cm，单边长度不超过 200cm，三边总长不超过 30cm
	土耳其：方形包裹的长、宽、高三边合计不超过 90cm，单边长度不超过 60cm；轴状包裹的"直径×2+长"不超过 104cm，单边长度不超过 90cm
	法国：包裹的单边长度不超过 60cm，长、宽、高的最小边长分别不能小于 10cm×16cm×1cm，周长不超过 90cm，不接受圆柱体和异型件。若客户发圆柱体和异型件，将收取 6 欧元/件的费用
	俄罗斯：（1）尺寸限制（最大）：方形包裹的长宽高之和小于 90cm，最长一边长度小于 60cm；圆柱状包裹的"直径×2+长"小于 104cm，长度小于 90cm。（2）尺寸限制（最小）：方形包裹至少有一面的长度大于 14cm，宽度大于 9cm；圆柱形包裹的"直径×2+长"大于 17cm，长度大于 10cm
	马来西亚：包裹的最大尺寸为周长不超过 90cm，单边长不超过 60cm；最小尺寸为 14cm×9cm×1cm
	乌克兰：包裹的单边长度不能超过 35cm；柱体包裹的长和直径不能超过 35cm
	墨西哥：规则包裹单件最大尺寸为长、宽、高不超过 80cm×80cm×80cm，所有包裹单件最小尺寸为长×宽不小于 10cm×15cm
	泰国：包裹的周长不超过 150cm，单边长度不超过 60cm

（2）Ruston

Ruston（Russian Air）即中俄航空专线，是通过境内快速集货、航空干线直飞，在俄罗斯通过俄罗斯邮政或当地落地配送进行快速配送的物流专线的合称。

Ruston 的优点如下。

① 经济实惠。Ruston 以 g（克）为单位进行精确计费，无起重费，可大大降低运输成本。

② 可邮寄范围广。Ruston 是中国联合俄罗斯邮局推出的服务产品，境外递送环节全权由俄罗斯邮政局承接，因此其递送范围覆盖俄罗斯全境。

③ 运送时效短。Ruston 开通了"哈尔滨—叶卡捷琳堡"中俄航空专线货运包机航线，大大缩短了配送时间，使中俄跨境电商物流的平均运送时间从过去的近两个月缩短到 13 天，80%以上的包裹可在 25 天内送到。

④ 全程可追踪。物流信息 48 小时内上网，货物全程可追踪。

（3）Aramex

Aramex，即中外运安迈世，也称为"中东专线"，可通达中东、北非、南亚等 20 多个国家和地区，且在当地具有很大的优势，能提供全球范围内的综合物流和运输解决方案。

Aramex 的操作注意事项如下。

① 运单上必须用英文填写明晰的收件人名字、地址、电话号码、邮编、国家和地区、货品信息、申报价值、件数及质量等详细资料。

② 必须在运单联填写明晰的货物详情、名称、件数、质量及申报价值；单票货物申报价值不得超过 50000 美元，寄件人信息统一打印。

③ Aramex 的收件地址不可以是 PO. Box 邮箱地址。

（4）速优宝芬兰邮政

速优宝芬兰邮政是由速卖通和芬兰邮政针对 2kg 以下的小件物品推出的中国香港口岸出口的特快物流服务，分为挂号小包和经济小包，运送范围为俄罗斯及白俄罗斯全境邮局可到达区域。

速优宝芬兰邮政的优势如下。

① 运费优势：寄往俄罗斯和白俄罗斯的包裹的费用较其他专线具有明显的优势。

② 时效优势：时效有保障，大部分包裹在寄出后的 35 天内可以送到，直到包裹离开芬兰前均有物流轨迹，包裹在离开芬兰前出现丢失、破损及延误等情况，买家可获得物流商的赔偿，卖家的风险也大大降低。

（5）中俄快递-SPSR

中俄快递-SPSR 的服务商 SPSR Express 是俄罗斯优秀的商业物流公司，也是俄罗斯跨境电子商务行业的领军企业。中俄快递-SPSR 面向速卖通卖家提供经北京、香港、上海等地出境的多条快递线路，运送范围为俄罗斯全境。

2.1.4　海外仓

1. 海外仓的概念

海外仓是指由网络外贸交易平台、物流服务商独立或共同为卖家在销售目的地提供的货品仓储、分拣、包装、派送的一站式控制与管理服务。卖家将货物存储在当地仓库，当买家有需求时，仓库在第一时间做出快速响应，及时进行货物的分拣、包装以及递送。整个流程包括头程运输、仓储管理和本地配送3个部分。

（1）头程运输：境内卖家通过海运、空运、陆运或者联运将商品运送至海外仓。

（2）仓储管理：境内卖家通过物流信息系统，远程操作海外仓中的货物，实时管理库存。

（3）本地配送：海外仓根据订单信息，通过当地邮政或快递将商品配送给客户。

2．海外仓的特点

（1）海外仓的优点

① 物流成本低，海外仓发货的物流成本远远低于从中国境内发货。

② 物流时效短，大大缩短了运输时间。

③ 买家搜索展示前端的平台上有特设的展示页面用于专门展示海外仓产品，所以有海外仓的产品能够提高曝光率，从而获得更多的提升店铺的销量的机会。

④ 能提高客户满意度。

⑤ 有利于开拓市场。

（2）海外仓的缺点

① 需要支付海外仓储费，在不同的国家和地区仓储成本是不同的，所以卖家一定要计算好成本。

② 海外仓对卖家有一定的库存量要求，一些特别定制的产品就不适合使用海外仓。

③ 海外仓的库存难以处理，如何通过合适的渠道进行销售是一个难题。

④ 设立海外仓要面对多种本土化挑战。

3．速卖通海外仓

（1）海外仓的开通条件

① 若卖家使用的是第三方海外仓，需要提供以下资料。

- 合作物流商。
- 客户代码（物流商给客户用的代码）。
- 与第三方物流商签订的合同的照片。
- 使用第三方物流系统的后台截图：库存查询、订单管理页面。

② 若卖家使用的是自营海外仓，需要提供以下资料。

- 海外仓地址。
- 境内发货证明，如发货底单、货物照片、物流跟踪详情截图等。
- 境外通关证明，如缴税证明等。
- 仓库照片：将您申请开通海外仓的账号 ID 写在小纸条上（或打印出来）并放在当地最近日期的报纸上拍照，照片背景中应有清晰的门牌号或仓库实景。

（2）海外仓的申请流程

速卖通海外仓的申请流程如图 2-1 所示。

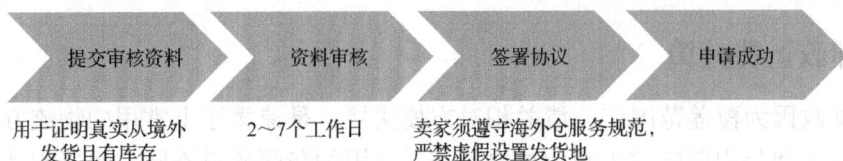

图 2-1　海外仓申请流程

（3）海外仓开通注意事项

① 卖家可设置的境外发货地为美国、英国、德国、西班牙、法国、意大利、俄罗斯、澳大利亚、印度尼西亚，其他国家和地区暂不支持。

② 境外发货地设置功能仅向通过审核的卖家开放，卖家需要先备货到境外，再提交申请，提供海外仓的证明资料，通过审核后才能设置境外发货地。

③ 部分类目暂未开放设置境外发货地的功能，即使有海外仓也暂时不能设置。

④ 用主账号和子账号都可以申请，申请成功后，系统会同时开通主账号及其子账号的权限。

2.2　跨境电商物流运费核算

在跨境电商的体系里，物流费用占据了成交总额中非常大的比重，针对我国目前大多数产品的情况，在出口订单的费用中，往往跨境运费和产品的成本持平，甚至有些跨境电商物流的运费比产品的成本还要高。在现实中，采用不同的物流方式发送同一件产品，运费相差非常大，如图 2-2 所示。因此，选对物流方式，对整个跨境电商店铺的运营至关重要。学会核算跨境电商物流运费，准确核算成本，是每一个跨境电商店铺运营者都必须具备的技能。

图 2-2　采用不同的物流方式发送同一件产品的收费情况

2.2.1　邮政运费核算

中国邮政因为覆盖范围广，清关相对方便快捷，是速卖通上常用的物流方式。常用的中国邮政小包与中国邮政大包两种物流方式，因为包裹质量不同，运费的计算方式也有所不同。

1. 中国邮政小包

由于覆盖范围广，价格相对较低，中国邮政小包是很多卖家首选的物流方式。中国邮政小包的运达时间在不同的国家和地区的差别是很大的，发达国家如美国、英国、法国等的运达时间一般是 10～30 天；速卖通最大的两个市场为俄罗斯和巴西，俄罗斯因为地域跨度大，整个国家不同地区的运达时间是最不平均的，为 15～60 天；巴西是世界上清关最难的国家之一，这也就导致其运达时间很长，一般在 50 天左右。中国邮政小包的运费直接与包裹的质量挂钩，一般不运送"特货"（带电池、含液体、含粉末的产品）。如需要运送特货，则要走外邮（外国邮政）线路，价格就会高很多（具体收费要参考相应的外邮收费标准）。中国邮政小包按照包裹运送信息是否可追踪，又可分为中国邮政挂号小包和中国邮政平邮（经济）小包，中国邮政小包资费标准可参见"中国邮政小包资费标准"二维码中的内容，不同的货代公司享受的折扣不一样。

（1）中国邮政挂号小包的运费核算

运费根据包裹质量按克计算，1g 起重。每个单件包裹限重 2kg。计算公式如下：

$$挂号小包运费＝克重×单价×折扣+挂号费$$

【例 2-1】一个 100g 的包裹要发往俄罗斯，货代公司给出的折扣是 9 折，寄至俄罗斯的运费是 92 元/kg，挂号费是 8 元/票，请计算这个包裹的运费。

运费=0.1×92×0.9+8≈16.3（元）

其中，92 元是每千克包裹发往俄罗斯的价格，8 元是挂号费即跟踪码上网的费用，0.9 是货代公司给出的 9 折折扣。

（2）中国邮政平邮小包的运费核算

运费根据包裹质量按克计算。一般情况下，30g 及以下的包裹按照 30g 的标准计算运费，30g 以上的包裹按照实际质量计算运费。每个单件包裹限重 2kg，免挂号费。计算公式如下：

$$平邮小包运费＝克重×单价×折扣$$

如【例 2-1】，运费=0.1×92×0.9≈8.3（元）。

2. 中国邮政大包

邮政大包泛指质量超过 2kg 的包裹，包含小货和大货。小于 21kg 的货物为小货，重 21kg 及以上的货物为大货，小货的最小质量精度为 0.5kg，大货的最小质量精度为 1kg。小货的运费需要计算首重和续重，大货的运费需要计算每千克价格。首重指小货包裹的第一个 0.5kg，续重指小货包裹扣除第一个 0.5kg 后的质量以每个 0.5kg 记一个续重，不足 0.5kg 的需无条件按照 0.5kg 计算。相关计算公式如下：

$$小货的运费＝[首重运价+INT（总质量×2）×续重单价]×（1+燃油附加费率）×折扣$$

大货的运费=总整数质量×每千克价格×（1+燃油附加费率）×折扣

注意，INT 函数将返回实数向下取整后的整数值，是舍尾取整。INT（总质量×2）为计算小货续重个数的公式。大货的运费一般要参考货代公司的相关收费标准来计算。

速卖通国际 EMS 方案一般可分为 10 个大区，直达 99 个国家和地区，按首重 500g、续重 500g 计费，无燃油附加费，有的当地收件公司对每票货件要收取小额的国内报关费。国际 EMS 小货资费标准可参见"国际 EMS 小货资费标准"二维码中的内容。

国际 EMS 小货资费标准

一般情况下，EMS 系列的运输渠道（包括 E 特快等）的运费都按照质量计算，不受包裹的体积、形状等的影响。

【例 2-2】速卖通平台要将一个重 3.8kg 的包裹发往法国，货代公司给出的折扣是 8 折，收费标准参考表 2-3，请计算用 EMS 来递送这个包裹的运费。

表 2-3　中国邮政大包收费标准

国家	航空		SAL		海运		限重千克
	首重（1千克）	续重（每1千克）	首重（1千克）	续重（每1千克）	首重（1千克）	续重（每1千克）	
美国	158.5	95	104.6	51.1	83.5	20	30
英国	162.3	76.6	126.2	50.5	108.1	22.4	30
日本	124.2	29.6	110.9	26.3	108	13.4	30
加拿大	137.7	72	99.2	45.7	86.2	22.7	30
澳大利亚	143.8	70	117.2	53.4	88.8	15	20
法国	185.3	68.3	149.1	42.1	131	14	30
意大利	159.3	71.2	121.1	43.2	99.8	11.7	20

运费=（149.1+INT3.8×42.1）×（1+0）×0.8=220.32 元

其中，需要注意的是因为包裹重量已经超过 2 千克，所以采用的运输方式为国际大包，又叫 SAL 大包（中国邮政大包裹国际物流服务），因此，此处运费采用 SAL 的首重和续重运费来计算。表 2-3 提供的 SAL 大包的续重是按 1 千克来计算的（有的快递则是按 0.5 千克计算，如 DHL），149.1 元是采用 SAL 大包运往法国的首重运费，INT3.8 是续重的个数（特别注意如果质量刚好是整数，则续重的个数应该为质量-1），42.1 是续重（每 1 千克）单价，0 是燃油附加费，0.8 是货代公司给出的 8 折折扣。

2.2.2　商业快递运费核算

商业快递一般指的是 UPS、DHL、FedEx、TNT，其运费的计算方法与中国邮政大包的计算方法一致，即根据包裹的目的地及质量对应货代公司给出的收费标准并加上燃油附加费来计算。而不同的商业快递的特别区间收费标准可能有所不同，如 UPS 对 71kg 以上的货

某货代公司香港 DHL 代理收费标准

一票多件的计费方式

物有最低收费。将根据 UPS 提供的每千克价格及包裹质量算出的价格，比对最低收费，将其中的较大值加上燃油附加费后的价格定为最终运费，具体可参考"某货代公司香港 DHL 代理收费标准"二维码中的内容，如果包裹是一票多件的，计费方式可参考"一票多件的计费方式"二维码中的内容。

值得特别注意的是，一般全球国际快递公司在计费时都要根据体积计算货物是不是泡货。泡货指包裹按照各个快递公司的体积计算方式计算出来的体积质量大于实际质量。如果是泡货，则运费就要按照包裹的体积质量来计算。

通常，UPS、DHL 的计算公式如下。

$$体积质量（kg）＝长（cm）×宽（cm）×高（cm）/5000$$

FedEx、TNT 的计算公式如下。

$$体积质量（kg）＝长（cm）×宽（cm）×高（cm）/6000$$

【例 2-3】某个发往马来西亚的包裹长 30cm，宽 20cm，高 40cm，包裹的实际质量是 3.5kg，如果用 DHL 发货，包裹的最终计价质量是多少？（DHL 官方当前的泡货计算是除以 5000 来计算的。）

体积质量＝（30×20×40）/5000=4.8（kg）>3.5（kg），那么，在计算运费的时候就会按照 4.8kg 的体积质量来计算运费，参照邮政大包中小货的运费计算方法即可算出实际的运费。

2.2.3　专线物流与海外仓运费核算

1. 专线物流

不同专线物流的计价方式差别比较大，受不同货代专线公司的规模、时效、线路等影响。燕文专线的运费计算方式与中国邮政大包相同，具体报价可参考"燕文专线资费标准"二维码中的内容。

燕文专线资费标准

2. 海外仓

跨境电商卖家如果想要提升用户体验，就要有效缩短物流派送时效，最好能够在用户所在地发货，而海外仓就可以帮助各卖家实现这一点。目前，全球范围内规模最大的海外仓当属 FBA（Fulfillment by Amazon）——亚马逊的一种物流服务。卖家直接把自己的商品存放在美国亚马逊的 Fulfillment Center（订单履行中心）。一旦有买家下单，该中心就直接打包、配送这些商品，同时负责售后服务。这样，FBA 的商品就如同亚马逊的直营商品一样，可以享受免费派送、Prime 会员 2 日达派送服务，并且由亚马逊来负责售后服务。

海外仓费用的计算公式如下。

$$海外仓费用＝头程运费＋仓储及处理费＋本地配送费$$

头程运费：货物从境内运到海外仓产生的运费。

仓储及处理费：货物存储在海外仓产生的仓储费及仓库配送商品前产生的处理费。

本地配送费：在配送地对商品进行配送时产生的本地快递费。

表 2-2 所示为某货代公司 FBA 的头程运费收费标准，其按 DHL 大货标准来收取。仓储及处理费和本地配送费则需要参考亚马逊官方标准来确定。

表 2-2		某货代公司 FBA 的头程运费收费标准		
FBA 报价（统一为香港 DHL 代理价）				
国家和地区	质量段	价格（含油）	质量段	价格（含油）
美国	21～69kg	40 元/kg	70～299kg	40 元/kg
英国、西班牙、法国、意大利	21～30kg	42.5 元/kg	31～299kg	40.5 元/kg
发 FBA 的注意事项				
客户网上预报	使用 FBA 进行头程配送的产品，必须网上预报 标准服务货件：在普通在线订单界面，运输方式选择"亚马逊 FBA 头程配送"并进行预报			
货件包装要求	亚马逊入库货件要求 1. 应严格按照亚马逊系统分配的仓库和产品数量装箱 2. 每箱质量不得超过 50 磅（22.67kg） 3. FBA 箱上条码请用胶纸或窗口袋保护好，预防磨损 若因不符合亚马逊要求而产生退件拒收情况，相关责任和费用由客户自行承担			
1. 由发件人支付目的地进口税金须收取手续费（100 元/票）				
2. 轻泡货物质量的计算方式：长（cm）×宽（cm）×高（cm）/5000				
3. 如单边长度大于等于 120cm 或者单件实际质量大于等于 70kg，需加收 203 元/票及燃油附加费。如当月燃油费率为 24.5%，则燃油附加费=203×1.245≈252.7（元）				
4. 客户交运非文件类快件时需要提供商业发票，否则视同授权我司代为申报，如因申报而发生扣关或延误，我司概不承担相关责任及费用				
5. 此报价不含目的地海关的关税、海关罚款、仓储费以及由收件人责任引起的退件费，如收件人拒付将自动更改为发货公司支付				
6. 部分遗失、延误或者破损均不赔偿。货物丢失时如客户未购买保险，我司按以下方法赔偿：根据货物申报价值进行赔偿，但最高赔偿金额为 100 美元/票				

任务实训　为发往全球的跨境包裹核算运费

【实训目标】

能结合产品实际，应用相应的运费计算方法核算跨境包裹的运费。

【实训内容】

请为以下几个发往全球的跨境包裹核算运费。

1. 产品成本价为 80 元人民币，一笔订单是发往美国的（产品重 600g，假设发往美国的资费是 90 元/kg，挂号费是 8 元/票），当前美元对人民币的汇率是 6.7，卖家在包邮的情况下应该把销售价格设置成多少美元才可以每单赚到 40 元人民币呢？

2. 一位卖家的店铺刚售出一件女士上衣（部分位置镶有珍珠作为装饰），买家是西班牙人，这件衣服的质量是 1.3kg，卖家包邮（采用小包方式），在保证产品在运输途中安全无破损并且尽可能降低物流成本的情况下，你会选择何种包装？请你核算出物流费用（包括包装成本），并说出你的理由。

备注：

假设发往西班牙的中国邮政挂号小包的物流费用是（80 元/kg+8 元/票）。

包装材料费用如下。

快递袋 0.3 元/个（每个重 10g）；

气泡袋 2 元/个（每个重 70g）；

纸箱 5 元/个（每个重 800g）。

3. 有个装有高档女装的包裹需要运送到英国，包裹长 50cm，宽 25cm，高 40cm，重 4.6kg，请为该包裹核算运费。（DHL 官方的泡货是除以 5000 来计算的。）

（1）该包裹能否选择用中国邮政小包发送？

（2）如选择中国邮政大包，则该包裹的运费是多少？假定从货代公司处取得的运费折扣为 9 折，中国邮政大包收费标准如表 2-3 所示。

（3）如果要用 DHL 来运送，包裹的计费质量是多少？运费是多少？收费标准请参考 2.2.2 中"某货代公司香港 DHL 代理收费标准"二维码。

课后习题

一、名词解释

中国邮政大包　中国邮政小包　EMS　e 邮宝　UPS　DHL　FedEx　专线物流　海外仓
FBA

二、选择题

1. 中国邮政航空小包限重（　　　）kg。

    A. 1　　　　　　B. 2　　　　　　C. 3　　　　　　D. 4

2. 海外仓费用=头程运费+仓储及处理费+本地配送费，其中头程运费指的是（　　　）。

    A. 客户货物存储在海外仓和处理当地配送时产生的费用

    B. 货物从境内运到海外仓产生的运费

    C. 对客户商品进行配送产生的本地快递费用

    D. 以上都不正确

3. （　　　）是中国邮政为满足跨境电商轻小件物品寄递市场的需求，为中国电商卖家量身定制的一款全新经济型国际邮递产品。

    A. 专线运输　　　　　　　　　　B. e 邮宝

    C. 国际快递小包　　　　　　　　D. 国际商业快递

4. e 邮宝适合发送（　　　）以内的货物。

    A. 5kg　　　　　B. 4kg　　　　　C. 3kg　　　　　D. 2kg

5. 以下活动不属于跨境电商物流活动的是（　　　）。

    A. 日本代购从日本直邮寄回的化妆品

    B. 通过天猫国际购买进口食品，食品从澳大利亚寄出

    C. 购买尿不湿，尿不湿从宁波保税区发货

    D. 通过海淘在英国购物网站下单购买服装，英国 DHL 发货至境内

6. （多项选择题）速卖通平台支持以下哪些物流运输方式？（　　　）

    A. EMS　　　　　B. DHL　　　　　C. 申通　　　　　D. 韵达

7. （多项选择题）目前跨境电商的物流方式主要有（　　　）。

    A. 邮政体系　　　B. 商业快递　　　C. 专线物流　　　D. 海外仓

8.（多项选择题）e 邮宝的缺点是（　　　）。

    A．挂号费高   B．不受理查单业务

    C．不提供邮件丢失、延误赔偿   D．只适合寄送 4kg 以内的货物

9.（多项选择题）海外仓费用包括（　　　）。

    A．头程运费   B．仓储及处理费 C．本地配送费   D．附加费

10.（多项选择题）跨境商业快递运输与境内货物运输相比，主要具有以下几个特点（　　　）。

    A．跨境商业快递运输的风险小

    B．跨境商业快递运输的时效性强

    C．跨境商业快递运输涉及国际关系问题，是一项政策性很强的商业活动

    D．跨境商业快递运输是中间环节很多的长途运输

三、简答题

1.邮政体系和商业快递相比，其优势和劣势分别是什么？

2."泡重"指的是什么？如何计算？

第3章

速卖通选品

> **知识目标**

（1）熟悉选品原则与产品定位方法。

（2）掌握线上选品的方法。

（3）了解线下选品的方法。

（4）掌握选品报告的相关要素与撰写方法。

> **能力目标**

（1）能够找准店铺和产品的定位。

（2）能够应用选品方法为速卖通店铺选品。

（3）能够挖掘市场需求，撰写选品报告。

> **情景导入**

在跨境电商行业中有一句话："七分靠选品，三分靠运营。"这指明了选品的重要意义。黄志远团队对跨境电商有了全面了解后，决定先做外贸零售，考虑在目前比较流行的平台上开展业务，并直接上架自家工厂生产的服装，因为他们认为自家的服装又好又便宜，肯定能畅销。后来他们听业内前辈说要先进行市场分析才能开始经营，于是他们在全面深入地学习之后发现，原来选品是有一套系统、科学的方法的，讲究用市场的数据来说话，用数据做科学的决策，绝对不能只依靠个人的主观判断就下结论。

3.1　跨境电商选品概述

世界各个国家和地区的人们都有自己的传统和文化，有自己的生活和消费习惯，对产品也有不同的喜好。因此，对产品进行定位和分析，挑选出符合客户需求的产品，是卖家选品最根本的目的。

随着互联网和大数据技术的发展，在大数据运营的范畴内，选品也被赋予了更多的意义。例如，我们可以通过相关的工具，对热销产品词从行业、国家和地区、时间等维度进行排序和分析。虽然在速卖通店铺的运营环节里，选品无处不在，但并不是人人都能够精准地把握和运用相关原则和方法。

3.1.1　跨境电商选品的6个原则

跨境电商选品工作是基于 6 个原则进行的。跨境电商选品的 6 个原则如图 3-1 所示。

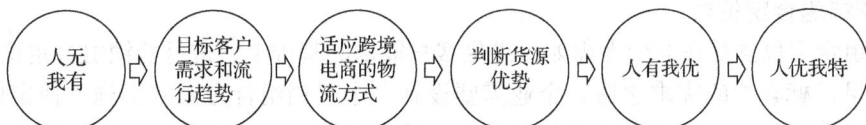

图 3-1　跨境电商选品的 6 个原则

（1）人无我有。卖家应找到竞争比较小的蓝海产品，或者红海行业中的蓝海类目。

（2）目标客户需求和流行趋势。卖家应在选品之前，先研究目标客户的需求，了解他们的消费习惯和流行趋势。

（3）适应跨境电商的物流方式。卖家在选品时要考虑产品的保质期、耐挤压程度等因素，还有相应质量和体积所产生的物流费用，这些因素都会对产品的销量产生影响。

（4）判断货源优势。在满足以上条件的情况下，卖家还要考虑自身是否具有货源优势。

（5）人有我优。卖家要优化产品信息，严把质量关，形成产品的好口碑。

（6）人优我特。卖家要选择特种产品，因为小需求也有大市场。

3.1.2　产品定位的5种方法

怎样才能对产品进行定位呢？一般而言，产品定位方法包括目标市场定位法、产品需求定位法、产品测试定位法、产品差异化价值点定位法和营销组合定位法。

1. 目标市场定位法

目标市场定位是一个市场细分与目标市场选择的过程，即明白为谁服务。在市场高度细分的今天，任何一家公司和任何一种产品的目标客户都不可能是所有人。运用目标市场定位法选择目标客户，卖家首先需要明确细分市场的标准，然后对整体市场进行细分，再对细分后的市场进行评估，最终确定所选择的目标市场。

2. 产品需求定位法

产品需求定位是了解需求的过程，即明白要满足客户的什么需求。对产品需求的定位，不是根据产品的类别进行的，也不是根据客户的表面特性进行的，而是根据客户的需求价值进行的。客户购买产品总是为了获取某种产品的价值。产品价值组合是由产品的功能组合实现的，不同的客户对产品有着不同的价值诉求，这就要求卖家提供与客户诉求匹配的产品。运用该方法调研得到的客户需求可以指导新产品开发或产品改进。

3. 产品测试定位法

产品测试定位法是企业进行产品创意或产品测试的方法，即确定企业应提供何种产品或提供的产品是否满足客户的需求。该方法是指企业独自进行产品的设计或改进，通过图片或实体来展示产品（未开发和已开发）的特性，考察客户对产品概念的理解、偏好、接受程度。运用该方法需要企业从心理层面到行为层面进行深入探究，以获知客户对某一产品概念的整体接受情况。

4. 产品差异化价值点定位法

产品差异化价值点定位需要解决目标客户需求与企业提供的产品及竞争各方的特点结合的问题，同时要考虑如何将这些特点与其他营销属性相结合。产品差异化价值点定位法包括产品独特价值特色定位法、产品解决问题特色定位法、产品使用场合定位法、顾客类型定位法、竞争品牌对比定位法、产品类别的游离者定位法、综合定位法等。

5. 营销组合定位法

营销组合定位法是在充分考虑如何满足客户需求的基础上，进行营销组合定位的方法。在确定满足目标客户的需求之后，企业需要设计一个营销组合方案并实施，使定位落到实处。营销组合定位不仅是品牌推广的过程，还是产品价格、渠道策略和沟通策略有机组合的过程。在有些情况下，落实定位的过程也是一个再定位的过程。因为在产品差异化很难实现时，企业必须通过营销差异化来定位。例如，你推出了一种新产品，该产品才畅销一个月，就有模仿品出现在市场上，此时，你就需要进行营销差异化定位。因此，仅有产品定位远远不够，企业必须从产品定位扩展至营销组合定位。

3.2 线上与线下选品

跨境电商的选品根据渠道可以分为线上选品和线下选品两种方式，如图 3-2 所示。

以速卖通为例，线上选品又分为站内选品和站外选品。线上选品的方式和方法如图 3-3 所示。

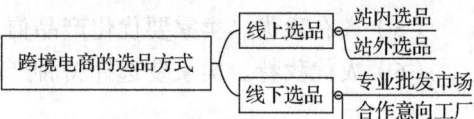

图 3-2 跨境电商的选品方式

图 3-3 线上选品的方式和方法

要选品就必然要了解市场状况，因此，选品的步骤也可以理解为了解市场的步骤。无论是刚进入跨境电商行业还不知道要卖什么产品的新手，还是已有自己的公司或工厂的卖家，或者是已经确定了要销售的产品的卖家，都应该对选品这个环节有深入了解。

3.2.1 线上——站内选品

实施站内选品时，卖家一般可以从行业选品、地域选品、产品选品 3 个方向展开。

1. 行业选品

选择行业一般通过分析后台数据中的"市场大盘"来进行。登录速卖通后台，在"生意参谋"中单击"市场大盘"，可以打开"市场大盘"页面，如图 3-4 所示。

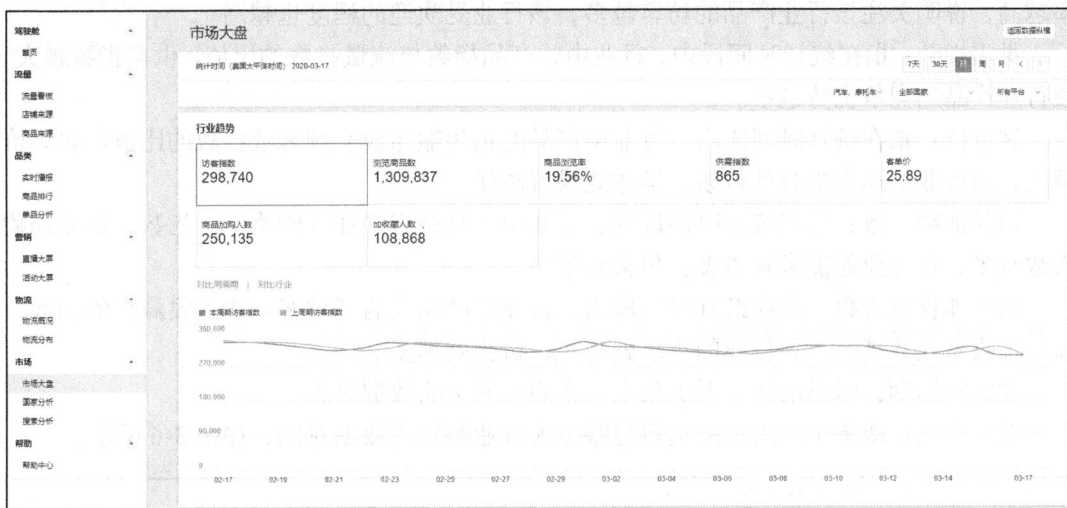

图 3-4 速卖通后台"市场大盘"页面

（1）卖家在打开的"市场大盘"页面中，可以选择不同的行业和时间段（7 天、30 天、日、周、月），查看所选定的行业类目在指定时间段内的行业趋势数据，既包括访客指数、浏览商品数、商品浏览率、供需指数、客单价、商品加购人数、加收藏人数，也包括对比同周期和对比行业的数据，如图 3-5 所示。

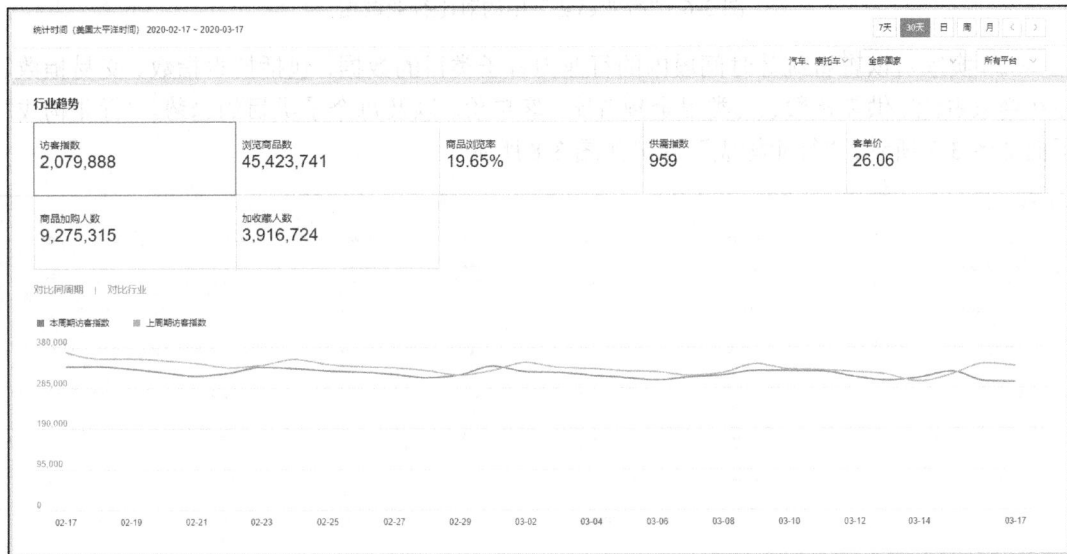

图 3-5 "行业趋势"页面

相关数据指标说明如下。

访客指数：指在统计时间段内，行业类目访客的数量。访客指数越大，说明该行业的产品受欢迎的程度越高，产品的需求越大。

浏览商品数：指在统计时间段内，行业类目产品的浏览量。同样，商品浏览数越大，说明关注该行业产品的访客越多，产品的需求量越大。

商品浏览率：指在统计时间段内，本行业浏览量占上级行业浏览量的比例。商品浏览率越高，说明关注该行业产品的访客越多，该行业受欢迎的程度也越高。

供需指数：指在统计时间段内，行业中的产品指数与流量指数的比值。供需指数越大，该行业产品的竞争优势越小。

客单价：指在统计时间段内，行业中产品的销售额与成交顾客数指数的比值。客单价越高，该行业的运作机会就越多，运作效果就越佳。

商品加购人数：指在统计时间段内，行业中产品被客户加入购物车的指数。商品加购人数越多，该行业的需求就越多，机会就越多。

商品加收藏人数：指在统计时间段内，行业中产品或店铺被客户加入收藏夹的指数，商品加收藏人数越高，该行业的需求就越多，机会就越多。

对比同周期：即当前周（月）与上一个周（月）的数据对比。

对比行业：即更小、更细的类目与整个大行业类目的数据对比，如图 3-6 所示。

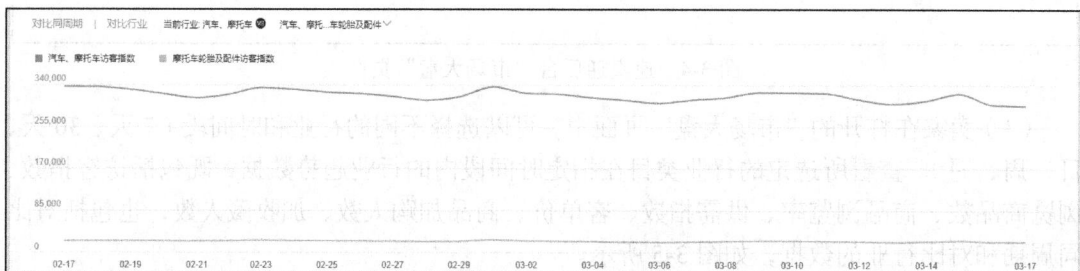

图 3-6 "行业趋势"中的对比行业数据

（2）卖家可以查看统计时间段内的行业内各子类目的数据，包括搜索指数、交易指数、在线商家占比、供需指数、父类目金额占比、客单价，以及每个子类目的趋势。"行业构成"页面如图 3-7 所示，"行业构成"趋势如图 3-8 所示。

排名	行业	搜索指数	交易指数	在线商家占比	供需指数	父类目金额占比	客单价	操作
1	Auto Replacement Parts 较前30日	911,432 -6.17%	9,416,591 +0.27%	58.62% +0.05%	768 -7.97%	21.83% +0.05%	23.87 +10.10%	趋势
2	Interior Accessories 较前30日	818,233 -6.39%	5,559,310 -1.96%	51.40% 0.00%	737 -8.12%	8.26% -2.82%	11.45 +10.74%	趋势
3	Car Electronics 较前30日	769,719 -6.55%	10,335,101 -0.17%	34.32% -0.23%	884 -8.04%	25.93% +0.50%	48.00 +10.80%	趋势
4	Exterior Accessories 较前30日	748,156 -6.29%	4,257,475 -0.52%	40.27% -0.74%	777 -7.49%	5.08% 0.00%	7.68 +9.40%	趋势
5	Motorcycle Accessories & Parts 较前30日	731,452 -4.24%	8,055,248 +2.50%	39.36% -0.53%	766 -5.21%	16.36% +5.68%	30.08 +4.37%	趋势
6	Car Lights 较前30日	605,340 -5.96%	5,941,999 -5.62%	33.57% -1.64%	686 -6.82%	9.34% -9.32%	17.93 +9.00%	趋势
7	Car Repair Tool 较前30日	518,754 -4.82%	5,772,629 +0.09%	27.18% -1.27%	652 -5.60%	8.85% +0.91%	34.29 +11.88%	趋势
8	Car Wash & Maintenance 较前30日	471,746 -4.50%	3,187,902 +2.35%	19.53% -0.05%	723 -5.90%	2.97% +4.95%	11.46 +12.80%	趋势
9	Other Vehicle Parts & Accessories 较前30日	344,194 -0.82%	2,116,294 -1.79%	16.64% +0.79%	551 -2.09%	1.40% -2.78%	36.38 +2.22%	趋势
10	Auto Sale 较前30日	27,338 +223.73%	0 -100.00%	0.11% +22.22%	778 +215.71%	0.00% 0.00%	0.00 -100.00%	趋势

图 3-7 "行业构成"页面

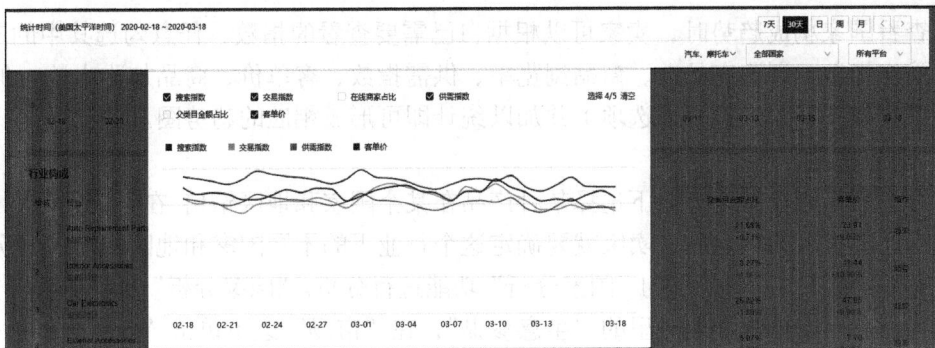

图 3-8　"行业构成"趋势

在查看行业构成趋势时，卖家可以根据自己需要查看的指数，任意勾选其中的搜索指数、交易指数、在线商家占比、供需指数、父类目金额占比、客单价并加以统计即可形成相应的趋势图。

（3）卖家可以查看统计时间段内行业类目的具体"国家构成"，包括国家&地区、访客指数、浏览商品数、商品浏览率、供需指数、客单价、商品加购人数、加收藏人数，并且可以针对具体的构成情况查看相应的趋势。"国家构成"页面如图 3-9 所示，"国家构成"趋势如图 3-10 所示。

图 3-9　"国家构成"页面

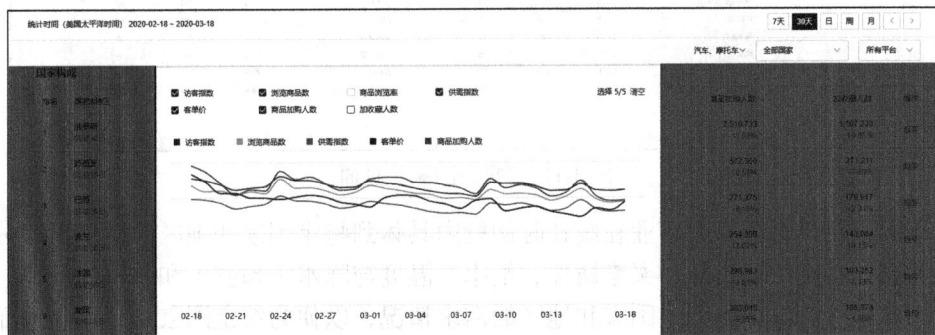

图 3-10　"国家构成"趋势

在查看国家构成趋势时，卖家可以根据自己需要查看的指数，任意勾选其中的国家&地区、访客指数、浏览商品数、商品浏览率、供需指数、客单价、商品加购人数、加收藏人数（每次最多只能勾选 5 个选项）并加以统计即可形成相应的趋势图。

2. 地域选品

地域选品是指在某个行业下选择某种产品在某个国家和地区销售。在了解了行业选品，确定了自己要进入的行业后，卖家就要确定这个行业下的不同国家和地区的需求情况，此时，卖家可以借助"市场"里的"国家分析"功能进行分析。"国家分析"页面的打开方式：登录速卖通后台，单击导航栏里的"生意参谋"，在"市场"之下单击"国家分析"。

"国家分析"包含了某个行业在统计时间段内的机会国家、单国家分析、商品研究等分析内容。

（1）卖家可以查看某个行业统计在时间段内的机会国家的相关数据，包括高 GMV（交易总额）高增速国家和地区、高 GMV 低增速国家和地区、低 GMV 高增速国家和地区以及低 GMV 低增速国家和地区的支付金额占比、上升指数和物流天数等指标，从而更全面地了解特定行业在特定时间段内存在蓝海机会的国家和地区，更精准地针对特定国家和地区进行选品。"机会国家"页面如图 3-11 所示。

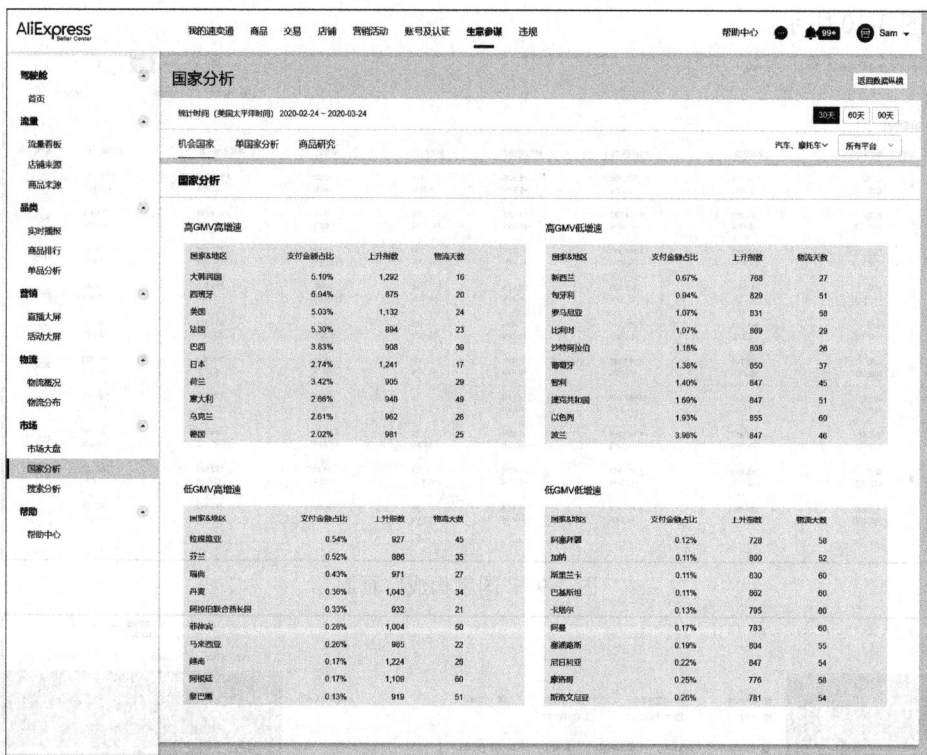

图 3-11 "机会国家"页面

（2）卖家可以查看某个行业在统计时间段内具体到特定国家和地区的"单国家分析"的相关数据，包括细分市场、买家属性、汇率、温度与降水（预测）和节日等指标，从而更全面精准地分析具体到特定国家和地区的需求情况，以便为特定国家和地区的选品提供数据支撑。"单国家分析"页面如图 3-12 所示。

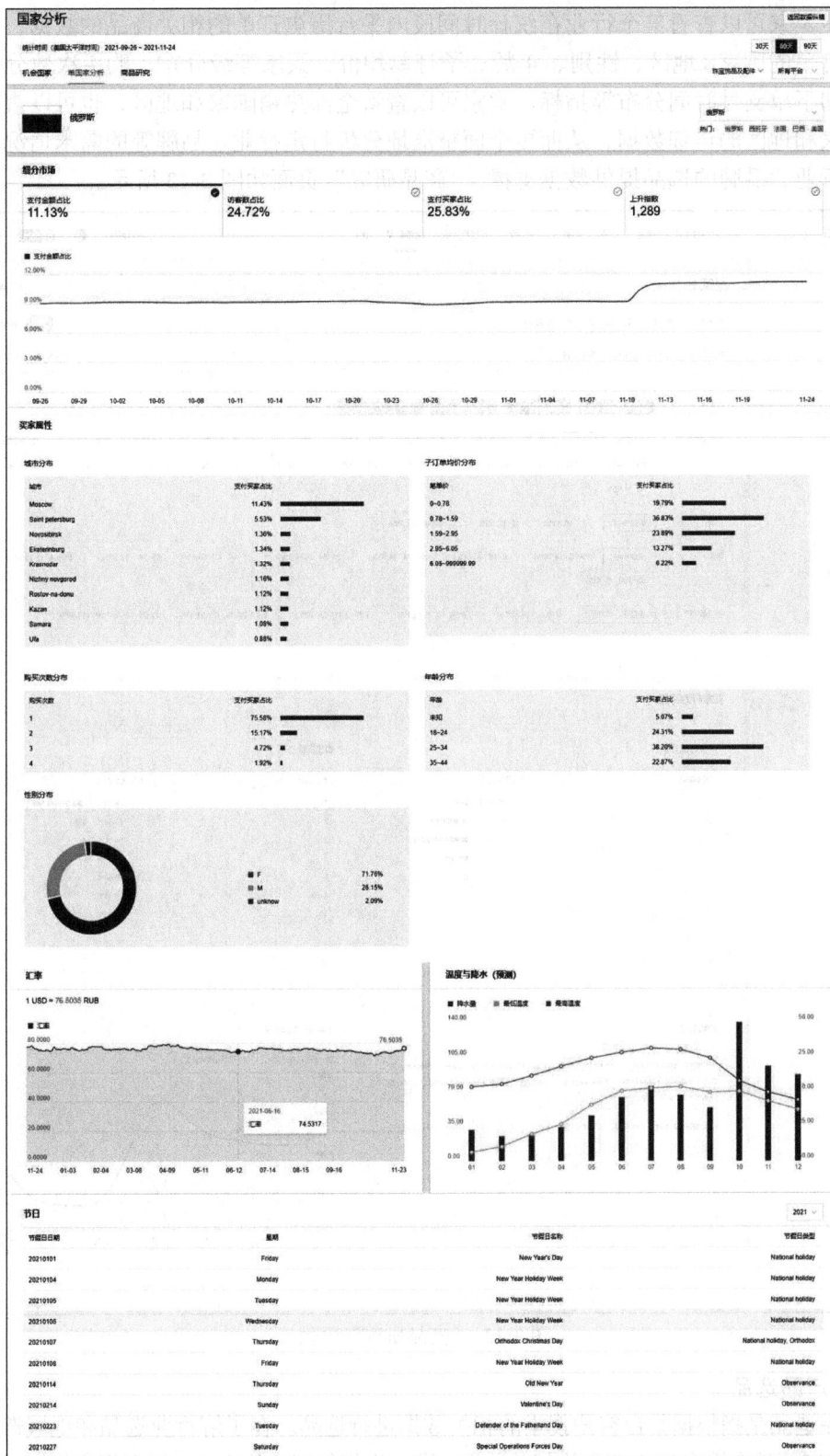

图 3-12　"单国家分析"页面

（3）卖家可以查看某个行业在统计时间段内平台历史订单的相关商品的数据，包括平台历史订单的国家&地区、性别、年龄、子订单均价、买家等级分布、购买次数分布、网购偏好和下单支付时间分布等指标。卖家可以查看全部热销国家和地区，也可以查看某一具体国家和地区的详细数据，从而更全面精准地分析特定行业、品牌等的需求情况，以便为特定行业、品牌的选品提供数据支撑。"商品研究"页面如图 3-13 所示。

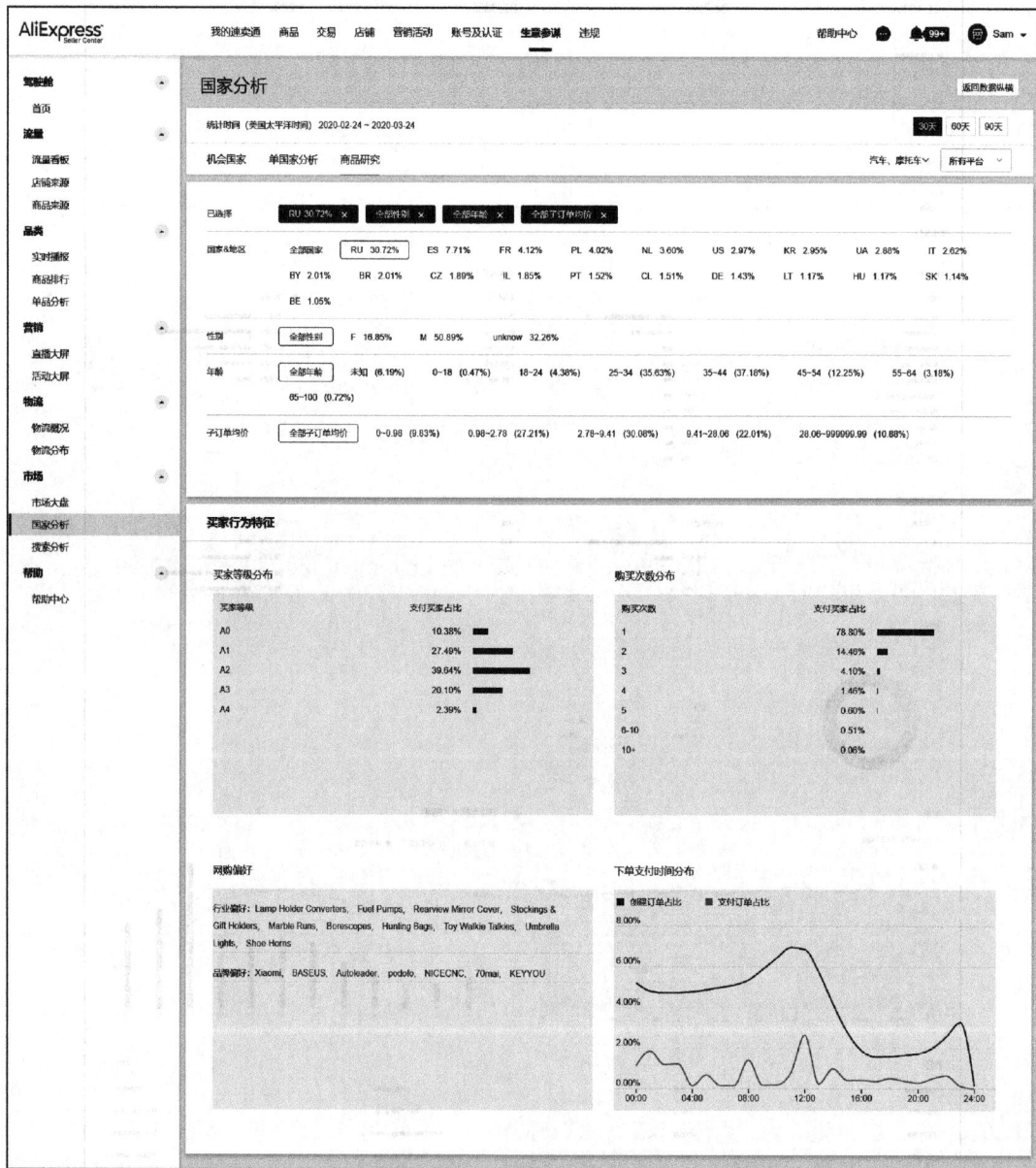

图 3-13 "商品研究"页面

3. 产品选品

产品选品是指根据平台客户搜索的相关数据进行选品。在了解行业选品和地域选品的基础上，卖家要结合平台客户搜索的相关数据，进一步细化客户的需求，根据相应的搜索数据进行选品规划，此时，卖家可以借助"市场"里的"搜索分析"功能进行。"搜索分析"页面的打开方式：登录速卖通后台，单击导航栏里的"生意参谋"，在"市场"之下单击"搜索分析"。

"搜索分析"中包含了某个行业在统计时间段内的热搜词、飙升词、零少词等分析内容。

（1）卖家可以查看某个行业在统计时间段内的热搜词的相关数据，包括搜索词、搜索词涵盖的相关代表商品、是否品牌原词、搜索人气、搜索指数、点击率、支付转化率、竞争指数、Top3 热搜国家和地区等指标，从而更全面地了解特定行业在特定时间段内存在蓝海机会的产品，更精准地针对特定的产品类型进行选品。"热搜词"页面如图 3-14 所示，单击"返回数据纵横"后还可以在相关页面中下载相关的"热搜词"表，如图 3-15 所示。

图 3-14　"热搜词"页面

行业	国家和地区	商品关键词	搜索指数	搜索人气	浏览-支付转化率排名	竞争指数
摩托车配件	全球	accessory	912	793	25	11516.9
摩托车配件	全球	bag	495	428	33	5275.79
摩托车配件	全球	balaclava	239	191	12	283.0
摩托车配件	全球	battery	169	150	50	861.88
摩托车配件	全球	bike	636	539	47	1503.06
摩托车配件	全球	cafe	368	272	36	310.18
摩托车配件	全球	carburetor	213	154	16	2546.8
摩托车配件	全球	cover	220	213	35	15606.5
摩托车配件	全球	cross	195	158	49	750.4
摩托车配件	全球	duke	257	195	21	205.96
摩托车配件	全球	engine	254	209	43	4188.21
摩托车配件	全球	exhaust	856	647	26	3913.34
摩托车配件	全球	filter	536	476	41	813.01
摩托车配件	全球	gafas	217	191	9	26281.9
摩托车配件	全球	glasses	856	763	32	5893.97
摩托车配件	全球	glove	1718	1463	3	3640.35
摩托车配件	全球	goggle	298	254	11	5196.53
摩托车配件	全球	grip	184	161	20	18390.9
摩托车配件	全球	guantes	357	328	8	15749.5
摩托车配件	全球	handlebar	147	128	28	31609.2
摩托车配件	全球	headlight	317	276	45	5899.85
摩托车配件	全球	helmet	1534	1197	29	1341.69
摩托车配件	全球	hornet	158	106	46	152.54
摩托车配件	全球	jacket	759	655	42	5615.94
摩托车配件	全球	kit	502	446	48	237.03
摩托车配件	全球	led	461	391	37	11768.5
摩托车配件	全球	lever	154	132	31	21996.6

图 3-15　"热搜词"表

（2）卖家可以查看某个行业在统计时间段内的飙升词的相关数据，包括搜索词、搜索词涵盖的相关代表商品、是否品牌原词、搜索指数、搜索指数飙升幅度、曝光商品数增长幅度、曝光商家数增长幅度等指标，从而更全面地了解特定行业在特定时间段内的市场飙升、行业竞争对手动态变化情况，以便更精准地针对特定的产品类型进行选品。"飙升词"页面如图 3-16 所示。

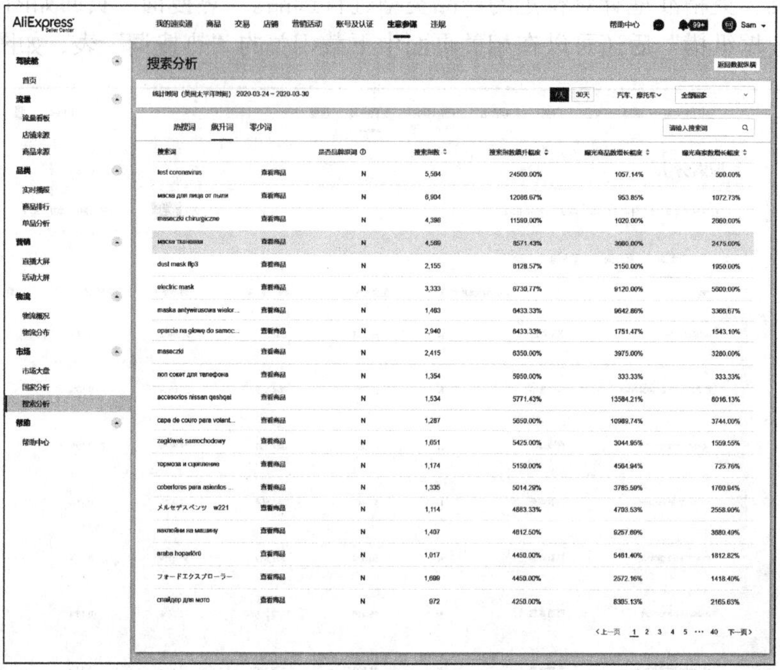

图 3-16 "飙升词"页面

（3）卖家可以查看某个行业在统计时间段内的零少词的相关数据，包括搜索词、搜索词涵盖的相关代表商品、是否品牌原词、曝光商品数增长幅度、搜索指数、搜索人气等指标，从而进行查漏补缺，以找到商品结果范围数较少，但是又存在较好的市场机会的产品，这类产品在很多时候可能会有更多机会。"零少词"页面如图 3-17 所示。

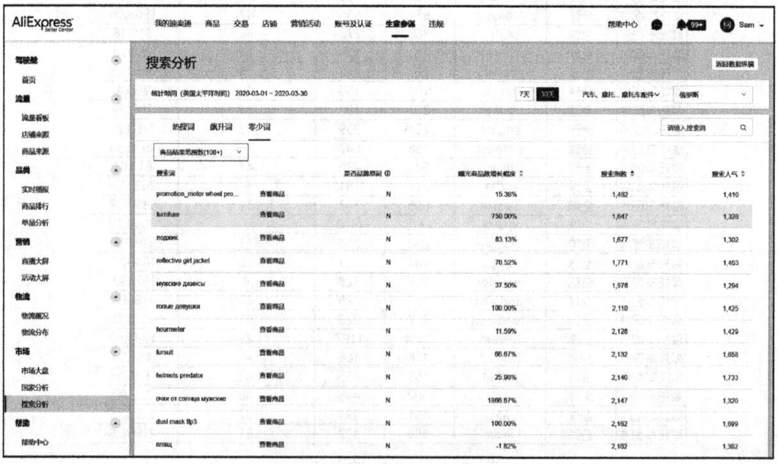

图 3-17 "零少词"页面

3.2.2　线上——站外选品

卖家可以通过分析同类 B2C 平台、常用数据平台、社交平台等方法了解流行趋势，分析站外不同平台的数据来进行选品。站外选品常用的方法如图 3-18 所示。

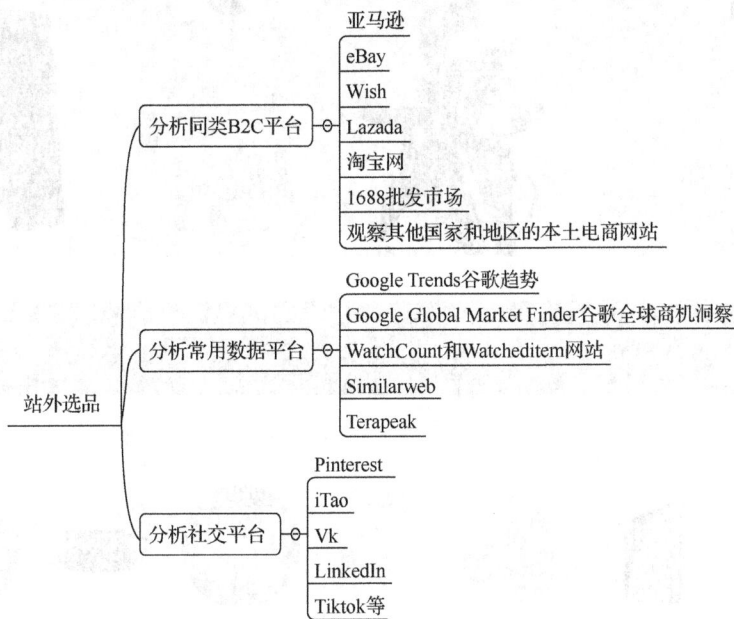

图 3-18　站外选品常用的方法

1. 分析同类B2C平台

常见的 B2C 平台有亚马逊、eBay、Wish、Lazada、淘宝网、1688 批发市场，卖家也可观察其他国家和地区的本土电商网站。亚马逊首页如图 3-19 所示，eBay 首页如图 3-20 所示。

图 3-19　亚马逊首页

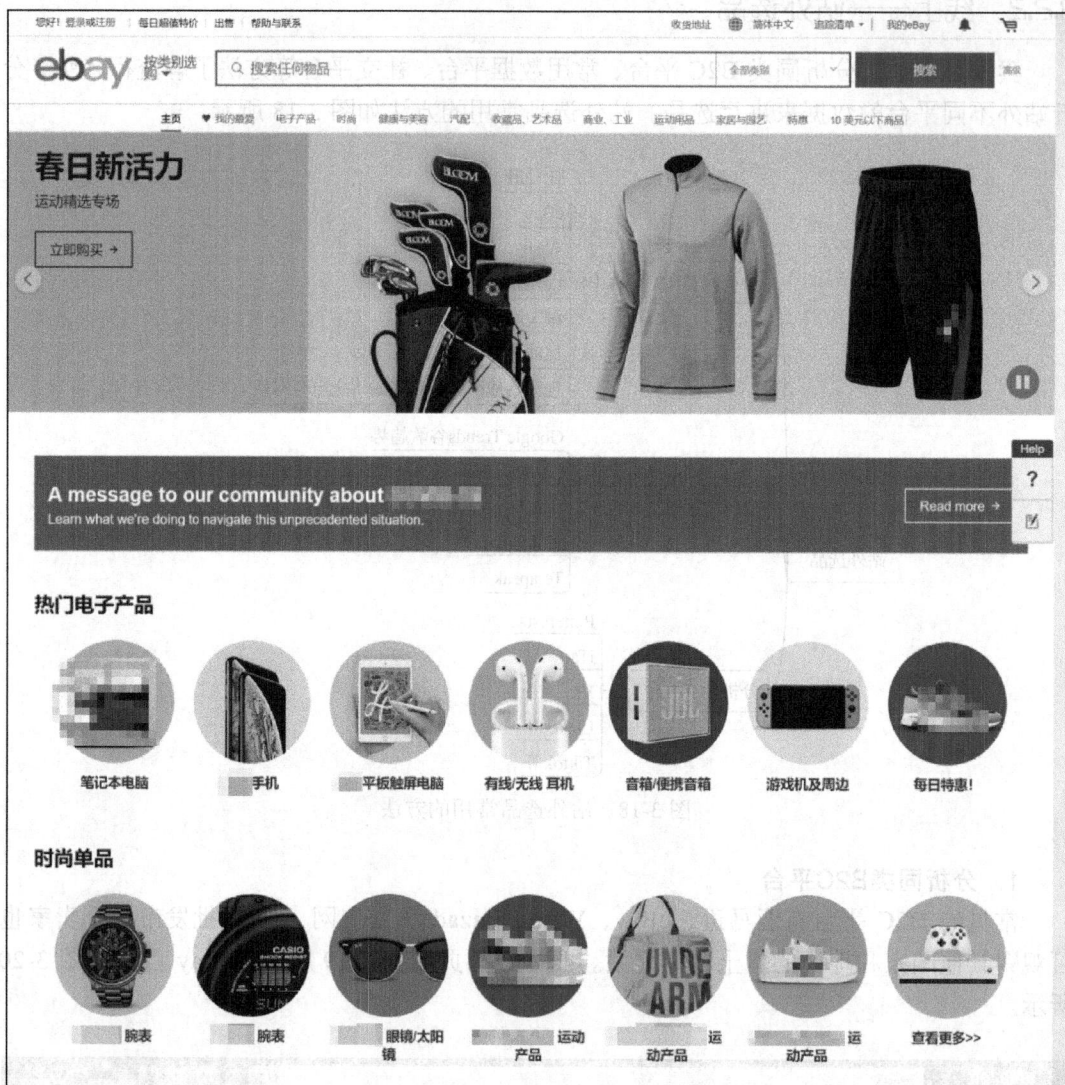

图 3-20　eBay 首页

　　世界上许多国家和地区都有自己的本土电商网站，卖家要将产品深入卖向某一个国家和地区的时候，这些网站上的信息也可以供我们参考。欧洲、北美洲、南美洲、大洋洲的优质电商平台情况分别如表 3-1～表 3-4 所示。

表 3-1　　　　　　　　　　　　　　欧洲本土优质电商平台

平台	平台概况
Allegro	欧洲访问量第五大的网上交易市场，有超过 1200 万名注册用户，其主要目标市场是东欧，也是波兰最大的电商平台，几乎占了波兰电商市场 80%的份额。作为欧洲增长最快的电子商务平台，Allegro 很受东欧市场买家欢迎
Bol	比利时、荷兰、卢森堡地区最大的在线综合类平台，每天拥有超过 100 万次的访问量，有 650 万活跃用户，在当地甚至比亚马逊更有名，深受荷兰消费者的喜爱。

续表

平台	平台概况
Cdiscount	法国地区最大的电商平台。据悉，Cdiscount 去年在法国的销售额达 650 亿欧元，仅次于英国；其有专门的海外仓服务，可以帮助卖家在物流、客服上节省大量的时间，很有前景；值得一提的是，法国是一个非常大的市场，是欧洲第二大电商国家
Laredoute	该平台始于 1837 年，是法国顶级时装和家居产品电子商务网站，每个月有超过 920 万名独立访问者，在法国家喻户晓
FNAC	该平台来自法国，但面向欧洲大部分国家和地区进行销售，并且通过 FNAC 进行销售是进入欧元区销售的一个巨大机会。最初只有电子类零售商参与，现已开辟了时尚类、运动类和家居用品类
PriceMinister	法国访问量第二大的电子商务网站，每月有 900 多万次的访问量
Spartoo	法国的电商网站，专门从事服装和鞋的销售。从 2006 年开始在网上卖鞋，在 2013 年扩展到时尚类
Tesco	英国排名第一的日用杂货和普通商品零售商，拥有庞大的客户群，这些客户已随 Tesco 转到线上，自 2012 年上线以来，Tesco 平台迅速发展，现已与亚马逊、eBay、Rakuten 等电商平台展开竞争
Fruugo	芬兰的一个国际性在线市场，非常鼓励国际销售，虽然 2010 年才开办，但增速惊人，可以根据买家的国籍自动转化成本土化产品[语言、币种、VAT（在欧盟应用的一种增值税）等]
Zalando	2008 年在柏林还不起眼的 Zalando，现已成长为欧洲最大的网上时装零售商。如果你是一个时装零售商，目标客户为德国消费者，你就一定要关注 Zalando
Umka	俄语地区最大的中国商品在线购物网站之一

表 3-2　　　　北美洲优质电商平台

平台	平台概况
Wish	北美第一大移动电商平台
Walmart	美国第二大在线电商平台，有很大的流量，每个月的独立访问用户超 8000 万名
Newegg	美国规模最大的 IT 数码网站之一
Tophatter	美国的一个在线拍卖电商平台。区别于其他电商网站，Tophatter 的订单大部分都是通过实时拍卖的方式卖出的，也就是买家相互竞价，谁出的价高，谁就拍卖成功
Overstock	美国当地非常知名的网上购物平台和品牌产品折扣销售平台
Tanga	美国本土知名电商平台，拥有极强的用户黏性。宠物、家居、美发、美妆、电子品类是 Tanga 平台最受欢迎的品类，均价为 10～30 美元的产品销量最高
Rakuten	作为美国领先的固定价格的电商平台，其吸引了大量的客户，大部分客户为 25～54 岁，男女各占一半
BestBuy	隶属于全球最大的家用电器和电子产品零售集团百思买。2017 年 6 月 7 日，2017 年《财富》美国 500 强排行榜发布，百思买排名第七十二位
Houzz	美国互联网家装平台"独角兽"，兼具线上市场和社交网站的功能
Opensky	美国本土的电商平台，OpenSky 卖家可通过表格批量新增产品、更新已有产品，或更新产品库存与价格

表 3-3　　　　　　　　　　　　　南美洲优质电商平台

平台	平台概况
Linio	拉美地区最大的电商平台
MercadoLibre	拉美地区的电商平台，覆盖南美洲 18 个国家和地区，包括巴西、墨西哥、智利、哥伦比亚、阿根廷等。其在 2017 年第一季度已实现了 2.3 亿美元的销售额，同比增长 30%

表 3-4　　　　　　　　　　　　　大洋洲优质电商平台

平台	平台概况
Trademe	新西兰最大的电商平台，相当于淘宝。其在线汽车销售、房地产分类信息、在线酒店预订方面的业务位居新西兰第一，占据了新西兰国内网站总流量的 70%

此外，美国的 Macy's（梅西百货）、Sears（西尔斯），俄罗斯的 Ulmart、Ozon、Wildberries、Citilink、Lamoda 等也非常值得分析。

2. 分析常用数据平台

常用的数据平台有谷歌趋势（Google Trends）、谷歌全球商机洞察（Google Global Market Finder）、WatchCount、Watcheditem、Similarweb 和 Terapeak 等。

例如，卖家通过谷歌全球商机洞察平台进行数据分析，就能判断自己的产品是否适合新市场。

卖家在浏览器地址栏中输入网址并打开谷歌全球商机洞察首页，如图 3-21 所示。

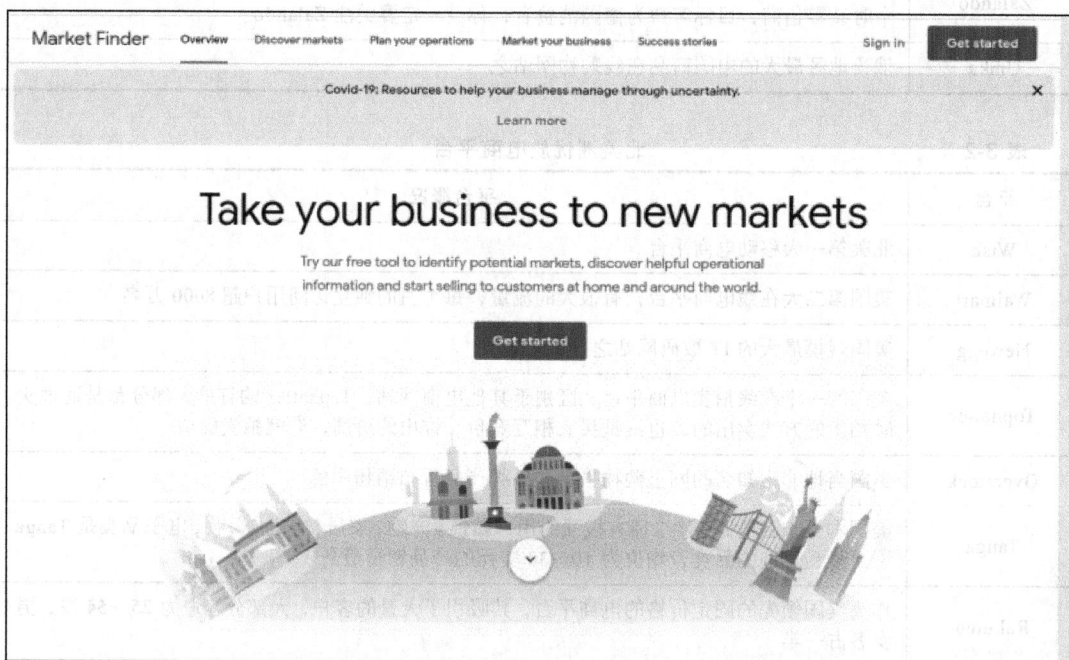

图 3-21　谷歌全球商机洞察首页

卖家输入能够描述自己的产品或服务的关键词，然后选择一个区域（可以在多个市场中进行选择，包括 G20、欧盟、新兴市场、亚洲或全世界等）。

谷歌全球商机洞察使用来自全球互联网的搜索数据，显示人们用阿拉伯语、中文、英语等 56 种语言中的任意一种搜索关键词的次数。与 Adwords 结合后，谷歌全球商机洞察还会显示估算出来的建议价格及在目标市场中使用的关键词（由 Google 翻译提供翻译结果）的竞争情况。

谷歌全球商机洞察列出的 4 个关键参考指标如下。

（1）Monthly Search Volume Across Categories（该类别产品月搜索量）；

（2）RecoMMended Adwords Bid（推荐关键词广告竞价——竞争情况）；

（3）Ease of Doing Business（经商便利度）；

（4）Household Net Disposable Income（家庭可支配净收入——购买能力）。

通过这些指标，卖家可以将获取新客户的成本与产品的利润进行比较，以确定产品能否吸引新市场中的客户，是否有利于业务的发展。

3. 分析社交平台

卖家需要通过社交平台了解的信息包括电影流行趋势、时尚博主流行趋势和大型文体活动流行趋势，常用的社交平台包括 Pinterest 等，如图 3-22 所示。

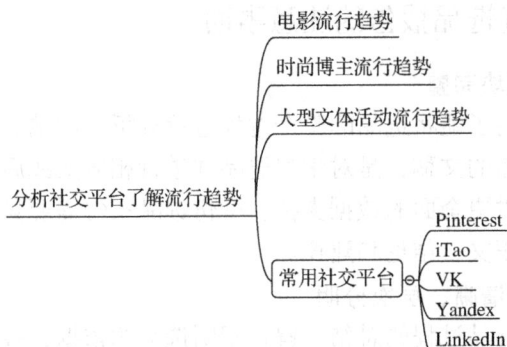

图 3-22　需要了解的流行趋势和常用的社交平台

社交平台通常是信息的发源地，各领域的最新信息和流行趋势都会最先在社交平台传播。卖家可以在境外流行的社交平台上关注行业相关意见领袖的意见和热门话题，通过观察发掘潜在的商机。

总之，选品分为 3 步：数据获取、数据分析和竞争力分析。获取的数据越多，数据的质量越高，选品的精确度也就越高。数据分析的方法越巧妙，分析的角度越多，涉及的数据量越大，分析得出的结论也就越准确，从而能为选品工作提供更加准确的理论依据。在数据获取和数据分析的基础上，如果对市场已经有了一定的了解，卖家需要对产品的市场竞争情况进行分析，但是也不能盲目跟从数据，还需要结合实际运营情况，多次实践、反复练习，这样才能选出合适的产品。

3.2.3　线下选品

线下选品的途径包括专业批发市场和合作意向工厂两种方式。线下选品需要注意以下几点。

（1）对于初级卖家，如果其所处的地区有成规模的产业，或者有体量较大的专业批发市场，则可以考虑直接从产业带或专业批发市场中寻找现成的资源。在没有线下资源优势的情况下，卖家可考虑从网上寻找货源。

（2）对有一定销量基础并且积累了一定的销售经验的卖家，其能够初步判断哪些产品的市场接受程度较高，可以考虑寻找合作意向工厂，针对比较有把握的产品进行少量下单试款。

（3）对经验丰富并且具有经济实力的卖家，其可以先尝试预售方式，在确认市场接受程度后再下单生产，这样可以减小库存和资金的压力。

3.3 跨境电商选品报告

在电子商务领域，"七分选品，三分运营"是从业者们的共识。从战略意义上讲，正确的选品有事半功倍的作用。因此，掌握选品的方法，并将数据分析结论归类汇总形成报告，能为店铺的运营提供强有力的支撑。对初入跨境电商行业的从业者，这一步能帮助他们理清选品与运营的思路。

3.3.1 撰写跨境电商选品报告的注意事项

1. 选品报告内容模块完整

撰写选品报告，是为了能将选品的整个过程进行分析、归纳、总结，最后形成一份完整的，具备一定商业价值的文稿，是对学习选品并进行相应实践后得出的精华的总结，能够为店铺的运营前期提供更全面的数据支持。一份选品报告需要具有完整的模块，包含标题、目录、结论概要、正文、结论和建议。

2. 选品报告要条理清晰、层次分明

选品报告是对整个选品过程的总结，旨在阐明选品的依据，报告的陈述要条理清晰、层次分明、有的放矢。

3. 选品报告需要数据翔实，有理有据

选品报告是具有商业价值的报告，报告所阐述的观点，不能凭空捏造，必须要做到有理有据。用于阐述观点论据的内容应尽量采用数字、表格、图片等，以及对这些内容的解释、分析、归纳、总结，以更好地佐证所阐述的结论。要用准确、恰当的语句对分析做出描述，结构要严谨，推理要符合逻辑。

3.3.2 跨境电商选品报告的核心内容

跨境电商选品报告是对选品过程的分析、归纳和总结，实际上就是对跨境店铺运营前期调研工作过程的一个直观反馈。主要包括：产品分析、市场需求分析、竞争对手和行业相关产品分析、产品供应链的选择等核心内容，还可以包含未来产品的营销策略。下面就以产品分析和市场需求分析为例，阐述报告展示的核心内容。

1. 产品分析

产品是跨境电商运营的核心要素之一，也是运营的核心。所以对自身的产品进行全方位的分析是必不可少的一项工作，具体可以从以下几个方面进行分析。

（1）产品的质量

过硬的产品质量才能让企业赢得市场，获得更好的效益，实现企业的可持续发展。如

果我们对产品质量把关不严格，让质量不过关的产品流向市场，则会使企业在跨境电商行业中受到非常大的负面影响。质量不过关会引起一系列的连锁反应，如退货退款、纠纷、运费损失等，最终会造成产品滞销，店铺倒闭也在所难免。所以，保证店铺产品的质量是每一个跨境电商从业者首先需要考虑的核心问题。

（2）产品的价格

产品的价格是跨境电商运营中的核心要素之一，因为价格是直接关系到客户是否愿意下单的重要因素。速卖通平台上非常多产品的价格都定得非常低。图 3-23、图 3-24 所示的两款裙子的价格都比较低。

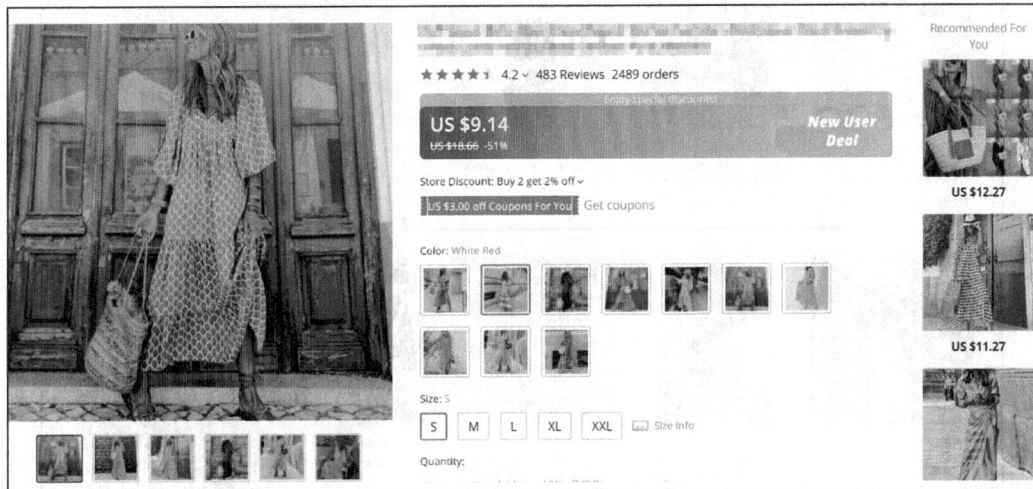

图 3-23　速卖通在售裙子一

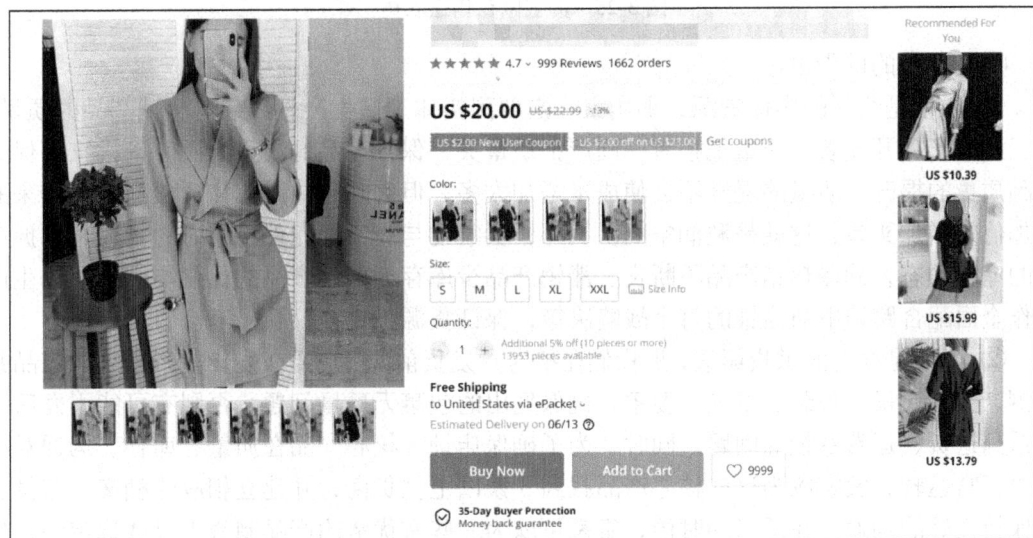

图 3-24　速卖通在售裙子二

经过调查，我们就会发现，许多类似款式的服装在淘宝网上的定价比速卖通更高，如图 3-25 所示。所以我们得找出价格的区间，找好产品的供应商，结合平台情况，进行产品定价，规划好产品的利润空间。

图 3-25　淘宝网在售连衣裙

（3）产品的供货渠道

① 如果是线下的实体货源，那卖家一定要到实体工厂生产一线亲自测试产品的质量，和工厂的产品开发者、质量把控者一同严把质量关，保证产品的质量。同时，卖家要促进产品质量的提升，质量的提升不会使成本增加太多，但客户往往愿意为质量提升而带来的附加值的增加买单，这就是利润空间。另外，卖家要与生产企业保持及时的沟通，掌握产品的库存动态，确保热销产品不断货、滞销产品少库存，做好产品的优化与升级，让生产工作全面配合跨境电商店铺的每个战略决策，保证货源稳定。

② 如果是线上的供货渠道，那我们在给客户发货前，一定要在发货前亲自采购产品并检测产品的质量、包装、重量等要素，确保发出的包裹无质量问题，否则有可能引发后续一系列退货、运费亏损等问题。同时，为了确保店铺的核心产品在质量、库存、沟通对接方面正常运转，卖家应为这些核心产品找到3家以上供货商，并建立相应的档案，与供货商保持良好的沟通。在适当的时候，卖家可以为一些有优势的产品到线下寻找稳定的合作渠道，以便产品后期的更新升级等。

2. 市场需求分析

在开启一个全新的类目和产品前，我们需要做好目标产品的市场需求的调查，判断产品的经营前景及其是否适合在所选的平台上销售与运营。我们可以从以下几个方面开展市场需求分析。

（1）利用前面所学的线上选品的方法，针对我们要经营产品的类目做一个宏观的分析，掌握相关类目的大体市场情况。

（2）对打算入驻的平台（以速卖通为例）做市场微观调查与分析，选择行业 Top10 的卖家，对每位卖家的销量 Top5 的产品进行量化分析。得出的数据将会非常有针对性。

例如，针对图 3-26 所示的女士裙子，分析其市场需求。

① 我们可以通过速卖通手机端买家 App 用图片搜索这个款式的裙子，搜索结果如图 3-27 所示，将其按销售量从高到低的顺序排列。

图 3-26　女士裙子

图 3-27　搜索结果

② 我们对此款裙子卖得最好的 10 个店铺进行分析。例如，其中一家卖得较好的店铺是图 3-28 所示的这个店铺。

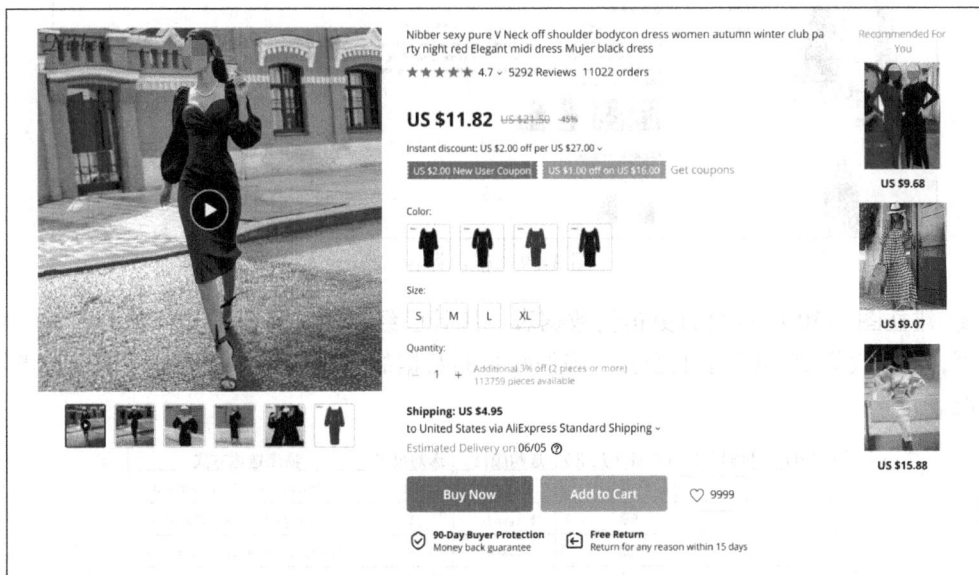

图 3-28　速卖通上此款裙子销量较高的一家店铺截图

③ 我们可以针对这款产品做全方位的需求分析，统计已售裙子的客户所在国家和地区、选购的颜色、尺码和物流方式。我们可以从产品详情页中的客户评论里获取真实的客户需求信息，如图 3-29 所示。

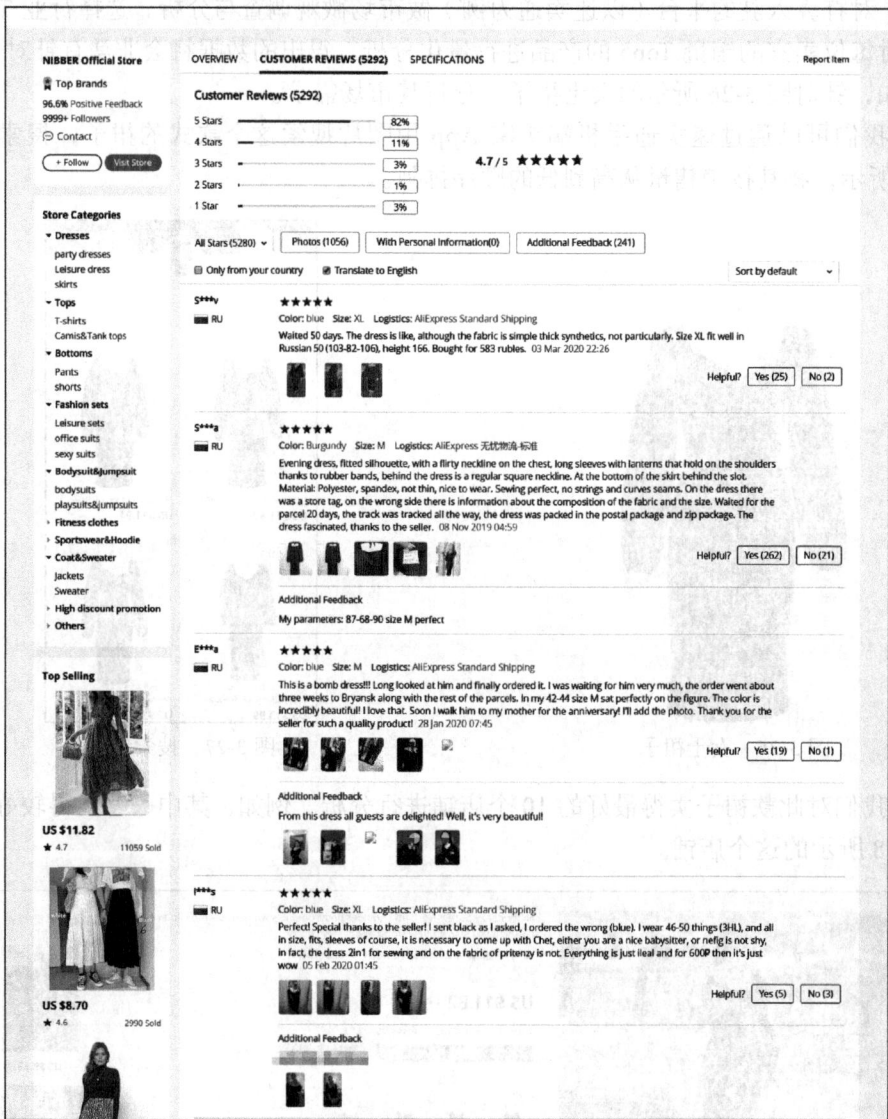

图 3-29　客户评论

④ 建立图 3-30 所示的历史销售数据表，统计已经购买并且已发表评论的客户的相应的数据，建议收集 20 页以上的数据，确保收集的数据的范围较广，以更全面地反映市场需求情况。

客户所在国家和地区	评价等级（几星）	选购颜色	选购尺码	物流送达方式
RU	5星	Blue	XL	AliExpress Standard Shipping
RU	5星	Burgundy	M	AliExpress Standard Shipping
BR	5星	Black	M	AliExpress Standard Shipping

图 3-30　历史销售数据表

⑤ 卖家可以根据统计得出的数据进行分类汇总、筛选等操作，选出此款产品在速卖通平台上热卖的 Top5 国家和地区，得出客户选购最多的颜色和尺码，为后期的采购、市场细分、推广决策等提供数据支撑。

⑥ 卖家要用同样的方法看看其他第三方平台（亚马逊、eBay、Wish）上同款裙子在全球市场上的销售反馈，从而对此款裙子的全球销售情况形成更直观的、更全面的了解，为其决策提供全方位的数据支撑。

3．结合平台数据，为选品提供数据支撑

（1）利用平台的"市场大盘"工具，做好选品

卖家要熟练应用速卖通"生意参谋"的"市场大盘"里的各种工具，做好选品战略支撑，具体可参考前述的相关方法。

（2）利用平台工具得出市场需求细化情况

卖家要应用速卖通"生意参谋"的"流量看板""商品排行""搜索分析"等各种工具，细化到产品、产品的搜索词等核心内容，给选品提供微观的数据支撑，具体可参考前述的相关方法。

任务实训　撰写速卖通平台女装选品调研报告

【实训目标】

1．能根据跨境电商选品原则和产品定位方法做好产品的市场大盘的分析与产品定位。
2．能应用多种选品方法，做好跨境电商店铺选品。
3．能全面分析产品，为选品提供数据支撑。

【实训内容】

以小组为单位，通过全面的调研分析，完成女装类目中具体到款式的选品调研报告。

课后习题

一、名词解释

访客指数　浏览商品数　商品浏览率　供需指数

二、选择题

1．关于速卖通对未经权利人许可使用他人商标的情况，以下表述不正确的是（　　　　）。

　　A．首次违规扣 0 分　　　　　　　　B．首次违规扣 2 分

　　C．每次重复违规扣 6 分　　　　　　D．累计扣 48 分者关闭账号

2．以下哪项产品不太适合在速卖通店铺销售？（　　　　）

　　A．山寨 iPhone　　B．服装　　　　C．机票　　　　D．家庭电子产品

3．以下不属于跨境电商选品原则的是（　　　　）。

　　A．人无我有　　　B．人有我优　　　C．跟卖别人款式　D．人优我特

三、简答题

1. 产品定位的方法有哪些？

2. 跨境电商选品报告包含哪些内容？

3. 适合在跨境电商平台销售的产品一般具有哪些特点？

4. 跨境电商选品有哪些原则？

5. 怎样才能作好跨境产品的市场需求分析？

速卖通入驻开店

（1）了解速卖通平台的入驻开店流程。

（2）熟悉速卖通平台的账号注册与认证步骤。

（3）熟悉速卖通招商入驻的步骤。

（4）掌握店铺的基本设置方法。

（1）能根据速卖通平台的入驻要求准备相应资料并完成账号注册、认证与招商入驻。

（2）能完成店铺的基本设置。

黄志远带领的跨境电商团队通过对跨境电商平台和产品的调研，决定选择速卖通平台开设店铺。注册店铺需要提交哪些资料，如何申请需要经营的大类，开什么类型的店铺，店铺开通后如何设置收款账户，如何设置子账号等，就成了黄志远团队接下来要了解的内容。

4.1 速卖通平台入驻开店流程

速卖通作为中国大型出口 B2C 电商平台，自 2010 年成立至今已经超过 10 年，覆盖全球 220 多个国家和地区，主要交易市场为俄罗斯、美国、西班牙、巴西、法国等，支持 18

种语言站点，境外成交买家数突破 1.5 亿人，开放的 22 个行业类目囊括日常消费类目，支持 51 个国家和地区的支付方式。平台从最初的支持个人卖家入驻，发展到现在要求必须是企业卖家才可以入驻，其入驻流程如图 4-1 所示。

图 4-1　速卖通平台入驻流程

4.2　速卖通账号注册与认证

注册速卖通账号，需要先进入速卖通的官网主页，单击"sell on AliExpress"中的"中国卖家入驻"，进入图 4-2 所示的页面。

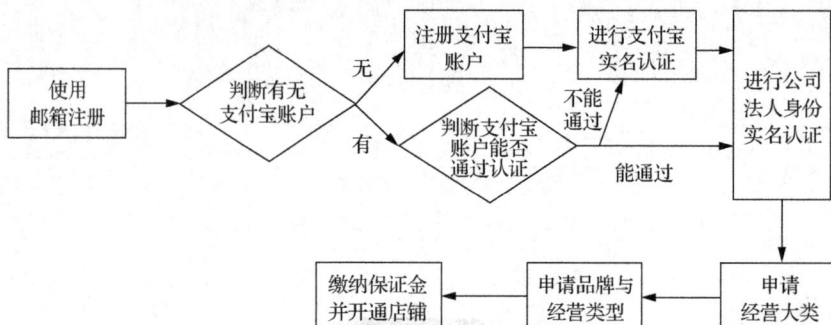

图 4-2　"注册账号"页面

速卖通目前仅支持企业或个体户在速卖通开店，个人无法开店。

注册操作说明如下。

情况一：若您不是淘宝或天猫商家，请直接填写信息注册。

> **注意**
>
> 若您是中国商家，店铺纳税国家请务必选择"中国"。

注册邮箱中不能出现 aliexpress、taobao 或 alibaba 等字样，否则无法注册成功。另外，目前用一个邮箱可注册的阿里巴巴集团旗下平台的账号数量是有一定限制的，为避免注册不成功，建议您使用一个新的邮箱来注册速卖通账号。

资料填写完成后进入账号认证页面，如图 4-3 所示，按页面提示完成认证。认证方式有两种，即企业支付宝授权认证和企业法人支付宝授权认证，二者的主要区别如下。

图 4-3　账号认证页面

（1）进行企业支付宝授权认证需要提前在支付宝申请企业支付宝账户，具体的申请方法可咨询支付宝客服，申请完成之后在速卖通账号认证页面登录该企业支付宝账号即可，此时实时认证通过。

（2）进行企业法人支付宝授权认证，无须企业支付宝账号，只要在账号认证页面提交相关资料并进行法人代表的个人支付宝账号授权即可，资料审核时间是 2 个工作日。

情况二：淘宝或天猫商家入驻。

> **注意**
>
> 若您选择淘宝或天猫账号激活入驻，那么您新激活的速卖通账号和对应的淘宝或天猫账号共用邮箱、手机号码和密码，在一个平台修改资料后会同步到另外一个平台，如为淘宝账号修改了密码，速卖通账号的密码也会被修改。图 4-4 所示为淘宝或天猫商家入驻页面。

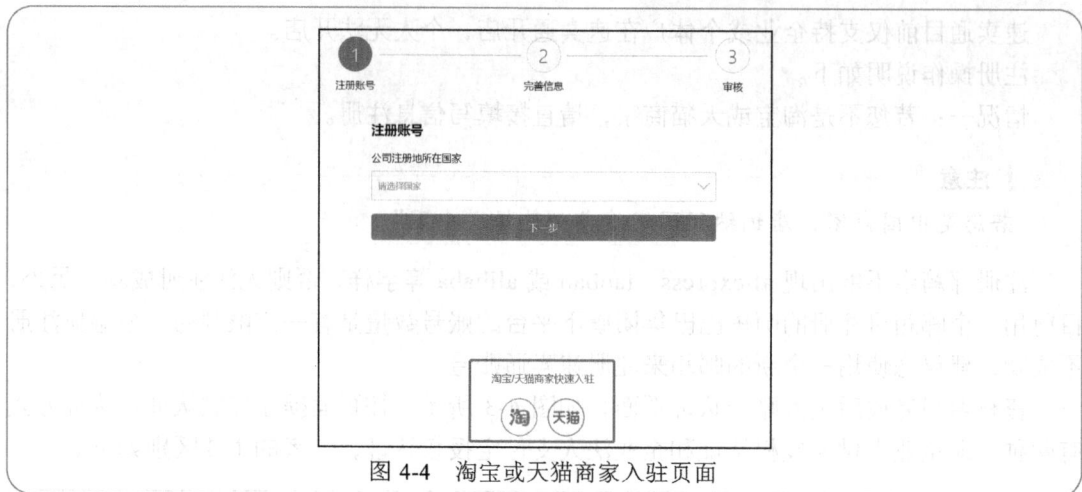

图 4-4   淘宝或天猫商家入驻页面

登录淘宝或天猫账号并按页面提示完成认证即可，如图 4-5 所示。

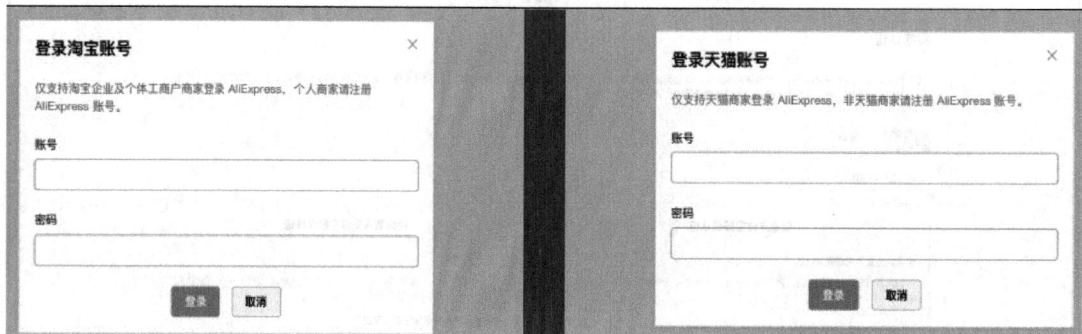

图 4-5   淘宝或天猫账号认证登录页面

4.3 招商入驻

速卖通账号注册与认证成功后，卖家接下来就需要选择想要经营的大类，做好平台的招商入驻准备工作。

4.3.1 经营大类申请

经营大类的申请是确定经营方向、经营范围的重要一步，不同的经营大类涵盖的流量、市场需求等都有所不同。

1. 申请经营大类

根据经营方向及前面所做的选品调研的结论，卖家可申请经营大类权限，同时向速卖通平台缴纳对应数额的保证金，保证金在卖家退出经营大类时才能解冻。

2. 申请步骤

（1）在速卖通官网登录前面注册好的账号，进入后台，单击"账号及认证"，在"我的权益"下单击"类目权益"中的"新申请"，如图 4-6 所示。

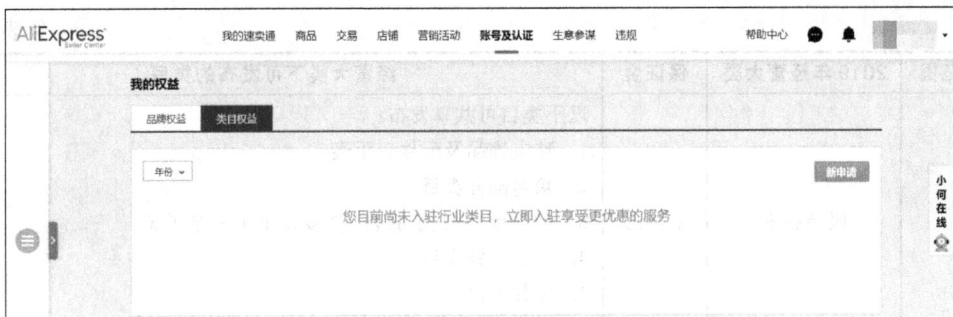

图 4-6　"类目权益"页面

（2）单击"新申请"后进入图 4-7 所示的"申请经营大类"页面，如根据前面的选品调研结果选择某一经营大类，页面就会显示开通此经营大类需要被冻结的保证金数额。

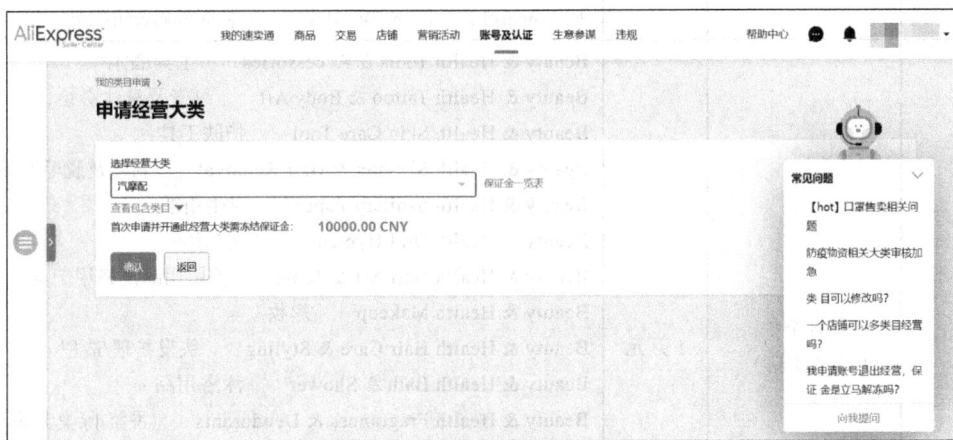

图 4-7　"申请经营大类"页面

关于店铺技术服务年费与保证金的说明如下：从 2019 年 11 月 27 日起，卖家不再需要缴纳技术服务年费，而改为提交保证金，各经营大类的保证金不同，具体标准如表 4-1 所示，正常退出经营时可返还相关的保证金。

表 4-1　　　　　　　　　　　各经营大类保证金标准

经营范围	2019 年经营大类	保证金	经营大类下可发布的类目
1	珠宝手表（含精品珠宝）	1 万元	Jewelry & Accessories　珠宝饰品及配件 Watches　手表 以下类目可共享发布： Apparel Accessories　服饰配饰（男/女/儿童配件，婴儿配饰发布到婴儿服装） Men's Clothing　男装 Women's Clothing　女装 Novelty & Special Use　新奇及特殊用途服装 Underwear, Socks, Sleep & Lounge Wear　男女内衣/家居服/袜子 Weddings & EventsWedding Accessories　婚庆配饰 Consumer Electronics>Smart Electronics>Wearable Devices>Wristbands　腕带 Consumer Electronics>Smart Electronics>Wearable Devices>Smart Watches　智能手表

续表

经营范围	2019 年经营大类	保证金	经营大类下可发布的类目
2	服装服饰	1 万元	以下类目可共享发布： 1. 珠宝饰品及配件、手表 2. 箱包部分类目 3. 孕婴童 > 儿童服装（2 岁以上）> 亲子装 4. 男、女鞋类目 5. 泳装类目 6. Apparel Fabrics & Textiles 服装面辅料&纺织品
3	婚纱礼服	1 万元	Weddings & Events 婚礼及重要场合 以下类目可共享发布： 1. Jewelry & Accessories Fashion Jewelry 流行饰品 2. Apparel Fabrics & Textiles 服装面辅料&纺织品
4	美容个护 （含护肤品）	1 万元	Beauty & Health Tools & Accessories 工具/配件 Beauty & Health Tattoo & Body Art 纹身及身体彩绘 Beauty & Health Skin Care Tool 护肤工具 Beauty & Health Shaving & Hair Removal 剃须及脱毛产品 Beauty & Health Sanitary Paper 卫生用纸 Beauty & Health Oral Hygiene 口腔清洁 Beauty & Health Nail Art & Tools 美甲用品及修甲工具 Beauty & Health Makeup 彩妆 Beauty & Health Hair Care & Styling 头发护理/造型 Beauty & Health Bath & Shower 沐浴用品 Beauty & Health Fragrances & Deodorants 香氛/除臭芳香用品 Beauty & Health Skin Care 护肤品 Home Appliances>Personal Care Appliances 个人护理 以下类目可共享发布： 1. Massage & Relaxation 按摩 2. Massage Products 按摩产品 3. Massage Appliance 按摩器具
5	真人发 （定向邀约制）	5 万元	Hair Extensions & Wigs Beauty Supply 假发美容用品 Hair Extensions & Wigs Hair Salon Supply 假发美发沙龙供应 Hair Extensions & Wigs Human Wigs 假发/真人假发 Hair Extensions & Wigs Human Hair 1 假发人发 1 Hair Extensions & Wigs Human Hair 2 假发人发 2 以下类目可共享发布： Beauty & Health-Hair Care & Styling 健康头发护理和造型
6	化纤发 （定向邀约制）	1 万元	Hair Extensions & Wigs Synthetic Hair 化纤发 以下类目可共享发布： Beauty & Health-Hair Care & Styling 健康头发护理和造型
7	母婴玩具	1 万元	Mother & Kids 孕婴童 Toys & Hobbies 玩具 以下类目可共享发布： Shoes 鞋子

续表

经营范围	2019年经营大类	保证金	经营大类下可发布的类目
8	箱包鞋类	1万元	Luggage & Bags　箱包 Shoes　鞋子 以下类目可共享发布： 1. Mother & Kids Children's Shoes　童鞋 2. Men's Clothing　男装 3. Women's Clothing　女装 4. Mother & Kids Baby Shoes　婴儿鞋 5. Apparel Accessories　服饰配饰（男/女/儿童配件，婴儿配饰发布到婴儿服装） 6. Novelty & Special Use World Apparel　世界民族服饰 7. Novelty & Special Use Stage & Dance Wear　舞台表演服和舞蹈服
9	健康保健	1万元	Beauty & Health Health Care　健康保健 以下类目可共享发布： 1. Beauty & Health -Sex Products-Safer Sex　安全/避孕 2. Skin Care Tool　护肤工具
	成人用品	1万元	Beauty & Health Sex Products　成人用品 以下类目可共享发布： Novelty & Special Use-Exotic Apparel　情趣服装（不要发布日常穿着的性感内衣）
10	3C数码 （除内置存储、移动硬盘、U盘、刻录盘、手机、电子元器件） （投影仪定向邀约）	1万元	Security & Protection　安全防护 Office & School Supplies　办公文教用品 Phones & Telecommunications　电话和通信 Computer & Office　计算机和办公 Consumer Electronics　消费电子
	内置存储、移动硬盘、U盘、刻录盘	1万元	Computer & Office Internal Storage　内置存储[包含内置固态硬盘、存储卡、存储卡配件（读卡器、存储卡卡套/适配器/转卡器/内存卡盒）、固态硬盘托架和支架] Computer & Office External Storage　移动硬盘、U盘、刻录盘（包含刻录盘、外置机械移动硬盘、外置固态硬盘、硬盘壳包、硬盘盒、U盘）
	手机	3万元	Phones & Telecommunications Mobile Phones　手机
11	电子元器件 （定向邀约制）	1万元	Electronic Components & Supplies　电子元器件
12	汽摩配	1万元	Automobiles & Motorcycles　汽车、摩托车
13	家居、家具、家装、灯具、工具	1万元	Furniture　家具和室内装饰品 Home & Garden　家居用品 Home Improvement　家装（硬装） Lights & Lighting　照明灯饰 Tools　工具
14	家用电器	1万元	Home Appliances　家用电器

经营范围	2019 年经营大类	保证金	经营大类下可发布的类目
15	运动娱乐 （含电动滑板车）	1 万元	Sports & Entertainment　运动及娱乐 Sports & Entertainment Cycling Self Balance Scooters　平衡车 Sports & Entertainment Roller,Skateboard &Scooters Scooters Electric Scooters　电动滑板车
16	特殊类	待定	Special Category（特殊类）

（3）选好经营大类后，单击确认，系统会提示"申请成功"，缴纳保证金后就可以发布产品了，如图 4-8 所示。

（4）单击"冻结保证金"，即可进入缴纳保证金页面。需要注意的是，单店只经营一个经营大类的，只收取该经营大类的保证金；若单店在同一经营范围下经营多个经营大类，保证金就以其中的最高数额收取，整店仅收取一次。我们需要绑定我们常用的支付宝账号，缴纳对应的保证金，如图 4-9 所示。至此就成功申请了经营大类。

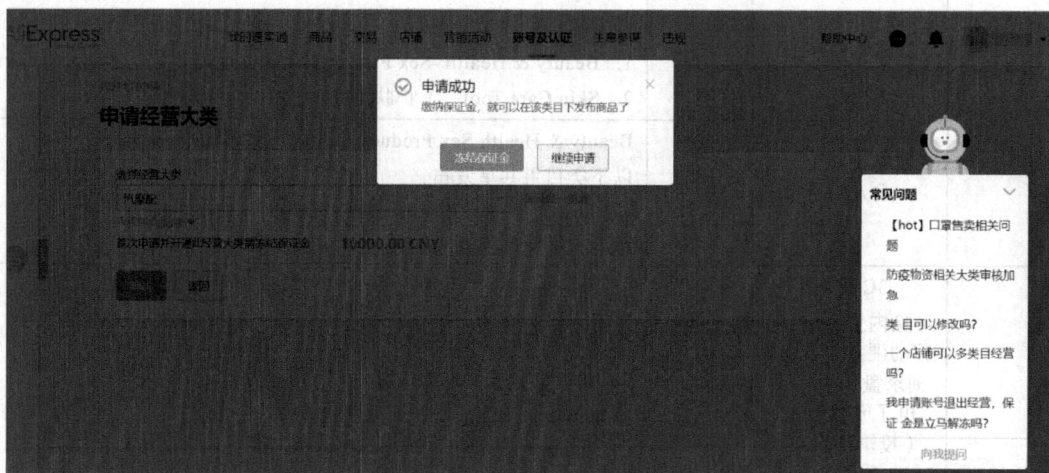

图 4-8　"申请成功"提示页面

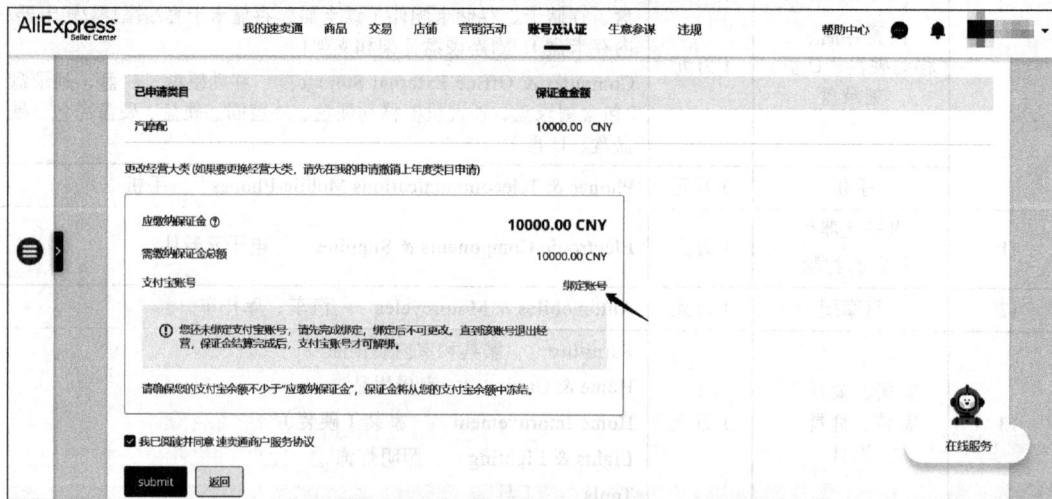

图 4-9　绑定支付宝账号缴纳保证金页面

4.3.2　品牌授权申请

在速卖通平台，无论店铺经营的产品是使用自己的商标还是代理他人的商标，经营一个品牌还是经营多个品牌等，卖家都需要进行品牌授权申请。

1. 品牌授权的作用

在速卖通平台，除部分比较偏、需求比较少的类目外，平台上的大部分类目均要求有对应的品牌或品牌授权才能正常发布产品，而且使用的品牌的资质也直接决定了店铺的经营类型和带给客户的购物体验。

卖家若拥有或代理品牌，可根据品牌资质，选择经营品牌的官方店、专卖店或专营店。需要注意的是，部分类目必须拥有商标才可经营，通常的要求如下（具体要求以产品发布页面展示的为准）。

（1）商标权人直接开设官方店，需提供国家知识产权局商标局颁发的商标注册证（仅R标）。

（2）由商标权人授权开设官方店，需提供国家知识产权局商标局颁发的商标注册证（仅 R 标）与商标权人出具的独占授权书（如果商标权人为境内自然人，则需同时提供其亲笔签名的身份证复印件；如果商标权人为境外自然人，则提供其亲笔签名的护照/驾驶证复印件）。

（3）经营多个自有商品且品牌归属于同一个实际控制人的店铺，需提供多个品牌的国家知识产权局商标局颁发的商标注册证（仅 R 标）。

（4）卖场型官方店需提供国家知识产权局商标局颁发的 35 类商标注册证（仅 R 标）与商标权人出具的独占授权书（仅限速卖通邀请）。

2. 品牌授权申请的步骤

（1）进入速卖通后台，单击"账号及认证"，在"我的权益"下单击"品牌权益"中的"申请权益"，如图 4-10 所示。

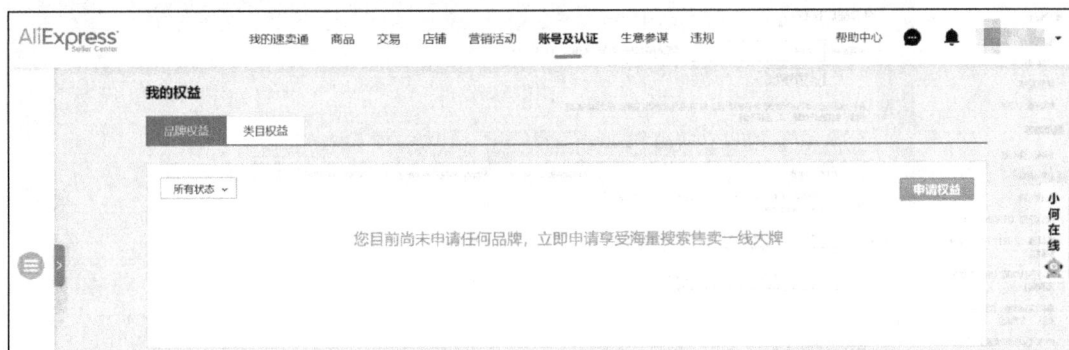

图 4-10　申请品牌权益页面

（2）进入"品牌授权"页面，选择店铺类型，具体信息如图 4-11 所示。

品牌授权

店铺类型　◉官方店　◉专卖店　◉专营店

店铺类型	官方店	专卖店	专营店
店铺类型介绍	商家以自有品牌或由权利人独占性授权（仅商标为R标且非中文商标）入驻速卖通开设的店铺	商家以自有品牌（商标为R或TM状态），或者持有他人品牌授权文件在速卖通开设的店铺	经营1个及以上他人或自有品牌（商标为R或TM状态）商品的店铺
开店企业资质	需要完成企业认证，卖家需提供如下资料：1. 企业营业执照副本复印件；2. 企业税务登记证复印件；3. 组织机构代码证复印件；4. 银行开户许可证复印件；5. 法定代表人身份证正反面复印件	同官方店	同官方店
单店铺可申请品牌数量	仅1个	仅1个	可多个
平台允许的店铺数	同一品牌（商标）仅1个	同一品牌（商标）可多个	同一品牌（商标）可多个
需提供的材料	1. 商标权人直接开设官方店，需提供国家知识产权局商标局颁发的商标注册证（仅R标）。2. 由权利人授权开设官方店，需提供国家知识产权局商标局颁发的商标注册证（仅R标）与商标权人出具的独占授权书（如果商标权人为境内自然人，则需同时提供其亲笔签名的身份证复印件，如果商标权人为境外自然人，则提供其亲笔签名的护照/驾驶证复印件）。3. 经营多个自有商标品且品牌归属于同一个实际控制人，需提供多个品牌国家知识产权局商标局颁发的商标注册证（仅R标）。4. 卖场型官方店，需提供国家知识产权局商标局颁发的35类商标注册证书（仅R标）与商标权人出具的独占授权书（仅限速卖通邀请）。独占授权书点此下载	1. 商标权人直接开设的品牌店，需提供由国家知识产权局商标局颁发的商标注册证（R标）或商标注册申请受理通知书（TM标）。2. 持他人品牌开设的品牌店，需提供商标权人出具的品牌授权书（若商标权人为自然人，则需同时提供其亲笔签名的身份证复印件；如果商标权人为境外自然人，则提供其亲笔签名的护照/驾驶证复印件）	需提供由国家知识产权局商标局颁发的商标注册证（R标）或商标注册申请受理通知书复印件（TM标）或以商标持有人为源头的完整授权或合法进货凭证（各类目对授权的级数要求，以品牌招商准入资料提交为准）

图 4-11　选择店铺类型

（3）选择好相应的店铺类型后，单击"下一步"，进入品牌查询与添加页面，如图 4-12 所示。

图 4-12　品牌查询与添加页面

> **注意**
>
> 　　此处的品牌应该是已经取得正式商标（R 标）的品牌，或者是已经提交商标申请并拿到商标注册申请受理通知书（TM 状态）的品牌。如果品牌的商标没有被添加到平台的商标库中，卖家需要自行提交添加，或者取得他人公司的或个人的商标授权使用证明并提交给平台，等待审核通过。

　　（4）对于平台没有的商标，卖家也可以单击"账号及认证"下的"商标添加"，如图 4-13 所示，完成商标在速卖通平台的备案。如果没有商标，卖家也可以通过同一页面的"商标注册"申请商标备案，平台备案商标需要 3～7 天。

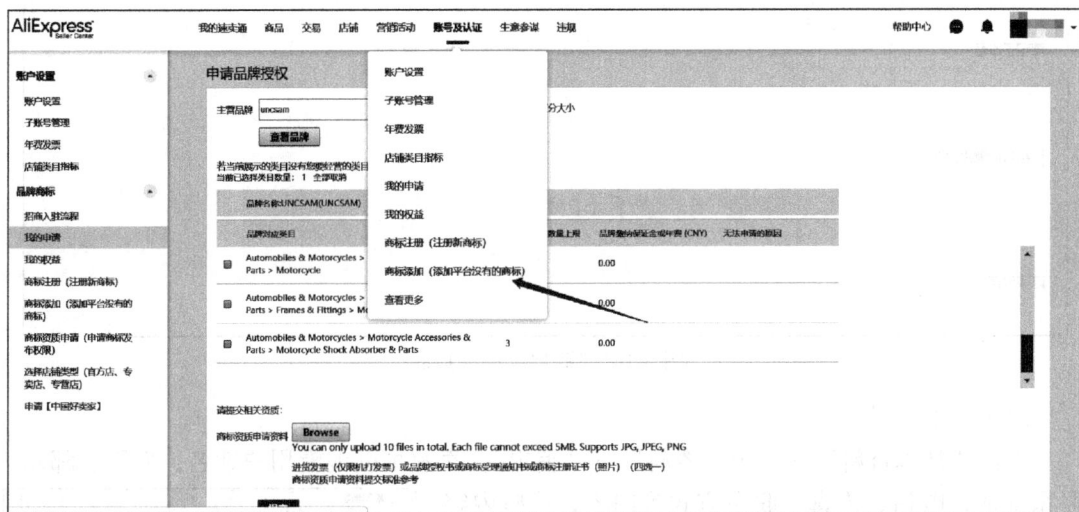

图 4-13　商标添加备案页面

　　（5）至此，完成品牌授权申请。

4.4　店铺基本设置

　　完成速卖通的账号注册与招商入驻工作后，卖家就可以准备发布产品了。而为了让店铺更加规范，从各个细节出发做好获取流量的准备，卖家通常还需要对店铺进行相应的基本设置，包括账户设置和店铺资产管理。有的卖家也可能选择在发布完产品、装修好店铺后再进行设置。

4.4.1　账户设置

　　完善的账户设置能让速卖通店铺变得更加专业，改善客户的购买体验，也能在一定程度上增强店铺的"引流"能力。

1. 账户基本设置

　　登录速卖通后台，单击右上角的"账号名字"—"账户设置"，就可以进入"账户设置"页面，如图 4-14 所示。在这个页面中可以设置店铺的相关信息。

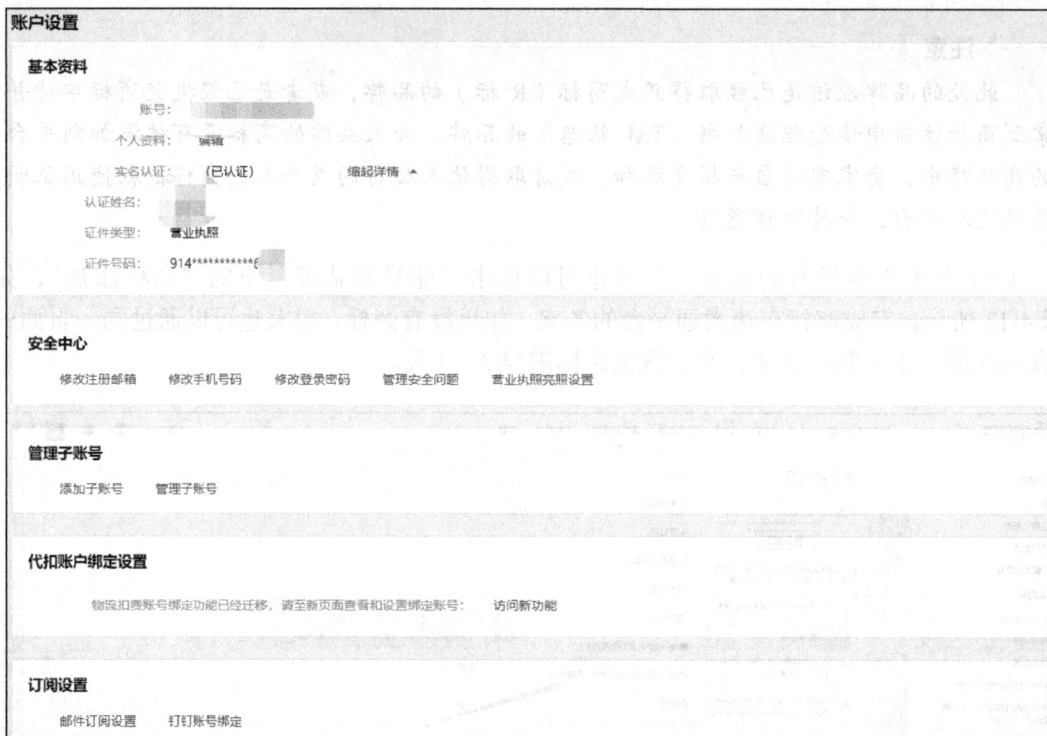

图 4-14 "账户设置"页面

（1）基本资料

单击"基本资料"—"个人资料"—"编辑"，卖家可以编辑用户姓名、性别、邮箱、联系地址、电话、传真、联系方式等内容，这些内容应用英文书写，因为店铺面向的是全球的客户；卖家还需要进行实名认证，且要求用企业信息来进行相关的认证。

（2）安全中心

进入安全中心的各分类卖家可以进行修改注册邮箱、修改手机号码、修改登录密码、管理安全问题和营业执照亮照设置等操作，这一部分内容涉及账号和资金的安全，需要谨慎设置。

（3）管理子账号

卖家可以新建子账号，对子账号的基本信息、安全信息等一一进行设置，如图 4-15 所示；还可以对子账号进行修改基本信息、停用、删除等操作，如图 4-16 所示。

（4）代扣账户绑定设置

卖家可以设置一些扣款账户，如线上发货的运费扣款账户等，设置好后，线上运费就可直接从账户余额中扣除，卖家不用再额外与物流商对接转账。

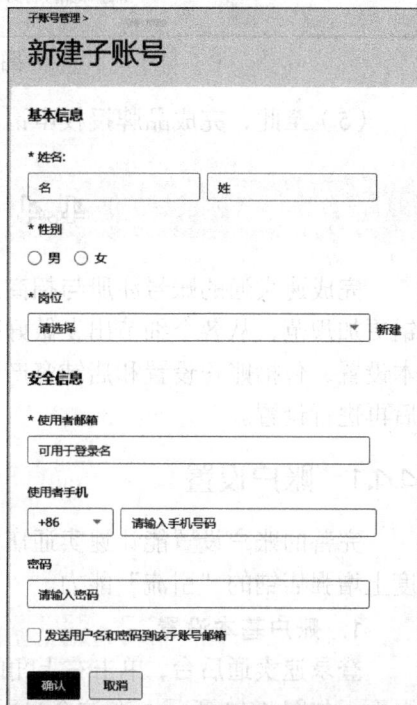

图 4-15 "新建子账号"页面

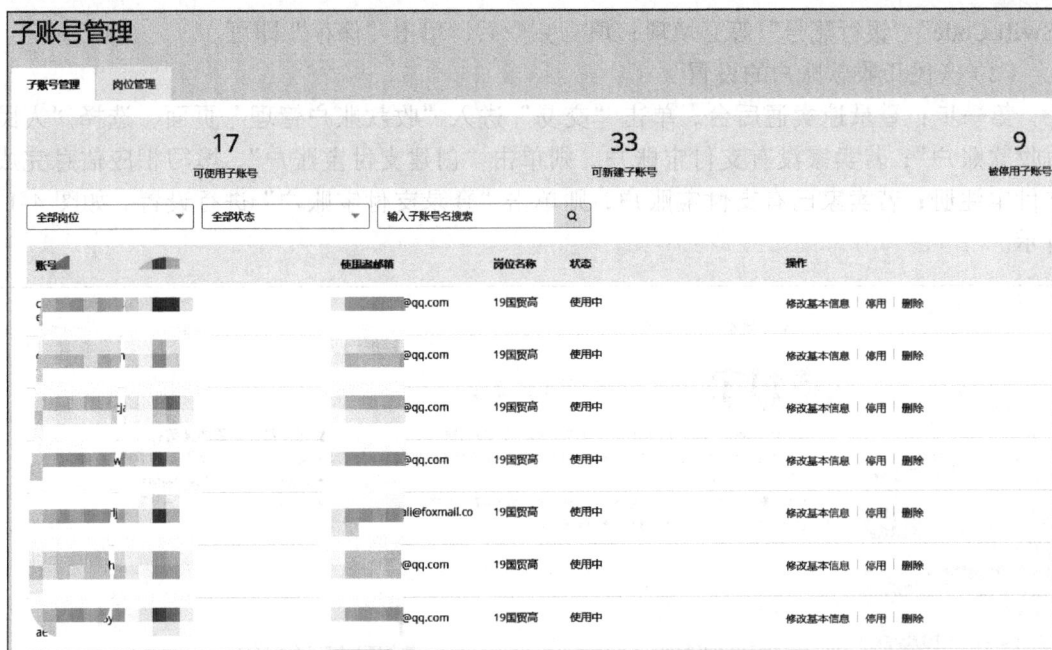

图 4-16　"子账号管理"页面

（5）订阅设置

卖家可以进行邮件订阅设置、钉钉账号绑定等操作。

2. 卖家收款账户的设置

国际支付宝目前支持买家用美元、英镑、欧元、俄罗斯卢布等货币支付（后续还会不断地增加新的币种），卖家收款时则有美元和人民币两种选择。美元和人民币收款账户的设置方法如下。

（1）美元收款账户的设置

① 公司美元账户的设置要求如下。

- 可接受新加坡花旗银行的美元打款。

- 在我国境内开设的公司账户必须有进出口权才能接收美元并结汇，且必须办理正式的报关手续，并在银行端完成相关出口收汇核查、国际收支统计申报，之后才能顺利收汇、结汇。

② 个人美元账户的设置要求如下。

个人美元账户必须能接收新加坡花旗银行的美元打款。

两种账户下的银行卡必须是借记卡，不能是信用卡等。若卖家的公司有进出口权，并能办理报关手续等，建议设置公司美元账户；若没有，则建议设置个人美元账户。

设置收款账户的操作步骤如下。

第一步：进入"我的速卖通"，单击"交易"中的"银行账户管理"，进入"收款账户管理"页面，单击"创建美元收款账户"。

第二步：进入"创建美元收款账户"页面后，在"公司账户""个人账户"两种账户类型中选择一个。

第三步：选择账户类型后，依次填写"开户名（中文）""开户名（英文）""开户行"

"Swift Code""银行账号"等必填项；填写完毕后，单击"保存"即可。

（2）人民币收款账户的设置

第一步：登录速卖通后台，单击"交易"进入"收款账户管理"页面，选择"人民币收款账户"；若卖家没有支付宝账户，则单击"创建支付宝账户"，填写相应信息完成支付宝注册；若卖家已有支付宝账户，则单击"登录支付宝账户"进行设置，如图4-17所示。

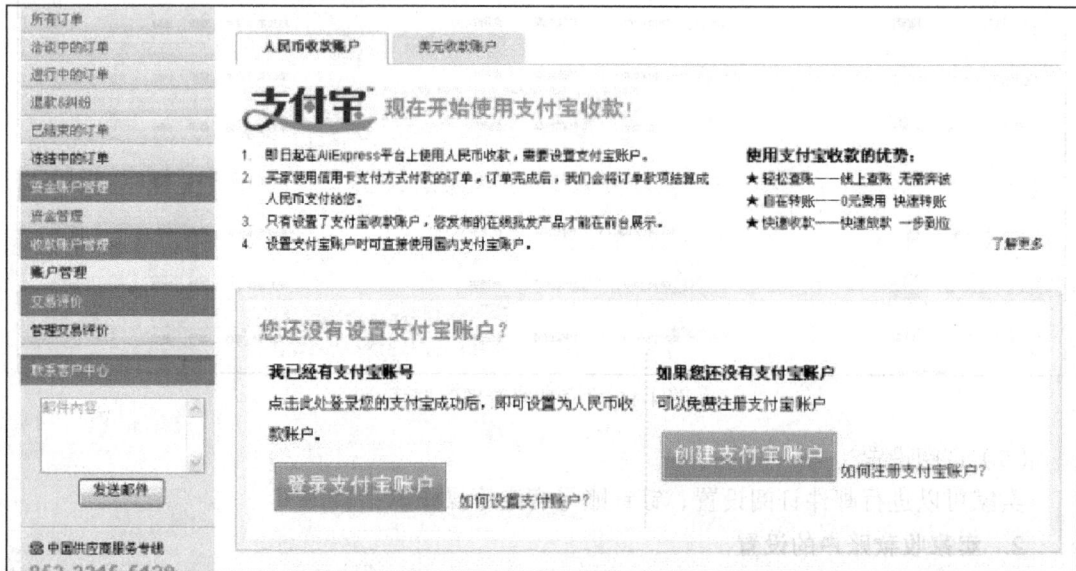

图 4-17 "登录支付宝账户"页面

第二步：登录支付宝账户，如图4-18所示；依次填写支付宝的"账户名""登录密码""校验码"等必填项，填写完毕后单击"登录"；登录成功后，即完成收款账户的绑定，如图4-19所示，之后卖家可以对收款账户进行管理。

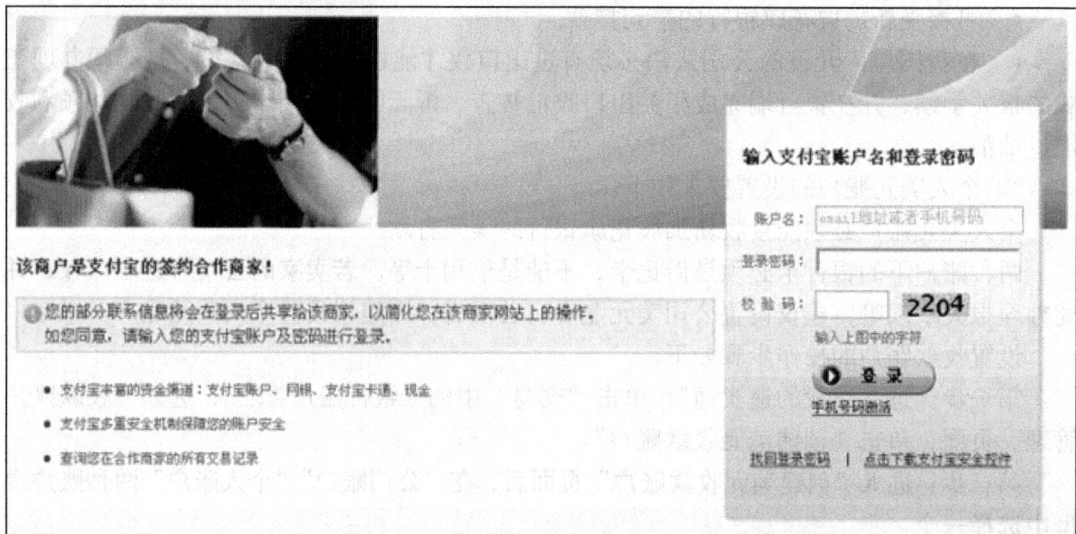

图 4-18 支付宝账户登录页面

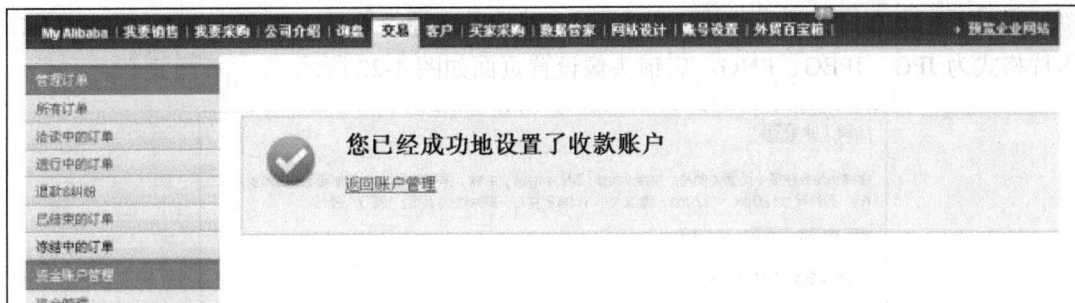

图 4-19　收款账户设置成功页面

4.4.2　店铺资产管理

卖家登录速卖通后台，进入"店铺"下的"店铺资产"，即可进入"店铺资产管理"页面。

1．店铺类型设置

卖家可以设置的店铺类型有官方店、专卖店、专营店，具体的设置与要求可参见 4.3.2 节的内容。店铺类型设置页面如图 4-20 所示。

图 4-20　店铺类型设置页面

2．休假模式设置

店铺开启"休假模式"后，店铺内的商品将会在一定时间内自动下架，卖家也无法手动上架或编辑商品。消费者访问店铺首页时，会被告知"店铺已休假"，无法在店铺内继续浏览。休假模式设置页面如图 4-21 所示。

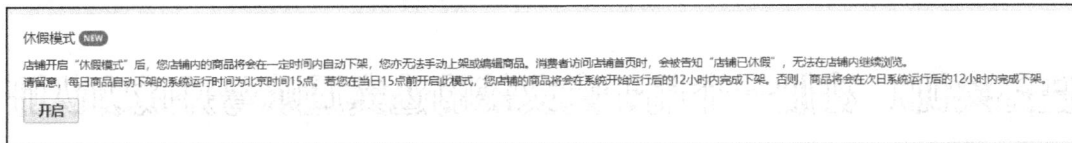

图 4-21　休假模式设置页面

3．店铺头像设置

店铺头像会在多个页面中使用，包括 Feed / Messages / 店铺 / 详情等场景，卖家应在确认无误后再发布。图片尺寸为 120 像素×120 像素，建议图片文件大小为 100KB 左右，图片格式为 JPG、JPEG、PNG。店铺头像设置页面如图 4-22 所示。

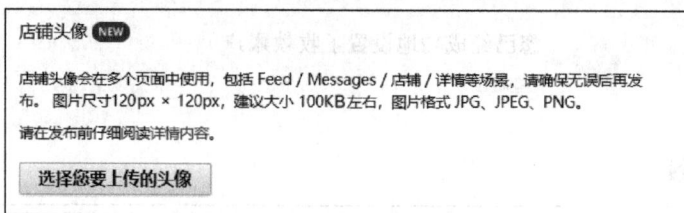

图 4-22　店铺头像设置页面

4. 店铺名称设置

卖家可以修改店铺名称，店铺名称在速卖通平台是唯一的，应注意避免侵权。同时，店铺名称的修改次数是有限制的，卖家要谨慎利用每一次修改权利。店铺名称设置页面如图 4-23 所示。

图 4-23　店铺名称设置页面

5. 二级域名注册

注册二级域名大多是为了让店铺更好地走品牌化通路，让客户更容易找到店铺。二级域名在全平台和全网是唯一的，一经注册，不能修改，卖家应谨慎注册。二级域名注册页面如图 4-24 所示。

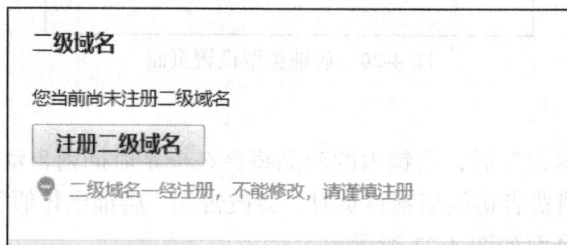

图 4-24　二级域名注册页面

任务实训1　注册一个用于卖女装的速卖通账号并成功认证

【实训目标】

能根据平台的要求成功注册和认证速卖通账号。

【实训内容】

以小组为单位，根据平台的要求，成功注册速卖通账号并通过认证。

任务实训2　完成女装经营大类及品牌授权的申请

【实训目标】

能根据想要经营的女装产品的具体情况完成经营大类及品牌授权的申请。

【实训内容】

以小组为单位，根据平台的要求，结合需要经营的女装产品，成功申请经营大类并完成品牌授权申请。

课后习题

一、名词解释

GMV　官方店　专卖店　专营店

二、选择题

1. 以下邮箱不能用作注册速卖通账号的是（　　　）。

  A．alibaba06@hotmail.com　　　　　B．dress335@163.com

  C．tools566@outlook.com　　　　　D．homeapp77@qq.com

2. 目前可以在速卖通开设店铺的有（　　　）。

  A．企业　　　　　B．个体工商户　　C．个人　　　　　D．淘宝卖家

3. 速卖通店铺头像格式不支持（　　　）。

  A．JPG　　　　　B．JPEG　　　　　C．PNG　　　　　D．PDF

4. 下列对开通店铺的描述不准确的是（　　　）。

  A．开通店铺需要绑定邮箱

  B．开通店铺需要绑定手机号码

  C．账号注册成功后可以直接上架商品

  D．开通店铺后需开通国际支付账户

5. 在速卖通开店，（　　　）不是必要条件。

  A．拥有企业营业执照和商标　　　　　B．拥有企业支付宝账户

  C．上传100款产品的图片　　　　　D．缴纳保证金

6. （多项选择题）速卖通的店铺类型有（　　　）。

  A．官方店　　　　B．专营店　　　　C．专卖店　　　　D．品牌旗舰店

7. （多项选择题）速卖通是如何收费的？（　　　）

  A．按产品数量收费　　　　　B．注册时收取手续费

  C．交易成功后收取一定比例的佣金　　D．按类目收取平台保证金

三、简答题

1. 入驻速卖通平台开店有什么资质要求？需要提供什么材料？

2. 速卖通的店铺类型有哪些？卖家应该如何选择？

第 5 章

速卖通运费模板设置、商品发布与店铺装修

知识目标

（1）掌握运费模板的设置方法。

（2）掌握商品发布的技巧。

（3）掌握店铺装修与优化的方法。

能力目标

（1）能够根据商品的实际情况设置对应的运费模板。

（2）能够应用发布商品的各种技巧完成高质量的商品发布。

（3）能够完成店铺装修与优化，提升客户的购物体验。

情景导入

黄志远的跨境电商团队经过一番准备，已经开设好了店铺，掌握了运费的计算方法并且对接好了相应的物流，还给自家工厂的一些商品拍摄好了相应的照片，于是他们就想直接发布商品开始销售。跨境电商从业者都知道，商品发布是整个店铺运营中最核心的工作之一，卖家对每一款商品在发布前都需要结合商品的实际情况，设置相应的运费模板。商品的标题质量、属性填写完整度与正确率、SKU 设置正确与否、图片设计水平、卖点的提炼水平、商品定价、详情描述质量、商品重量与体积描述、运费模板的选取等细节，都关系着此款商品能否获得流量，一点都马虎不得。只有认真做好每一个细节，商品才能有更多机会获取更多的流量，获得更多的订单。发布优质商品后，卖家也要注重提升客户的购物体验，做好店铺的装修工作，从而完成店铺营销推广前的最基础的工作。

5.1 运费模板设置

商品发布是速卖通店铺运营最核心的环节之一，而在发布每一种类型的商品前，卖家都必须设置好与商品匹配的运费模板。

5.1.1 速卖通物流整体方案

随着速卖通物流供应链体系的逐渐健全和完善、菜鸟物流（以下简称"菜鸟"）的日益成熟稳定，速卖通为卖家提供的物流方案越来越健全。卖家只需要了解和跟随速卖通的物流政策，动动手指就可以"货通天下"。速卖通物流服务全貌如图 5-1 所示。

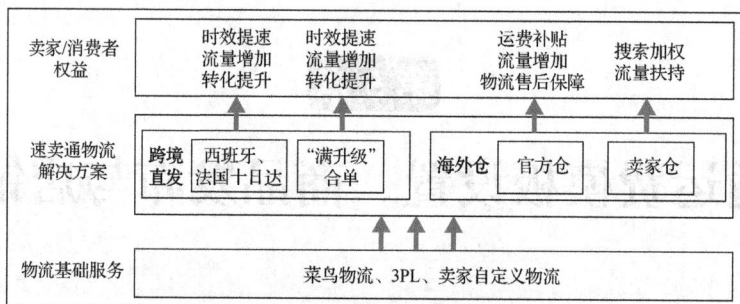

图 5-1 速卖通物流服务全貌

1. 速卖通的物流服务商与物流线路

速卖通的第一大物流服务商是菜鸟，菜鸟提供从上门揽件到末端派送的全流程物流服务，其运送的包裹量占速卖通包裹量的 90% 以上；另外，速卖通还对接了一些优质的 3PL（Third-Party Logistics，第三方物流商）作为补充，为卖家提供全流程物流服务；同时，对于特殊品类或单品，速卖通支持卖家自己在线下找成熟的物流商合作。跨境物流线路如图 5-2 所示。海外仓物流线路如图 5-3 所示。

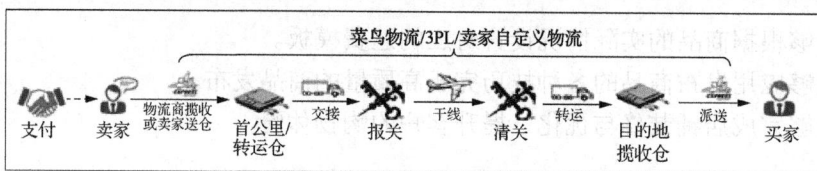

图 5-2 跨境物流线路

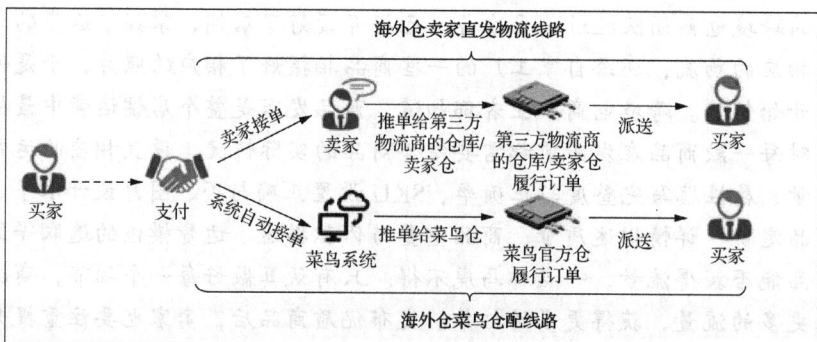

图 5-3 海外仓物流线路

（1）速卖通线上物流服务商：菜鸟

菜鸟作为速卖通最重要的物流服务商，提供线上发货、线上生成物流单号、运费在平台直接扣除等便捷服务。其为境内发货的卖家提供 4 个等级的物流线路，包括经济线路、简易线路、标准线路和快速线路，具体情况如表 5-1 所示。

表 5-1　　　　　　　　　　　　　　　　　　菜鸟的物流线路

物流等级	说明	物流商情况	适合商品	适用国家	平均妥投时效（因国家/地区而异，特殊时期除外）
经济	物流运费低，时效长，仅在到达目的地时有物流信息	经济线路由菜鸟无忧物流提供服务，部分特殊类目可以使用其他线下物流服务商	价值在 5 美元以下的轻小件商品	仅物流政策规定的国家/地区可用；其他部分国家/地区（特殊类目）可使用线下线路	45～60 天
简易	相对于经济线路，简易线路可查询包含妥投或买家签收在内的关键环节的物流追踪信息，且时效比经济线路略短	简易线路全部由菜鸟提供服务	价值在 5 美元以下的轻小件商品	俄罗斯、西班牙、智利、白俄罗斯、乌克兰	20～45 天
标准	物流成本适中，时效较短，全程可查询物流追踪信息	绝大部分标准线路由菜鸟提供服务，部分由其他线下物流服务商提供服务	5 美元及以上的中等价值商品	仅物流政策规定的国家/地区可用；其他部分国家/地区（特殊类目）可使用线下线路	10～35 天
快速	包含商业快递、专线物流、邮政速递提供的快递服务，时效较短，全程可查询物流追踪信息	快速线路的无忧优先由菜鸟提供服务，其余则由其他线下物流服务商提供服务	高价值商品	所有国家/地区	7～30 天

为了减小卖家因为物流原因受到用户投诉、差评和要求赔付的影响，菜鸟于 2019 年推出了"你敢用，我敢赔"的无忧物流线路，包括无忧简易、无忧标准、无忧优先 3 条线路。卖家使用无忧物流线路发货，享有平台承担物流纠纷退款、卖家免责、卖家服务评级系统（Detail Seller Rating，DSR）低分不计入考核等"特权"，因此该线路深受卖家欢迎。目前，无忧物流线路的包裹量占整个速卖通包裹量的 70%以上。无忧物流线路的资费及相关情况请参考官网说明。

（2）速卖通对接的 3PL

除了菜鸟，速卖通还对接了一些优质的 3PL 作为补充，以便为卖家提供全流程物流服务，包括商业快递或专线物流，如 DHL、FedEx 等。与菜鸟线路不同的是，3PL 需要卖家在线下与物流商议价和结算，平台不介入双方的合作与纠纷处理。

（3）卖家自定义物流

对特殊类目的商品，卖家还可以自己在线下找一些成熟的跨境物流商合作，发货给消费者。由于卖家自定义物流的时效性和妥投性比菜鸟线路差，且在出现丢货和纠纷时，没有赔付保障，故建议卖家慎重选择，以降低自定义物流带来的损失和消费者投诉的风险。

菜鸟、3PL、卖家自定义物流的对比如表5-2所示，卖家可根据自身实际情况酌情选择。

表5-2   菜鸟与其他物流对比

物流类型	价格	服务保障	运费结算方式	消费者 差评处理	消费者 免责处理
菜鸟无忧 线路	线上报价，价格透明，没有任何隐形成本	平台线上物流商，风险低；卖家如对物流服务不满意，可在速卖通平台上投诉	卖家可用速卖通收款账户与菜鸟结算运费	物流原因导致的纠纷、DSR低分等不计入对卖家账号的考核	物流原因导致的纠纷退款由平台承担
菜鸟 非无忧 线路	线上报价，价格透明，没有任何隐形成本	平台线上物流商，风险低；卖家如对物流服务不满意，可在速卖通平台上投诉	卖家可用速卖通收款账户与菜鸟结算运费	物流原因导致的纠纷、DSR低分等不计入对卖家账号的考核	无特殊政策
3PL线路	需卖家在线下和物流商协商	速卖通推荐的物流商，风险可控；卖家如对物流服务不满意，需和物流商线下沟通	卖家和物流商在线下结算运费	无特殊政策	无特殊政策
卖家 自定义 物流线路	需卖家在线下和物流商协商	卖家需自行甄别优质物流商，风险不可控；卖家如对物流服务不满意，需和物流商线下沟通	卖家和物流商在线下结算运费	无特殊政策	无特殊政策

2. 速卖通2020年物流提速方案

（1）"跨境十日达"

为提升消费者购物的物流体验并促进回购，自2020年7月起，速卖通联合菜鸟推出"跨境十日达"计划（菜鸟提供物流服务，速卖通提供技术服务），首期针对西班牙、法国。对报名参与"跨境十日达"计划的卖家，系统将自动圈中其店铺中历史发货记录为优秀的跨境直发商品，提供买家前台透标、额外流量曝光等权益，菜鸟免费提升此类卖家的无忧标准线路的物流效率（从支付到送达不超过10个工作日，具体以商品详情页展示的预计送达时效为准）。

（2）"满升级"合单

"满升级"合单是由速卖通联合菜鸟推出的确定性物流升级服务（菜鸟提供物流服务，速卖通提供技术服务），买家可跨店铺购买多个合单商品，在满足合单门槛的情况下，买卖双方均无须支付额外的物流费用，即可免费享受平邮渠道（经济、简易线路）升级至挂号渠道（标准线路）的物流服务。该方案可缩短物流派送时效，减少丢包问题，提升消费者的购物及物流体验。

（3）海外仓

① 菜鸟官方仓

菜鸟官方仓服务是全球速卖通及菜鸟联合海外仓的优势仓储资源及本地配送资源共同推出的速卖通官方配套物流服务，专为速卖通卖家提供海外仓仓储管理、仓发、本地配送、物流纠纷处理、售后赔付等一站式物流解决方案。其中结合欧洲当地的优质仓配资源，可以实现欧洲范围内3日达，极大地提升了消费者的购买体验和平台效率，能有效帮助卖家提升店铺销量。

② 三方仓/卖家仓

除了菜鸟官方仓之外，速卖通也鼓励卖家把货备到海外第三方物流商的仓库（简称"三方仓")/卖家仓并自行选择优质线路把货发给买家。卖家使用三方仓/卖家仓且开通承诺达服务，通过承诺达考核后即可上标"×日达"，享有"×日达"带来的全部权益，包含搜索加权、全链路透标（从搜索、展示、购买至成交整个交易链路中出现标志透出展示）和营销流量扶持。相关内容请参考速卖通官网，提速方案详情如表 5-3 所示。

表 5-3　　　　　　　　　　　　　　　　　提速方案详情

物流提速方案	简介	适合商品	卖家权益	消费者权益	对卖家的要求
"满升级"合单	同一消费者在不同店铺买的经济线路商品，由菜鸟合包并用标准线路发出	价值在 5 美元以下的轻小件商品	1. 零成本的物流升级提速 2. 消费者购买全链路透标，流量大幅提升	1. 零成本的物流升级提速 2. 包裹一次性签收	72 小时内物流信息上网
"跨境十日达"	从境内发货到西班牙/法国，无忧标准线路可在 10 天内妥投	价值为 5~20 美元的商品	1. 零成本的物流升级提速 2. 消费者购买全链路透标，流量大幅提升	零成本的物流升级提速	72 小时内物流信息上网
海外仓	卖家将备到海外仓履行订单，大幅提升从支付到妥投的时效	价值为 20 美元以上的重（泡）货	1. 平台补贴运费 2. 前台流量加权 3. 物流售后保障	零成本的物流升级提速	把货备到海外仓

3. 速卖通的其他物流解决方案

（1）特货解决方案

为满足带电、液体、含粉末等特殊商品（以下简称"特货"）的跨境发运需求，速卖通为特货的跨境直发提供了两套方案：一是线上发货的菜鸟特货专线，根据价格、时效、可送达的国家和地区等分为 3 个等级，分别是特货超级经济、特货简易、特货标准，以适配卖家不同的发货需求；二是线下发货的特货线路，主要有顺友、通邮、飞特 3 条线路，可以运送的特货种类比菜鸟线路更多，可送达的国家和地区也更多，卖家可根据自身的发货需求选择合适的发货线路。

特货解决方案中的每条物流线路的 NR、DSR、妥投率等数据都可实时监控，若数据异常，系统能及时做出预警以使运营人员迅速做出反应。

（2）无忧集运计划

无忧集运计划（AliExpress Direct）是速卖通针对巴西、沙特阿拉伯、阿联酋 3 个国家推出的"满包邮"集运合单业务，即当消费者的订单达到一定的金额门槛，消费者即可享受跨店铺的"满包邮"服务，即由菜鸟无忧集运物流线路将不同店铺的订单合包发出。

（3）无忧标准货值保障升级服务

无忧标准货值保障升级服务是为使用菜鸟无忧标准线路的高价值物流订单提供货物丢失、货物破损的额外货值赔付的服务。卖家购买了货值保障升级服务后，根据交易订单的实际损失，将获得平台基础赔付上限之外的货值赔付。选择货值保障升级服务后，单笔物流订单的赔付上限升级为 3000 元人民币。

（4）菜鸟揽收上网前置

为缩短卖家物流订单的上网时效，菜鸟于 2019 年起推出揽收上网前置服务，即卖家创建物流订单后，将同一个揽收仓库（如燕文义乌仓、递四方深圳仓等）的小包组成一个大包，并贴上大包面单交接给司机。司机扫描大包面单，扫描时间即为包裹记录上网时间。

5.1.2 运费模板的设置

运费模板的设置关系到商品的竞争力、获取流量的能力、商品转化的能力。下面以跨境电商行业内卖家常用的万能模板为例，讲述模板的设置。所谓万能模板，指的是卖家设置的以无忧标准物流和中国邮政航空挂号小包两种物流方式为主的一种运费模板。其中，无忧标准物流和中国邮政航空挂号小包均是设置部分国家包邮，其他国家加收一定比例运费，这样店铺里的商品发往不同的国家就可以收取不同的费用。收费参考标准参见右图二维码内"中国邮政小包资费标准"和速卖通官方报价信息，此万能模板设置的思路如表 5-4 所示。万能模板的具体设置步骤如下。

万能运费模板
的设置过程

中国邮政小包资费
标准

表 5-4 　　　　　　　　　　跨境电商行业常用运费模板

万能模板（因为俄罗斯买家是目前速卖通最大的客户群体，所以物流的运费成本核算以俄罗斯为参考，无忧标准物流运费以"中国邮政小包资费标准"为参考，确切数据以平台官方报价为准）	A. 前 5 区，可以全球包邮
	B. 6～8 区，可以根据自己的利润率，设置减免 70%～75%
	C. 9 区减免 60%
	D. 10 区减免 50%

步骤 1：登录速卖通后台，单击"商品"下的"物流模板"，进行模板设置，如图 5-4 所示。

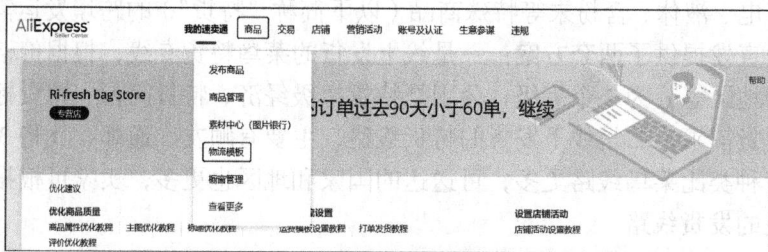

图 5-4　单击"物流模板"

步骤 2：单击"新建运费模板"，为该运费模板设置一个名字"small-registered"（名字要方便我们记住该模板用于哪些类型的商品，不能输入中文），然后进入选择物流方式的页面，其中经济类涵盖了菜鸟专线经济、4PX 新邮经济小包等物流渠道，如图 5-5 所示；简易类、标准类、快速类、其他类等分别如图 5-6～图 5-9 所示。

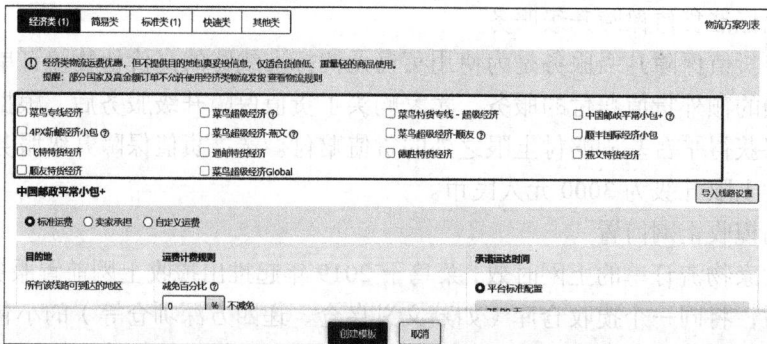

图 5-5　经济类物流渠道设置页面

发货地: 中国 (2)

| 经济类 (1) | 简易类 | 标准类 (1) | 快速类 | 其他类 | 物流方案列表 |

ⓘ 邮政简易挂号服务，可查询包含买家签收在内的关键环节物流追踪信息。
　提醒：部分国家及高金额订单不允许使用简易类物流发货 查看物流规则

☐ 菜鸟特货专线 - 简易　　　　　　　☐ AliExpress 无忧物流-简易

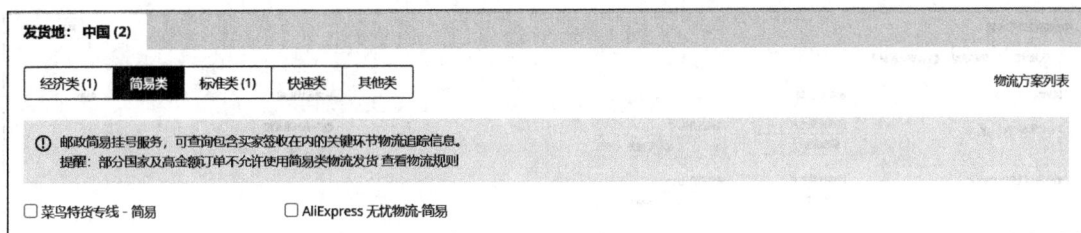

图 5-6　简易类物流渠道设置页面

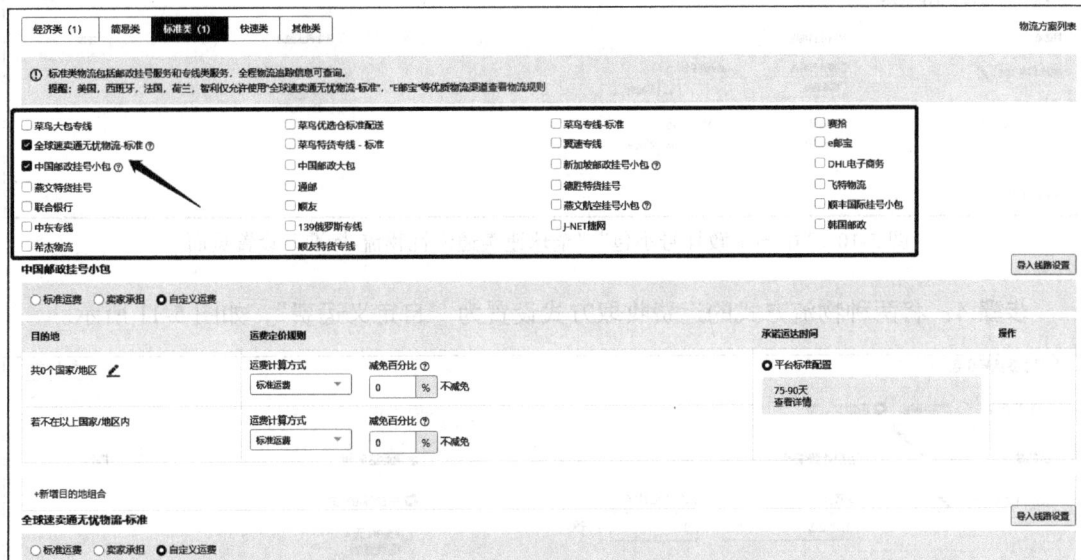

| 经济类 (1) | 简易类 | 标准类 (1) | 快速类 | 其他类 | 物流方案列表 |

ⓘ 标准类物流既提供邮政挂号服务和专线类服务，全程物流路径信息可查询。
　提醒：美国、西班牙、法国、荷兰、智利仅允许使用全球速卖通无忧物流-标准，"E邮宝"等优质物流渠道查看物流规则

☐ 菜鸟大包专线　　　　　　☐ 菜鸟优选合标准配送　　　　☐ 菜鸟专线-标准　　　　　☐ 赛拾
☑ 全球速卖通无忧物流-标准 ⓘ　　☐ 菜鸟特货专线 - 标准　　　☐ 翼速专线　　　　　　　☐ e邮宝
☑ 中国邮政挂号小包 ⓘ　　　☐ 中国邮政大包　　　　☐ 新加坡邮政挂号小包 ⓘ　　　☐ DHL电子商务
☐ 藏文特货挂号　　　　　　☐ 通邮　　　　　　　☐ 德国特货挂号　　　　　　☐ 飞特物流
☐ 联合银行　　　　　　☐ 顺友　　　　　　☐ 藏义航空挂号小包 ⓘ　　　☐ 顺丰国际挂号小包
☐ 中东专线　　　　　　☐ 139俄罗斯专线　　　　☐ J-NET捷网　　　　　　　☐ 韩国邮政
☐ 希杰物流　　　　　　☐ 顺友特货专线

中国邮政挂号小包　　　　　　　　　　　　　　　　　　　　　　　　　　　　导入线路设置

○ 标准运费　　○ 卖家承担　　● 自定义运费

目的地	运费定价规则		承诺送达时间	操作
共0个国家/地区 ✎	运费计算方式 标准运费 ▼	减免百分比 ⓘ 0 % 不减免	● 平台标准配置 75-90天 查看详情	
若不在以上国家/地区内	运费计算方式 标准运费 ▼	减免百分比 ⓘ 0 % 不减免		

+新增目的地组合

全球速卖通无忧物流-标准　　　　　　　　　　　　　　　　　　　　　　　　导入线路设置

○ 标准运费　　○ 卖家承担　　● 自定义运费

图 5-7　标准类物流渠道设置页面

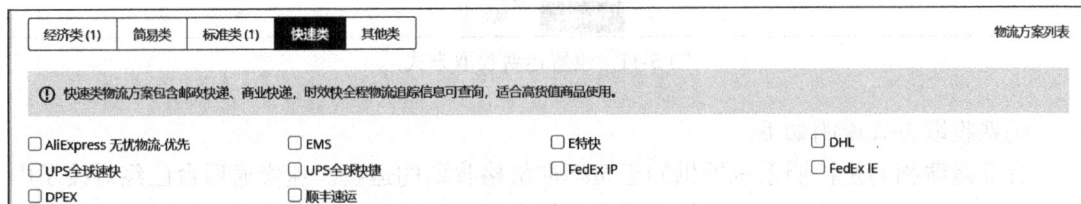

| 经济类 (1) | 简易类 | 标准类 (1) | 快速类 | 其他类 | 物流方案列表 |

ⓘ 快速类物流方案包含邮政快递、商业快递，时效快全程物流追踪信息可查询，适合高货值商品使用。

☐ AliExpress 无忧物流-优先　　☐ EMS　　　　　☐ E特快　　　　☐ DHL
☐ UPS全球速快　　　　　　☐ UPS全球快捷　　　☐ FedEx IP　　　☐ FedEx IE
☐ DPEX　　　　　　　　☐ 顺丰速运

图 5-8　快速类物流渠道设置页面

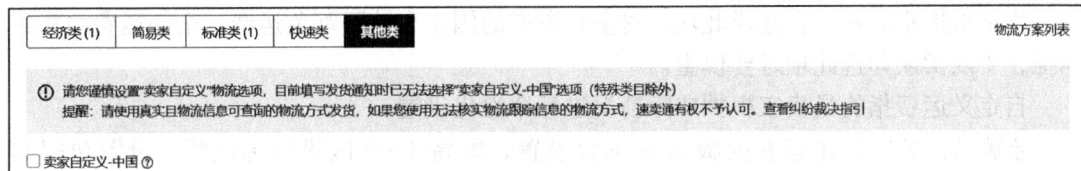

| 经济类 (1) | 简易类 | 标准类 (1) | 快速类 | 其他类 | 物流方案列表 |

ⓘ 请您谨慎设置"卖家自定义"物流选项，目前填写发货通知时已无法选择"卖家自定义-中国选项（特殊类目除外）
　提醒：请使用真实且物流信息可查询的物流方式发货，如果您使用无法核实物流跟踪信息的物流方式，速卖通有权不予认可。查看纠纷裁决指引

☐ 卖家自定义-中国 ⓘ

图 5-9　其他类物流渠道设置页面

　　步骤 3：选择标准类的"中国邮政挂号小包""全球速卖通无忧物流-标准"（经济类的全部都不勾选），进入设置页面，如图 5-10 所示。

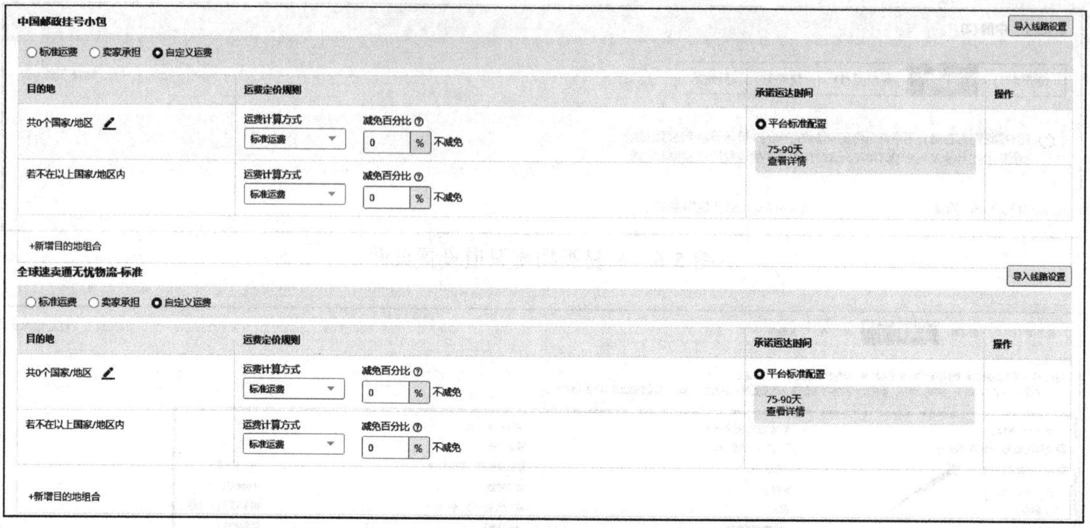

图 5-10 "中国邮政挂号小包""全球速卖通无忧物流-标准"设置页面

步骤 4：将两种物流方式的运费收取方式设置为"自定义运费"，如图 5-11 所示。

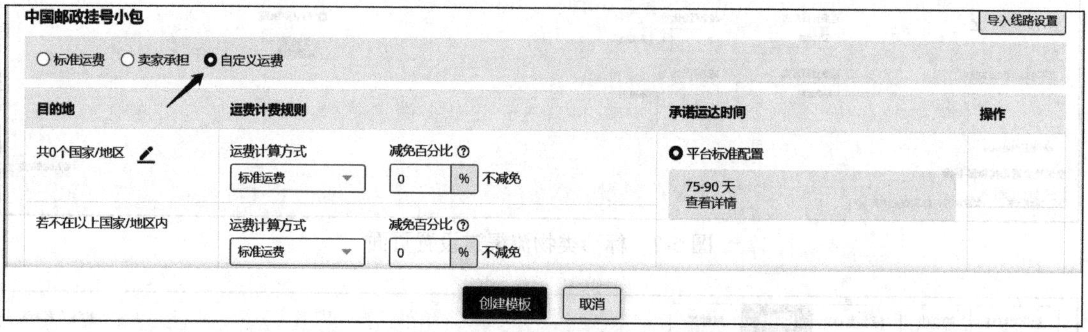

图 5-11 设置运费收取方式

运费收取方式说明如下。

标准运费指的是按照系统提供的运费标准价格收取的运费。速卖通后台已经对接了中国邮政、商业快递、专线物流等物流服务提供商的系统，当我们发布商品时，填好商品的重量，系统就会自动套入数据计算运费。

卖家承担指的是一旦选择此项，对全球所有的国家和地区都免运费，全部运费由卖家承担，所以卖家勾选此项时要慎重。

自定义运费指的是卖家根据实际情况进行个性化设置。

步骤 5：进行常用运费模板的 A 部分设置，即将 1～5 区设置为包邮；设置包邮的前提是发布商品的时候，已将运费加载到"一口价"上了，选择"目的地"为 1～5 区的所有国家和地区，具体可参考表 5-4 中 1～5 区对应的国家和地区，勾选页面如图 5-12 所示。

步骤 6：将 1～5 区的国家和地区设置为包邮，选好目的地后，将"运费计算方式"设置为"卖家承担"，如图 5-13 所示。

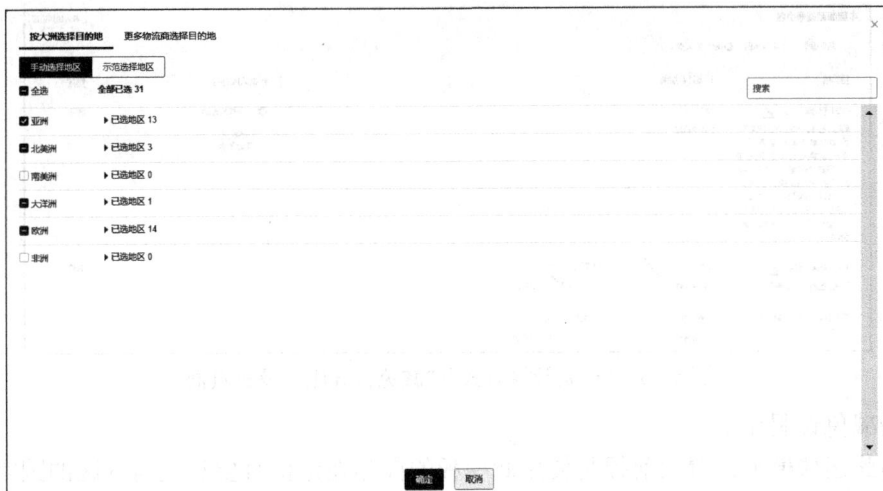

图 5-12　前 5 区对应的国家和地区勾选页面

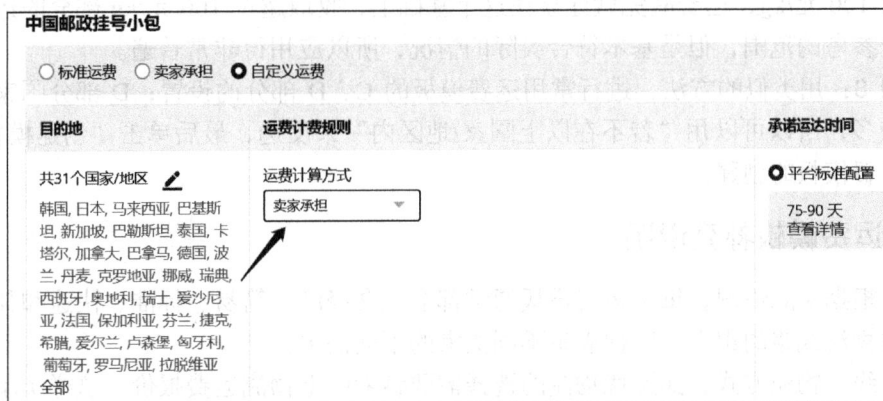

图 5-13　"运费计算方式"设置页面

步骤 7：进行常用运费模板的 B 部分设置，将 6～8 区的国家和地区设置为减免 70%；在步骤 6 的设置页面中单击"新增目的地组合"，如图 5-14 所示；选择"目的地"为 6～8 区的所有国家和地区，勾选齐全后将"运费计算方式"设置为"标准运费"，将"减免百分比"设置为"70%"，如图 5-15 所示。

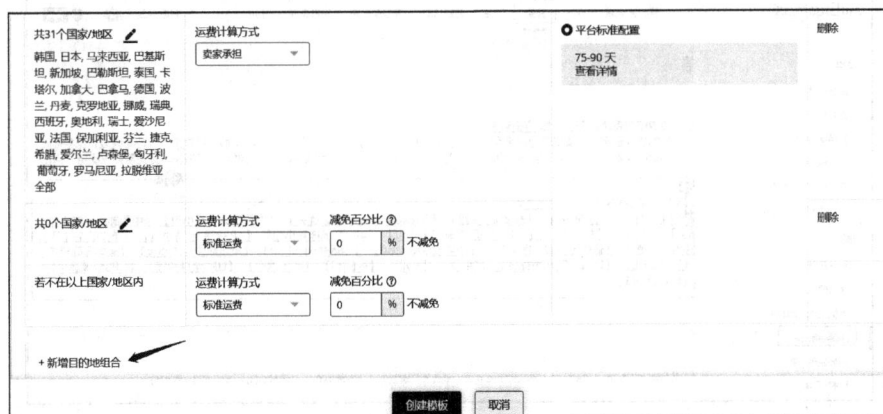

图 5-14　"新增目的地组合"设置页面

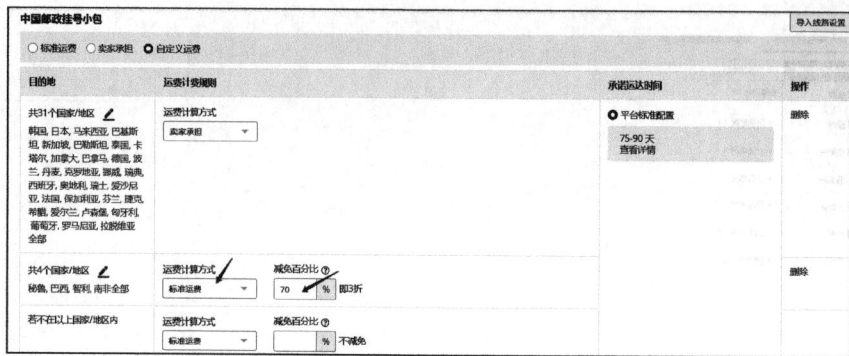

图 5-15 "运费计算方式""减免百分比"设置页面

运费减免说明如下。

因为此运费模板设置的前提是使用此模板的商品在定价时要加上前 5 区的国家和地区对应的运费作为发布价格，跨境电商行业目前普遍使用的前 5 区国家和地区包邮的运费参考价格为 100 元/kg，运费减免就建立在这个基础上，收取超过 100 元/kg 部分的运费。这虽是一个参考的范围，但是基本符合实际的情况，所以应用得非常普遍。

步骤 8：用类似的方法，进行常用运费模板的 C、D 部分的设置；D 部分国家和地区因为比较多，所以可以用"若不在以上国家/地区内"来反选，最后单击"创建模板"，即可完成运费模板的创建。

5.1.3 运费模板补充说明

（1）根据实际情况，每个运费模板通常都会包含经济、简易、标准、快速和其他等一种或多种物流线路的组合，以便满足不同买家的不同需求。

（2）线上物流方式，如无忧物流的选择需要参考线上物流运费报价，这样卖家才能更准确地设置符合实际情况的运费模板。报价的下载方法如下。

登录速卖通后台，单击"交易"下的"国际小包订单"，打开"国际小包订单"页面，可以看到各种线上物流方式的文本链接，如图 5-16 所示。在该页面中，单击"中国邮政挂号小包"可进入线上发货说明页面，如图 5-17 所示；单击"下载报价"即可下载相关信息，如图 5-18 所示。

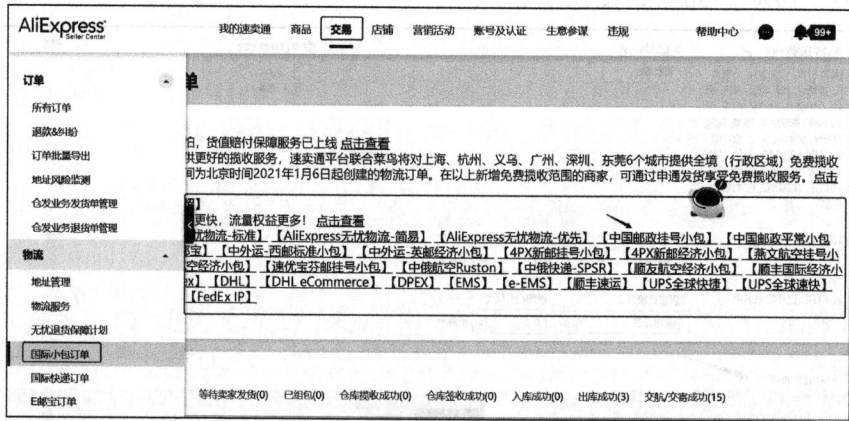

图 5-16 "国际小包订单"页面

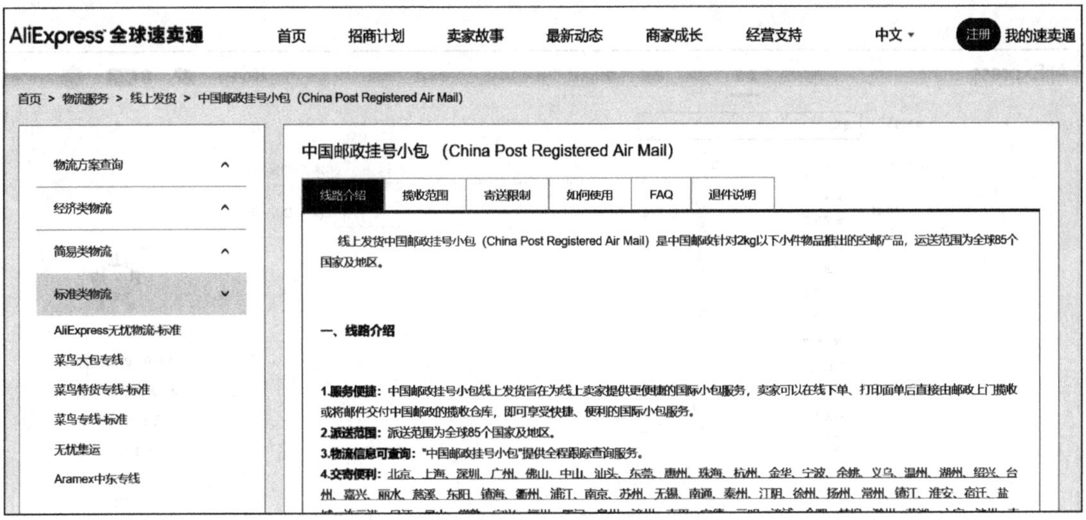

图 5-17　中国邮政小包线上发货说明页面

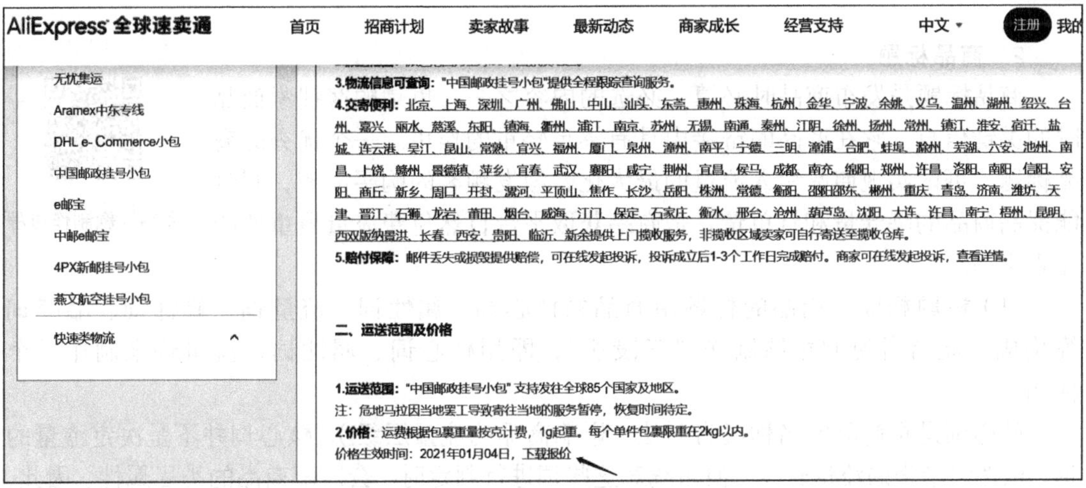

图 5-18　单击"报价下载"

5.2　商品发布

商品发布包含了基本信息编辑、库存与价格编辑、商品详细描述编辑、包装与物流编辑以及其他设置等内容。

5.2.1　基本信息编辑

1. 发布语系

发布语系是发布商品时必填、必选的内容之一，速卖通平台目前支持英文、葡萄牙文、俄文、法语、西班牙语、印尼语、意大利语、阿拉伯语、德语、荷兰语、日语、韩文、泰文、越南语、希伯来语、土耳其语、波兰语等，如图 5-19 所示。卖家需要根据自己运营团队的能力、商品的销售目标国家和地区等实际情况，选择合适的发布语系。

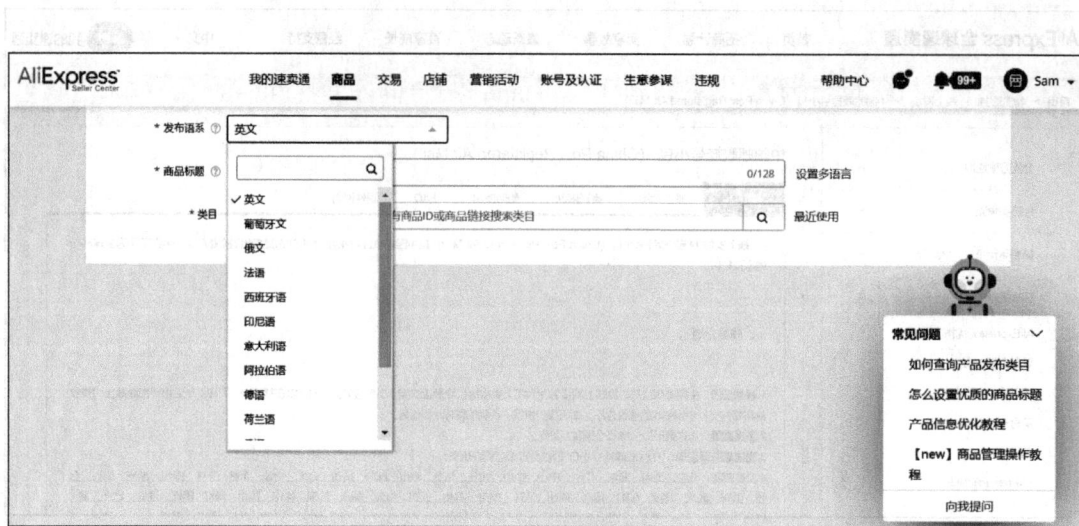

图 5-19 选择发布语系

2. 商品标题

商品标题是发布商品时必填、必选的内容之一，也是顾客搜索商品时的关键信息，它在商品的链接中具有举足轻重的作用。一个优秀的商品标题，可以实现商品引入流量的最大化，激发顾客的购买欲望，同时能提高商品的曝光量和订单量，是商品获取平台自然免费流量最重要的元素之一。

商品标题制作过程

（1）标题构成。商品的标题由商品的核心词、属性词、流量词、修饰词、品牌词等构成。通常所说的标题制作"三段法"，即用核心词、属性词、流量词来制作一个标题。

核心词是指商品的名称或者叫法（影响商品的流量层级），核心词并不是决定流量的词，虽然它带来的流量较少，但系统对这些词进行判定时，会匹配商品的类目属性。因此，选对核心词能提高商品的相关性得分，解决商品"是什么"的核心问题。同一商品在不同的国家和地区可能会有不同的叫法，卖家在选取核心词时需要仔细考虑，尽量取词更全面，以增加获取流量的机会。

属性词指商品的特性词（影响排名和点击率），是用以形容商品的颜色、尺寸、材质、用途、风格、使用方法等属性的词语。标题中的属性词丰富，系统会判定这个标题比较正规，品质较优。买家在搜索商品时通过属性词筛选，便有助于提高商品的曝光量。

流量词主要用于搜索引擎，是用来给店铺或商品带来流量的，如描述重大节假日、平台的大活动等的词语。流量词并不是给顾客看的，因此可以放在标题的后半段。

（2）标题词语的来源。标题词语的来源即关键词的来源，有多个渠道，包括商品的名称和属性等，"生意参谋"中的搜索词如图 5-20 所示。我们可以根据搜索人气、搜索指数和竞争指数等指标对关键词进行排列筛选，整理成优质关键词库，以备撰写标题和后期优化标题时使用。搜索下拉框词如图 5-21 所示。境内采购平台对商品的各种定义词等也是标题词语的来源。

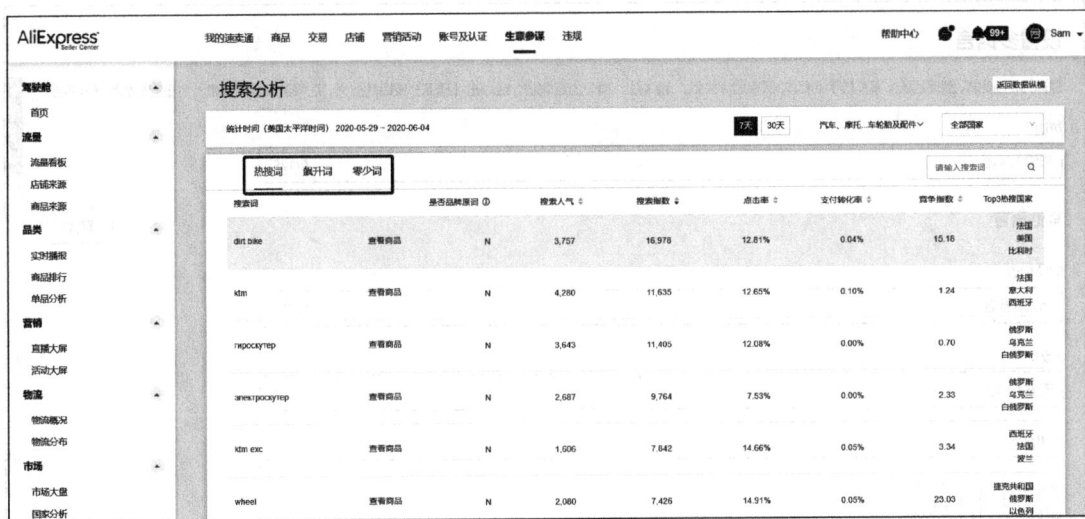

图 5-20 "生意参谋"中的搜索词

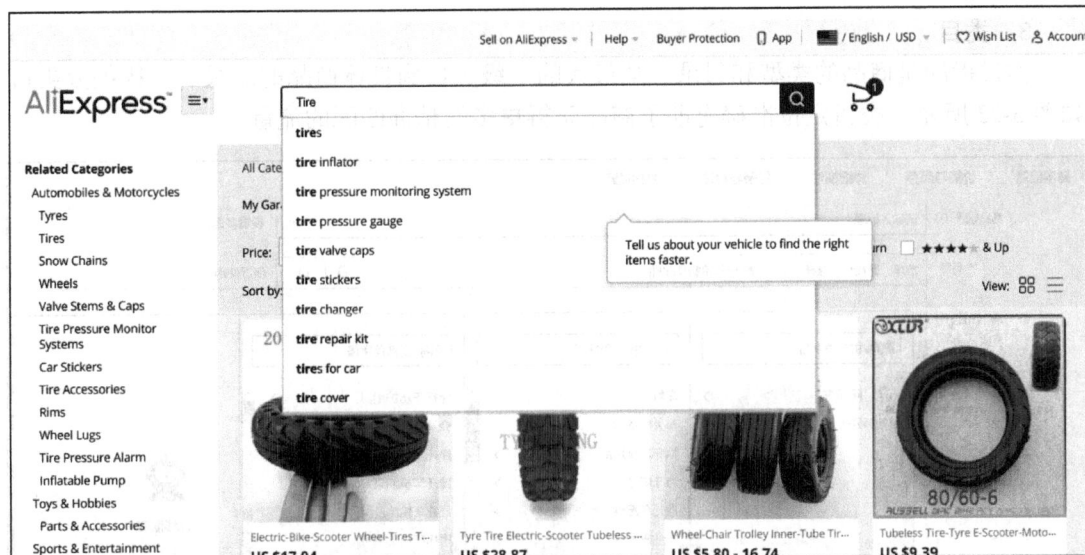

图 5-21 搜索下拉框词

（3）标题的撰写规则。速卖通的标题最多使用 128 个字符，值得注意的是，每个英文字母占一个字符，一个汉字占两个字符，每个空格也占一个字符。标题里不应直接使用未经授权的品牌名，否则容易侵权并受到平台的处罚。同时，撰写标题时需要注意避免同一标题里同一个词语出现 3 次以上——标题堆砌（标题堆砌是属于搜索作弊的一种行为，是被平台所禁止的）。

（4）给标题设置多语言。卖家可以根据商品销售的不同的目标国家和地区，设置对应的语言，如图 5-22 所示，这样设置的商品标题往往会更有竞争力。

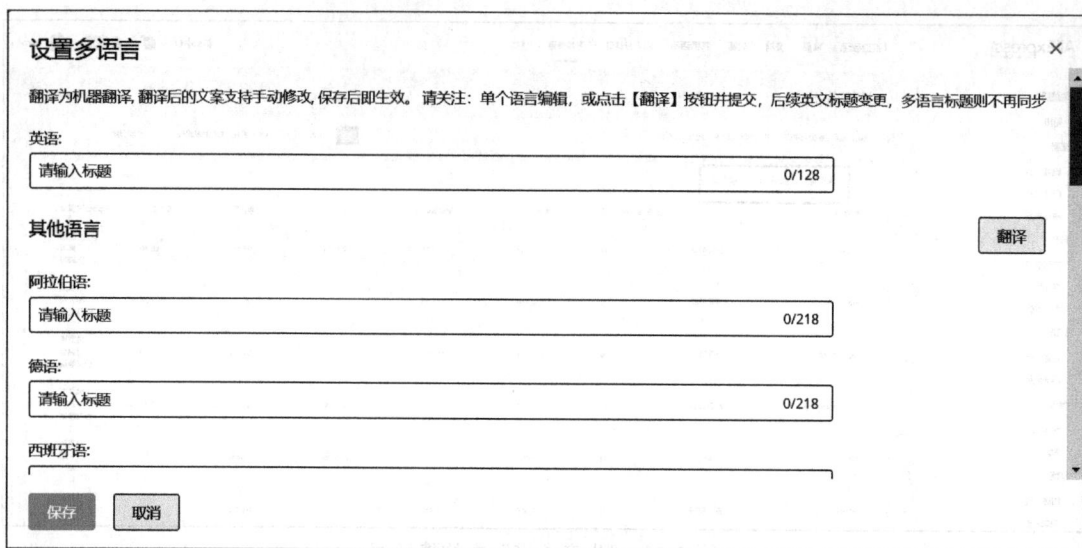

图 5-22 设置多语言

3. 类目

类目指的是商品的类型和目录。从最大的一级类目到具体商品的二级、三级细分类目如图 5-23 所示，类目定位准确有助于商品获得更多的精准匹配的流量。

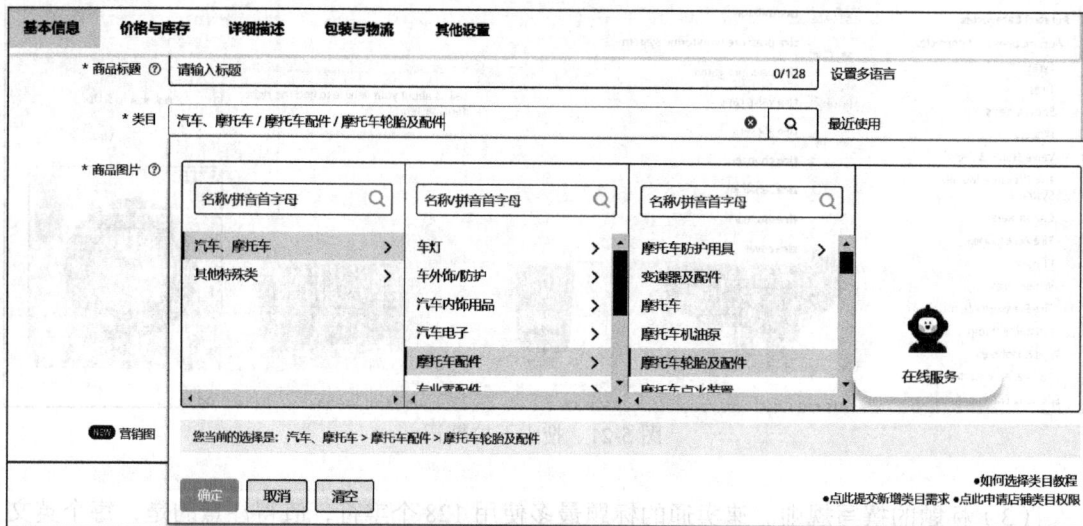

图 5-23 类目层级

（1）在从左到右的类目中，左边的类目是母类，右边的类目是子类，故越靠近左边的母类，流量基数越大；越靠近右边的子类，流量基数越小，匹配的属性越具体。

（2）发布商品时，必须选择类目之后才能进入商品发布页面。如果没有具体对应的类目（如发布一些不太常见的零配件），卖家需要选择最接近或最相似的类目发布商品。

（3）类目在商品排序中很重要，错误的类目选择会影响商品的曝光，也会使卖家受到平台处罚。

4. 商品图片和营销图

商品图片是发布商品时必填、必选的内容之一，有两种上传途径，即"电脑上传"和"从图片银行选择"，如图 5-24 所示。商品图片是展示商品链接的主图，速卖通平台将主图的质量作为商品链接质量的一项评判标准，好的主图能吸引顾客的眼球，激起顾客浏览该商品的兴趣，从而增大商品链接的流量，提高商品成交的概率。

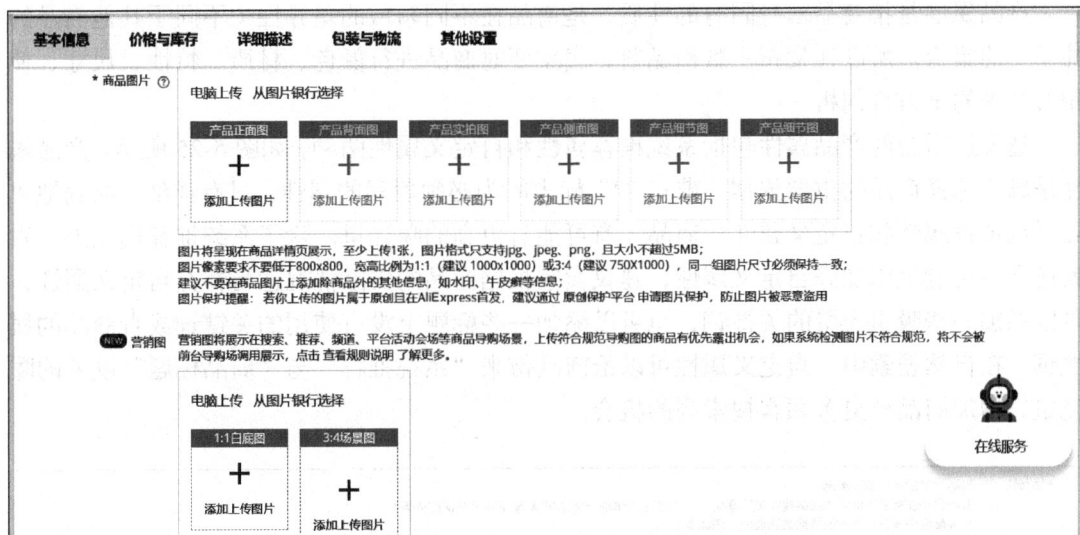

图 5-24 "图片上传"页面

好的商品图片应遵循以下几个方面的要求。

（1）图片格式及大小：只支持 JPG、JPEG、PNG 且文件大小不超过 5MB。

（2）图片尺寸：图片像素不低于 800 像素×800 像素，宽高比例为 1∶1（建议设置为 1000 像素×1000 像素）或 3∶4（建议设置为 750 像素×1000 像素），主图对角长度像素达到 1000 像素以上时会拥有放大镜功能。

（3）图片数量：至少上传 1 张，但建议上传正面图、背面图、实拍图、侧面图、细节图、尺寸图等 6 张图片，图片上传越完整，商品获得的权重就会越高，越有利于流量的获取，卖家还可以提前做好相关几组图片以备后期优化时使用。

（4）图片内容：大部分类目建议不要在商品图片上添加其他信息，如水印等，如果卖家上传的图片属于原创且在速卖通首发，可以通过"原创保护平台"申请图片保护，防止图片被恶意盗用。

营销图是发布商品时可选择上传的图片，营销图将展示在搜索、推荐、频道、平台活动会场等商品导购场景，上传符合规范（如 1∶1 的白底图或 3∶4 的场景图）营销图的商品有优先曝光的机会。如果系统检测到图片不符合规范，该图片将不会被前台导购场景调用和展示，所以在选择营销图的时候，卖家一定要认真分析平台对图片的要求，设计有创意的营销图。

5. 商品视频

商品视频的要求如下。

（1）视频格式及大小：支持 AVI、3GP、MOV 等格式，文件大小应在 2GB 以内，时长在 30 秒以内。

（2）视频尺寸：建议视频的长宽比与商品图片保持一致。

（3）视频内容：建议视频展示商品的核心优势、核心卖点、使用方法等内容。

6. 产品属性

产品属性是指商品本身固有的性质，是商品在不同领域的差异性（不同于其他商品的性质）的集合。所以在发布一款商品前，卖家要对商品进行颜色、材质、特性、尺寸、使用方法等的全方位剖析。

速卖通后台的产品属性包括系统推荐属性和自定义属性两种，如图 5-25 所示。产品属性是顾客选择商品的重要依据，带有"*"标志的为必须填写的属性，只有详细、准确地填写系统推荐属性和自定义属性，商品才有可能有更高的曝光量。除了系统推荐属性外，卖家还要尽可能地添加好自定义属性，建议卖家根据商品的实际情况适当补充自定义属性，可以添加一些吸引流量的关键词，也可以添加一些标题上没有使用的关键词或者商品的属性词。在自然搜索中，自定义属性可以给商品带来"系统推荐"与"商品标题"以外的曝光量，增加商品被更多顾客搜索到的机会。

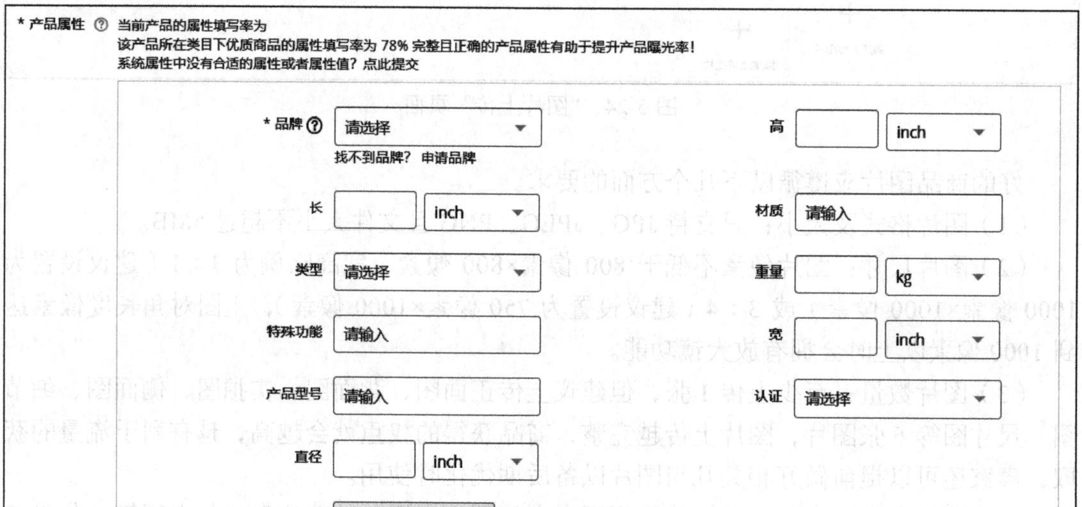

图 5-25 "产品属性"页面

5.2.2 库存与价格编辑

1. 最小计量单元

最小计量单元前面带有"*"标志，说明此信息为必填项目，比较常用的计量单元有包、双、件/个等，如图 5-26 所示。在商品上架的时候，卖家需要根据商品的具体计量单元进行选择。

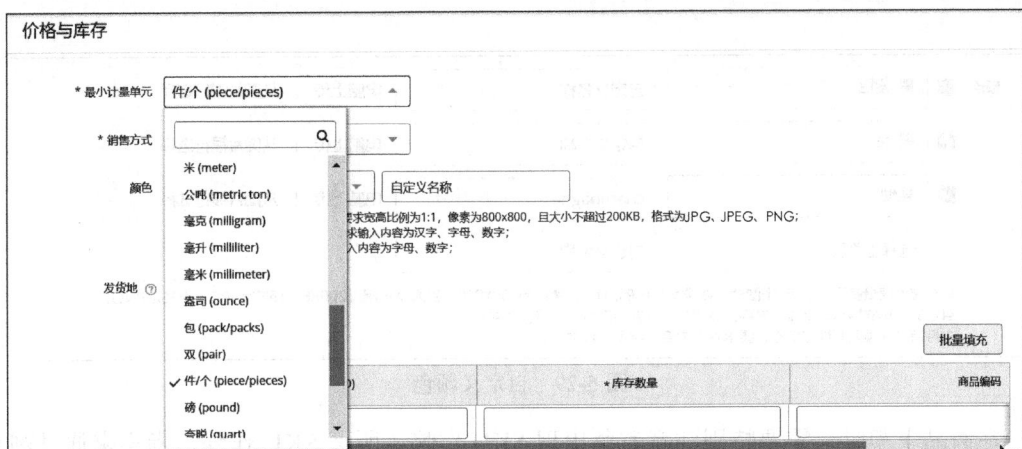

图 5-26 最小计量单元选项

2. 销售方式

销售方式前面带有"*"标志，说明此信息为必填项目。销售方式有两个选项，分别是按件出售和打包出售，如图 5-27 所示。在正常的情况下，一般的货物选择按件出售，而体积很小或者单件质量很小的货物，考虑到物流成本，尤其是发挂号小包时，也可以采用打包出售的方式，以增强商品的竞争力和客户的购买意愿，提高商品的客单价。

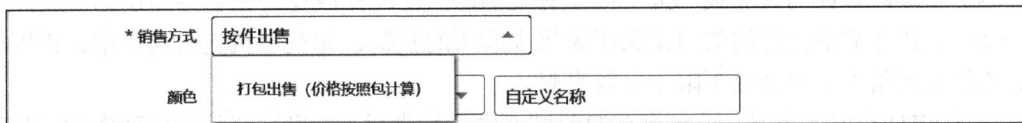

图 5-27 销售方式选项

3. 颜色

应用颜色选项，可以实现不同颜色、属性、大小等多个 SKU 的商品发布，也可以实现不同 SKU 的阶梯定价。如果上传的商品的颜色与模板中的颜色相对应，则可以直接勾选颜色模板中的对应色标，如图 5-28 所示，同时卖家也可以匹配相应属性的图片以一一对应，方便客户选中某个 SKU 时能匹配到相应属性的图片。需要注意的是，每个属性值最多可以上传 1 张图片，图片要求为宽高比例为 1:1，像素为 800 像素×800 像素，且大小不超过 200KB，格式为 JPG、JPEG、PNG。如果模板中没有相应的颜色，卖家则可以自定义颜色，如图 5-29 所示，添加图片的要求与上述内容相同。

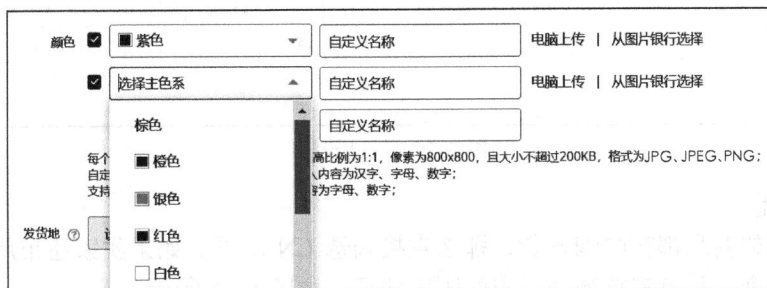

SKU 新增与
自定义的设置过程

图 5-28 模板颜色

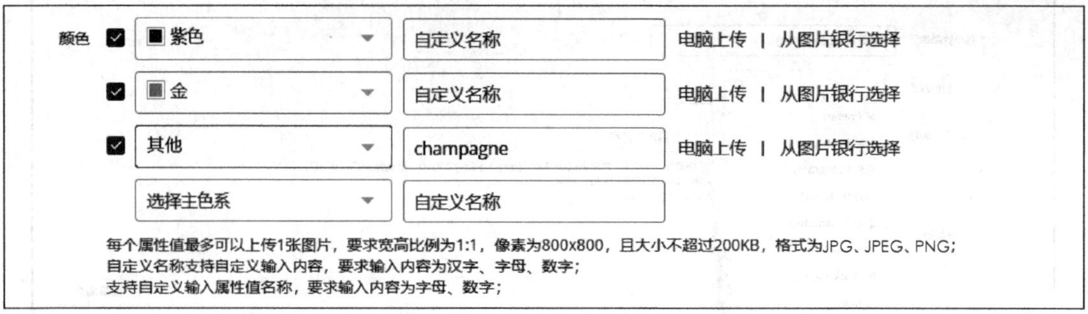

图 5-29　自定义颜色

在商品上架时，需要特别注意避免出现 SKU 作弊，所谓 SKU 作弊，指卖家通过刻意规避商品 SKU 设置规则，滥用商品属性（如套餐、配件等）设置过低或者不真实的价格，使商品排序靠前（如价格排序）的行为；或者在同一个商品的属性选择区放置不同商品的行为。以下情况均属于 SKU 作弊。

（1）将不同的商品放在一个链接里出售（如触摸笔和手机壳）。

（2）将正常商品和不支持出售（或非正常）的商品放在同一个链接里出售。

（3）将常规商品和商品配件（如手表和表盒）放在一个链接里出售。

（4）将不同属性的商品捆绑成不同套餐或捆绑其他配件放在一个链接里出售。

（5）以排序靠前为目的的自定义买家极少购买的套餐，如在手机整机类目中，设置裸机、不带任何附件（包含且不限于）等套餐。

对于 SKU 作弊的商品，平台将在搜索排名中让其靠后，并将该商品记录到搜索作弊违规商品总数里，当店铺搜索作弊违规商品累计达到一定量后，将给予整个店铺不同程度的搜索排名靠后处理；情节严重的，将对店铺进行屏蔽；情节特别严重的，将冻结账户或直接关闭账户。

4. 尺寸

如果对应的特定的商品有尺寸要求，卖家也要设置好对应的尺寸，具体设置如图 5-30所示。

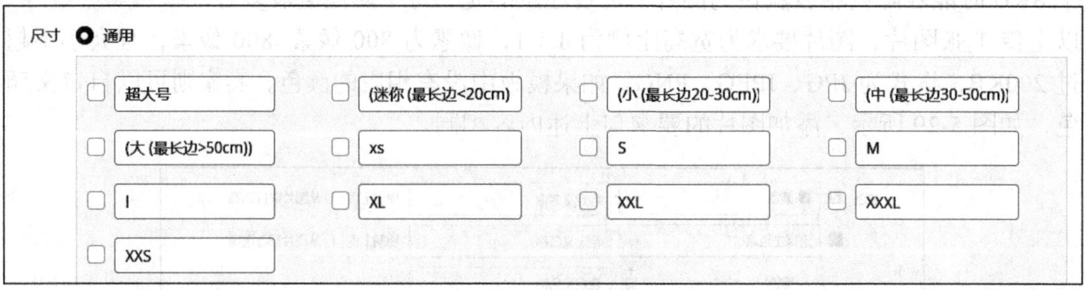

图 5-30　尺寸设置

5. 发货地

如果所有的商品都在中国发货，那么直接勾选 CN 即可。如果卖家还布局了海外仓，如美国和俄罗斯，那就直接勾选对应的国家即可，如图 5-31 所示。

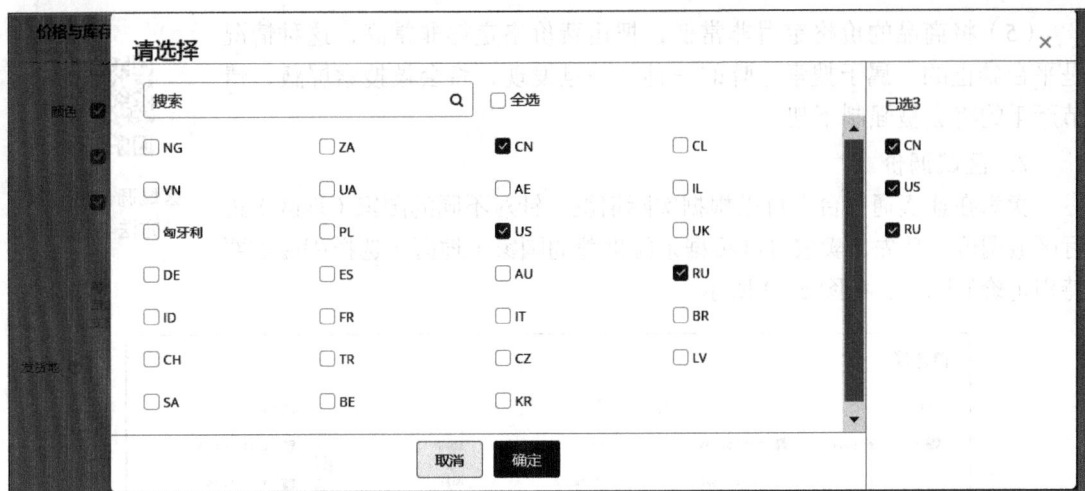

图 5-31　发货地设置

6. 零售价、库存数量与商品编码

零售价和库存数量前面带有"*"标志，说明这两个信息为必填项目。系统根据前面设置的商品的颜色衍生了对应的 SKU，因此卖家需要设置对应的零售价、库存数量和商品编码，如图 5-32 所示。

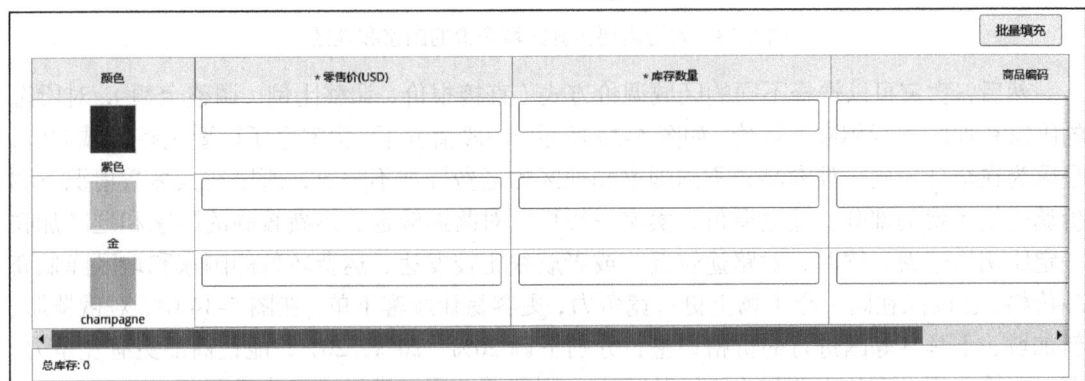

图 5-32　零售价、库存数量与商品编码设置

商品的价格既会影响商品的排序，也会影响商品的点击率，还会影响商品的成交转化率。进行商品定价时需要考虑的因素有商品成本、期望的利润、运费、折扣率、利润率、促销活动的价格空间、同行卖家商品的定价、销售策略等。

商品定价的注意事项如下。

（1）定价时要考虑期望的利润，期望的利润不能定得太低，要给促销活动留出价格空间，对于用来吸引流量的商品可以适当降低利润水平。

（2）了解商品的市场行情，参考同行卖家商品的价格。不要盲目地和同行卖家打价格战，要在保证利润的基础上定价。

（3）注意货币单位，速卖通是以美元为单位进行定价的，定价时要考虑相应的汇率。

（4）注意销售方式是按件出售还是打包出售。商品的销售方式不相同，其价格也不一样。

（5）将商品的价格定得非常低，把运费价格定得非常高，这种情况是平台禁止的，属于搜索作弊的一种，一旦发现，将会被搜索屏蔽，情节严重的将会被强制下架。

7. 区域调价

卖家在速卖通平台上可以根据实际情况，针对不同的国家（地区）进行区域调价。首先，卖家可以根据系统推荐的国家（地区）选择相应需要特别定价的国家，如图 5-33 所示。

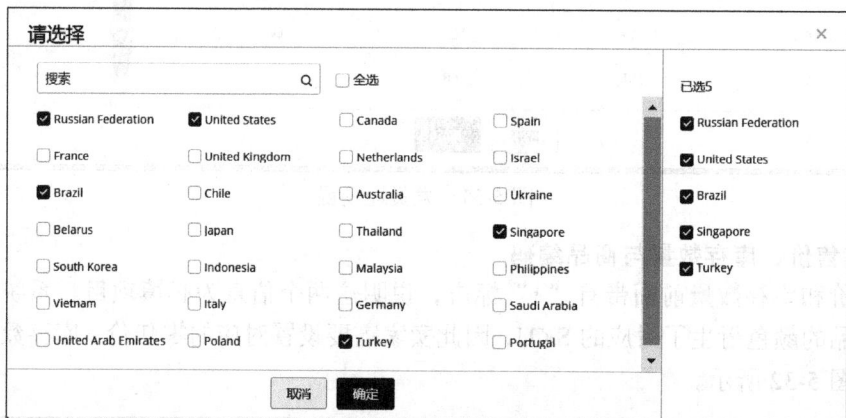

图 5-33　勾选需要实施区域调价的国家和地区

然后，卖家可以选择不同的区域调价方式（直接报价、调整比例、调整金额），对所选的国家和地区进行相应的调价，如图 5-34 所示。一般情况下，卖家之所以要进行区域调价，是因为在全球卖同一件商品，不同国家和地区的运费标准不一致，所以在大多数情况下调价调的是运费的部分。通过调价，卖家一般可以对路途较远、运费较高的国家和地区加收一定比例的运费；同时，对路途较近，或者航线比较发达、运费较低的国家和地区降低商品价格，让商品在同一个市场上更有竞争力，更容易让顾客下单。在图 5-34 中，对俄罗斯、新加坡、土耳其等国进行的价格调整，分别下调 20%、20%、20%，能让商品更有竞争力；而对运输费用较高的巴西加收 30% 的运费，则能避免因运费过高而出现亏损。

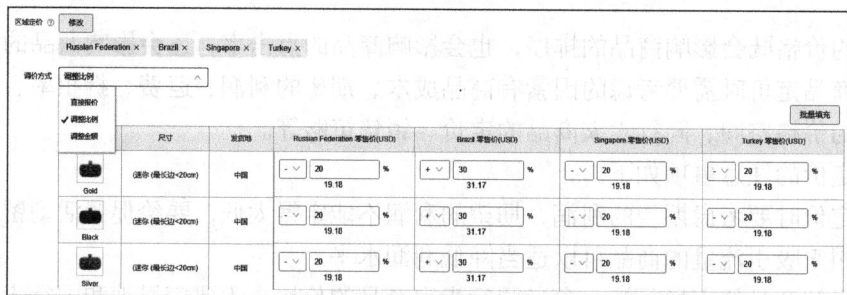

图 5-34　按调整比例对不同国家和地区实施区域调价

8. 批发价

速卖通平台也有鼓励客户批量采购的机制，卖家可以为顾客设置批发价，以刺激有需求的顾客批量下单购买，具体的设置内容如图 5-35 所示。

图 5-35　批发价设置

5.2.3　商品详细描述编辑

商品详细描述是商品发布时的必填项目，要求卖家将顾客关注的商品特色、功能、服务、包装及运输等信息通过页面的形式展示出来，其主要作用是让顾客全面了解商品，能对顾客的购买决策产生重要影响。商品详细描述里的文字等关键词信息对增加商品的搜索流量有非常重要的作用。精准的商品详细描述能增强顾客的购买欲望，加快顾客下单的速度。

商品详细描述编辑的设置过程

商品详细描述建议使用新版编辑器编辑，如图 5-36 所示，新版编辑器的 PC 端和无线端详细描述一键同步，无须重复编辑，且功能更全面。当然，卖家也可以单独设计无线端详细描述，让商品的描述更有针对性。

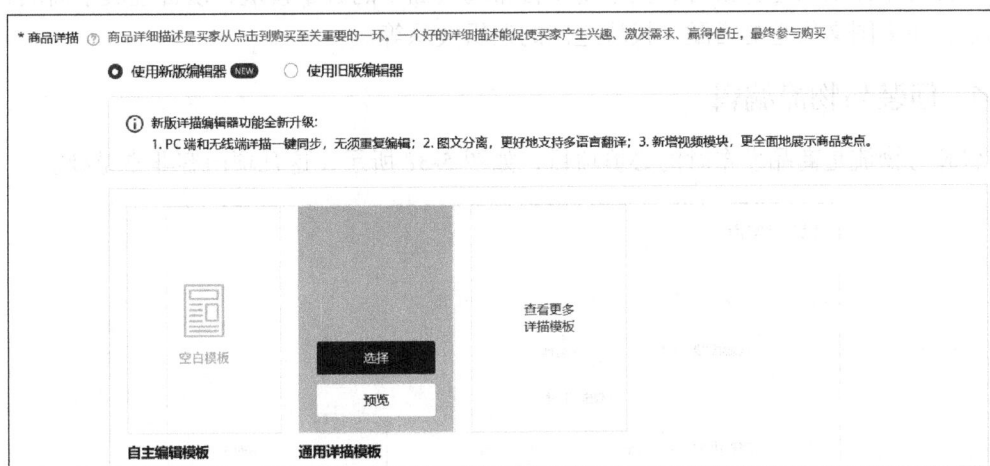

图 5-36　商品详细描述编辑器选择

商品详细描述页面是顾客了解商品详细信息的重要地方，卖家在这里可以补充或再次强调商品的特色，如颜色、发货期、尺码、商品面料、材质、商品细节图等。

商品详细描述中建议放置的内容如下。

（1）商品标题（一般置于页面顶端的第一行或商品详细描述的前半部分）。

（2）文案（突出商品特点，描述商品优势，建议采用图文结合的方式）。

（3）商品主图、模特图和细节图。

（4）买家秀图片。

（5）物流说明信息图。

（6）好评截图。

（7）授权证书、工厂车间图片等。

商品详细描述页面如图 5-37 所示。

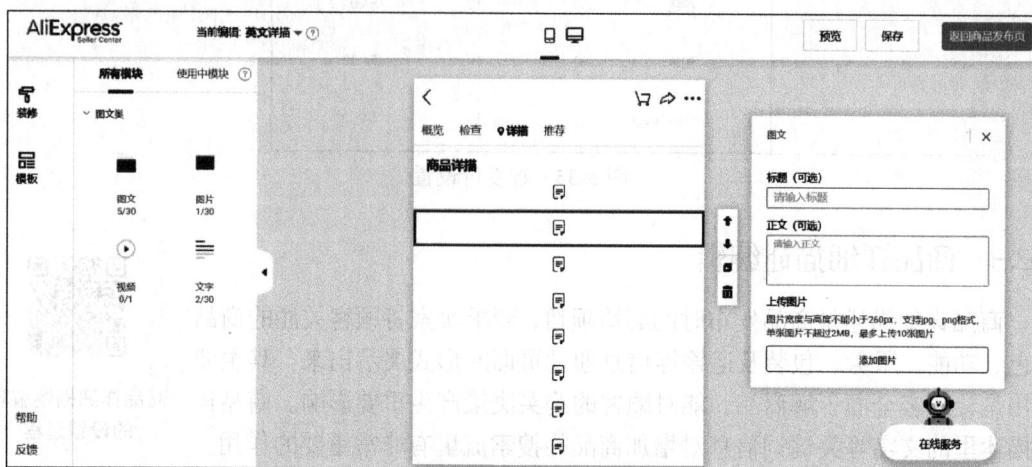

图 5-37　商品详细描述页面

其中，在商品详细描述页面，平台提供了模板，模板包括图片、视频、文字等模块，卖家可以根据实际情况添加或删除相应模块，也可以对模块的先后顺序进行调整。

设置商品详细描述页面时，卖家要妥善布局页面中的各个模块，以合理展示商品的链接信息，注意图文信息的搭配、模块之间的逻辑关系等。

5.2.4　包装与物流编辑

包装与物流是商品发布时的必填项目，如图 5-38 所示，这几项内容非常重要。

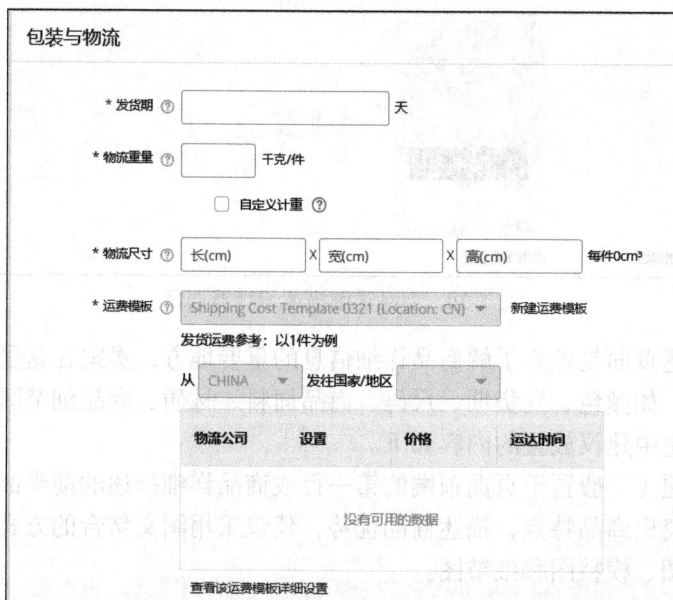

图 5-38　包装与物流设置页面

（1）发货期从买家下单付款成功且支付信息审核完成（出现发货按钮）后开始计算。假如发货期为 3 天，如订单支付信息在北京时间星期四 17:00 审核通过，则卖家必须在 3 日内填写发货信息（周末、节假日顺延），即北京时间下一周的星期二 17:00 前填写发货信息。若卖家未在发货期内填写发货信息，系统将关闭订单并将货款全额退还给买家。因此，建议卖家及时填写发货信息，避免出现货、款两失的情况。卖家应合理设置发货期，这也能避免产生成交不卖的情况。

（2）物流质量和物流尺寸指的是商品打包装好准备发货时的质量与尺寸，此两项信息关系到商品的运费核算、物流方式的选择（特别是 2kg、5kg、21kg 等临界质量的商品）。卖家应准确填写物流质量和物流尺寸，避免填写错误造成的运费损失。

（3）卖家根据物流质量和物流尺寸，选择前面已经设置好的对应的运费模板（如中国邮政小包和大包、商业快递、专线物流等），再选择相应的服务模板（可以自定义服务模板）。

5.2.5　其他设置

其他设置主要包括商品分组、库存扣减方式、商品发布条款等内容，如图 5-39 所示。

图 5-39　其他设置页面

（1）商品分组

商品分组能帮助顾客快速查找商品，也方便卖家管理商品。卖家可以根据需要设置多个商品组，将同类商品放在一个商品组内。

（2）库存扣减方式

下单减库存：当顾客拍下商品后系统即锁定库存，待其付款成功后进行库存的实际扣减，若超时未付款则会释放锁定库存。该方式可避免“超卖”（当商品库存接近 0 时，多个顾客同时付款）现象发生，但是存在被“恶拍”（恶意将商品库存全部拍完）的风险。

付款减库存：在顾客拍下商品且完成付款后系统扣减库存。该方式可避免商品被"恶拍"，但是存在"超卖"风险。

（3）支付宝：必须勾选支持，以让买卖双方的交易均得到有效保障，不勾选无法进行下一步发布工作。

（4）商品发布条款：必须勾选同意平台的相应条款，不同意条款无法发布商品链接。

至此即完成各项设置，卖家单击"提交"按钮，就可以成功发布商品了。

5.3　店铺装修与优化

店铺装修是每个卖家都绕不开的工作，店铺首页承担了给客户塑造"第一印象"的重要职责。店铺结构与内容模块对速卖通店铺而言非常重要，能让客户清晰、快速、准确地了解店铺，改善客户的购物体验。

5.3.1　店铺装修规划

一般来说，店铺装修规划指平面设计师结合人们的视觉习惯，对现有的图形元素进行合理的组织和安排，以达到吸引受众注意、传递作品信息的目的。店铺装修规划有以下两种方式。

1. 按照买家的阅读习惯规划

视觉有一定的选择性，尤其是在接收信息的过程中，视觉的注意点具有强烈的指向性和转移性。

指向性主要是指视觉注意点的单一性，通俗来讲就是视觉不会同时选择两个注意点。在平面设计中，为了传递准确有效的信息，设计师必须保证图形元素有明确的指向性，因此要对传递的信息进行一定的强化，突出目标，降低信息传递过程中的模糊性，从而将视觉注意点引导到主要信息上，突出主题。

转移性指的是视觉不会停留在同一个点上很长时间。一般来说，视觉会很快从一个注意点转向另一个注意点。为了迎合视觉注意点的转移性，设计师必须保证平面设计作品有主次之分，保证作品中的每一个细节都按照一定的顺序排布，对视觉注意点的强弱进行规划，这也是视觉规划的基本方法。

有研究表明，人的阅读遵循"F"形浏览规律。这一规律的诠释如下（以浏览网页为例）。

第一步，浏览者首先在网页最上端水平浏览。

第二步，浏览者的目光在小范围内水平移动，然后目光向下移，扫描比上一步更短的区域。

第三步，浏览者完成上述两步后，会沿网页左侧垂直浏览，此时的浏览速度较慢，也较有系统性、条理性。

"F"形浏览方式示意图如图 5-40 所示。

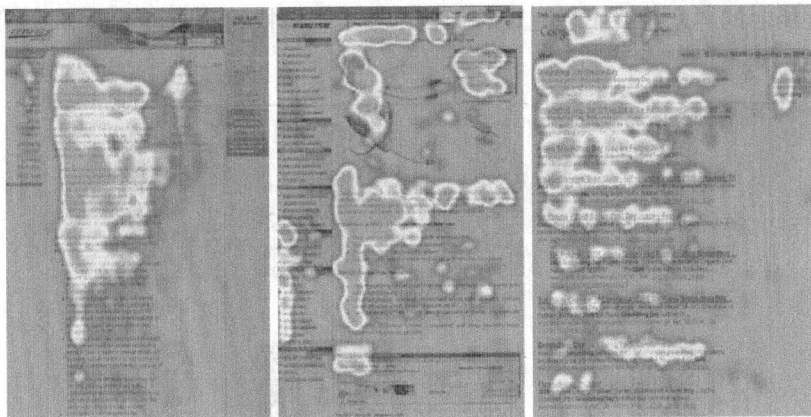

图 5-40　"F"形浏览方式示意图

　　了解"F"形浏览规律后，卖家进行视觉规划时就要注意：买家不会逐字阅读，一定要把重要的内容放在页面左上方。

2. 以促进销售为目的规划

　　店铺装修规划除了要符合买家的阅读习惯以外，更要促进销售。因此，装修规划应该从以下要求出发。

　　（1）传递准确的信息。

　　（2）包含足够大的信息量。

　　（3）符合买家的审美习惯。

　　（4）能引导买家产生购买行动。

　　（5）符合当前跨境电商平台流行的设计特点。

　　观察境外的电商网站，我们可以发现其产品详情页和产品列表页的设计都非常简洁，仅包含产品图片和必要的信息文字，如价格和产品名称。

　　要符合境外买家"少即是多"的审美标准，卖家就要用最简洁的元素表达最核心的信息。除"少即是多"的标准以外，对齐的设计方式也是很重要的。同样的设计内容，在达到或不达到"对齐"的标准下，最终的视觉效果也不同。

　　以下是两个产品展示视觉示例。图 5-41 所示的"产品展示视觉设计示例一"中，页面简洁，产品突出。

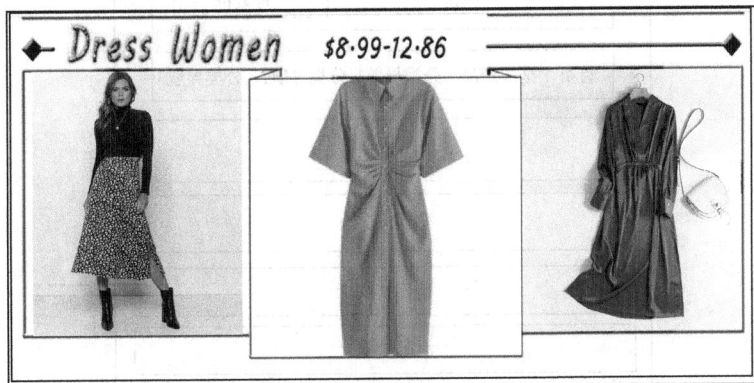

图 5-41　产品展示视觉设计示例一

图 5-42 所示的"产品展示视觉设计示例二"中，模特的站姿、场景都不相同，整体就会显得杂乱无章。

图 5-42 产品展示视觉设计示例二

5.3.2 店铺装修

店铺装修包括店招设计、Banner 广告图设计及页面图文设计，做好这几部分的设计才会让店铺看起来更加专业，让客户有更好的购物体验。

1. 店铺装修的准备工作

（1）思考设计的目的。当接到一个设计任务时，设计师不要急于动手设计，应先思考设计应该发挥什么样的作用。例如，产品页面所起的作用如下。

① 最大限度地展示产品的美观性和功能性。

② 将客户所需了解的所有信息尽可能清晰地传达出来。

③ 让客户更积极、方便地下单购买。

常用的产品页面设计的配色关键词有清晰、舒适、引导等。常用的推广页面设计的配色关键词有吸引力、氛围、快速传递等。

（2）策划页面结构。策划页面结构时可以采用画框架图的方式。框架图可以用纸和笔、Word 文字处理软件等各种方式来呈现。简单的页面框架图如图 5-43 所示。

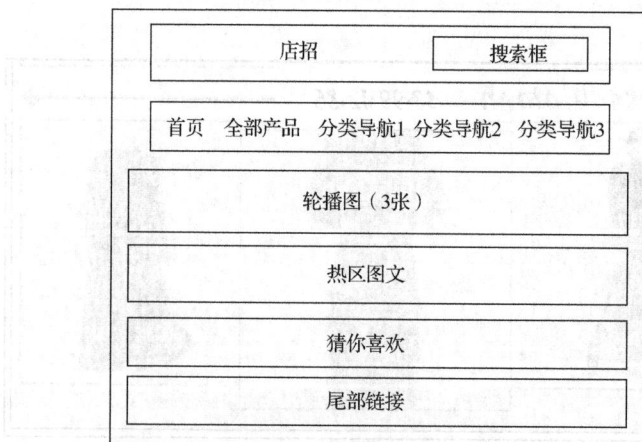

图 5-43 简单的页面框架图

（3）准备设计素材。设计素材主要包括产品照片、文案、品牌 Logo 和装饰性素材。产品照片尽量选择高像素、拍摄角度能满足设计需求的图片。例如，服装类产品需要产品细节图，3C 类产品需要产品功能图等。文案包括营销文案、活动文案和产品文案。不管是哪种文案，突出主题是最基本的要求。设计品牌 Logo 时，应当准备多种格式的高像素图片。装饰性素材应与活动主题、目的相适应。另外，所有设计素材都应该符合目标市场的风俗习惯。

设计师应多观察平台优质店铺和相关设计网站的设计风格，这样有助于开阔眼界。设计师只有跟随当前的设计潮流，才能不断创新。常用的设计网站有 CND 设计网、大作、站酷（ZCOOL）、Dribbble、Howdesign 等。

2. 店铺装修的实施

准备工作做好以后，卖家接下来就可以通过速卖通平台提供的装修工具进行装修了，单击"店铺"下的"店铺装修"就可以进入装修后台，如图 5-44 所示。

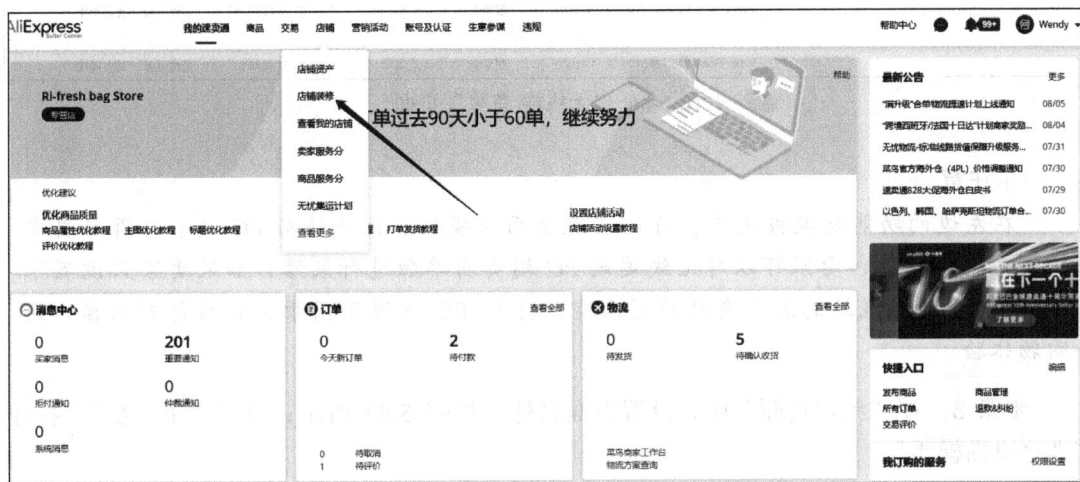

图 5-44 进入"店铺装修"路径页面

下面以无线端为例，介绍店铺装修的相关技巧。

（1）新增页面

步骤 1：登录速卖通后台，单击"店铺"下的"店铺装修"，再单击"进入装修"进入"我的页面"页面，如图 5-45 所示。

图 5-45 "店铺装修"页面

步骤 2：在打开的"我的页面"中，在"页面"中单击"无线端"下的"首页"，打开"无线端/首页"页面，如图 5-46 所示；单击"新增页面"，打开"新增页面"。

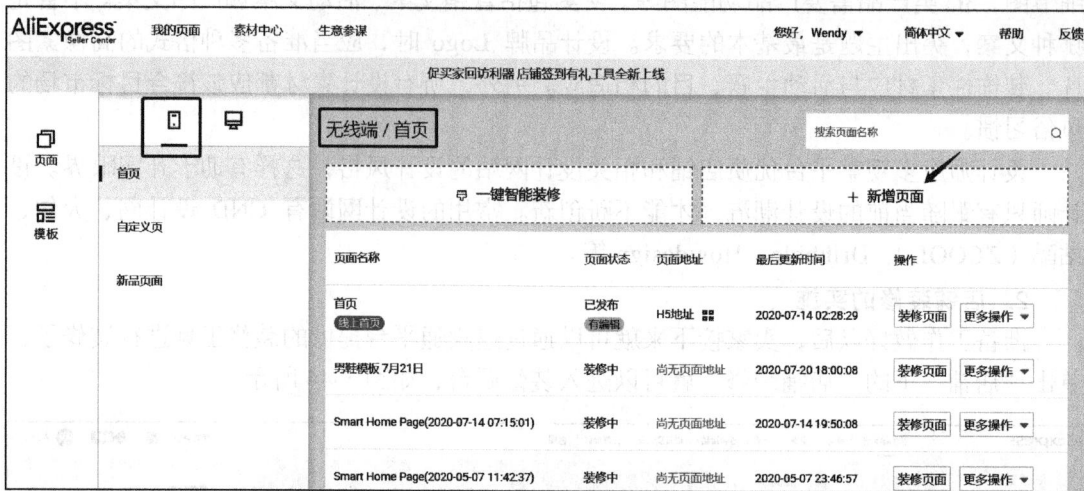

图 5-46 "无线端/首页"页面

> **注意**
>
> 在左边的功能切换板块中，可以实现页面与模板、无线端与 PC 端、首页与自定义页之间的切换，卖家可以对无线端或 PC 端页面单独进行装修；如果卖家只设置了 PC 端页面，无线端的客户看到的页面就不会与 PC 端页面同步，从而会影响客户的购物体验。

步骤 3：在"新增页面"中，设置页面名称，如图 5-47 所示；单击"下一步"，打开"选择页面模板"。

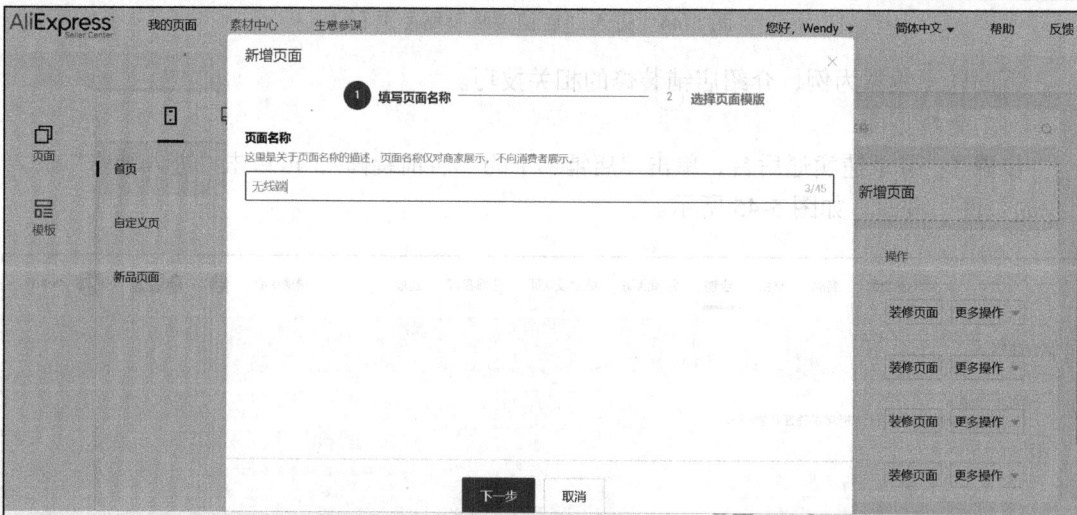

图 5-47 设置页面名称

步骤 4：在打开的"选择页面模板"中，选择适合自己店铺的模板，如图 5-48 所示，单击"确定，开始编辑"按钮，即可成功创建模板。

　　由于模板里的每一张图都具有引导客户的作用，建议新手卖家参考官方模板（免费）或第三方设计师模板（个性化定制，功能强大，装修方便，需要付费）；如果是有经验的卖家，则可以自由发挥。

图 5-48　"选择页面模板"页面

（2）编辑页面

　　模板创建成功之后，系统默认打开无线端装修页面（见图 5-49），页面分为两个部分，图左边为通用模块，包括图文类、营销类和产品类 3 个子模块，图右边为店铺装修页面——卖家在编辑过程中可以采用左边的若干图文类、营销类、产品类子模块进行店铺装修。下面接着介绍如何进行从顶端（店招）到底部相应模块的装修。

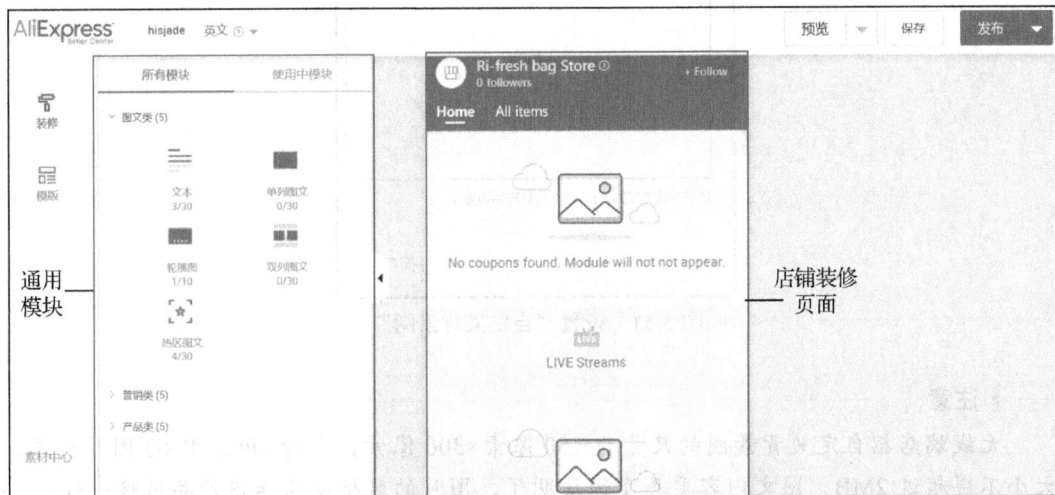

图 5-49　无线端装修页面

① 设置店招。单击店招所在模块的任意位置，可以设置店招的背景，包括"默认背景"和"自定义背景图"两种模式，如图 5-50 所示。此处选择"自定义背景图"，如图 5-51 所示。然后，卖家既可以单击"上传图片"，上传已经制作好的店招图片，也可以单击"在线制作"。

店招的设置过程

图 5-50　无线端店招设置页面

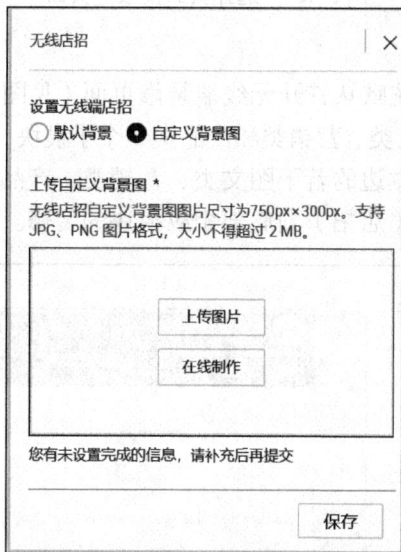

图 5-51　设置"自定义背景图"

注意

无线端店招自定义背景图的尺寸为 750 像素×300 像素，支持 JPG、PNG 图片格式，大小不得超过 2MB，图文内容要尽量简洁明了，图片的风格要与店内产品风格一致。

PC 端店招与无线端店招的设置方法类似，主要区别如下。

- PC 端店招除了可以设置店铺招牌以外，还可以设置店铺导航。店铺导航的打开方式与店招一样，这里不再赘述。系统默认店铺导航是不可编辑的，其他栏目则可以自由编辑。单击导航名称可以进行编辑，也可以添加自定义导航。编辑完成之后，单击"保存"按钮即可。"店铺导航"设置页面如图 5-52 所示。

- PC 端店招的设置要素包括店铺名称、店铺 Logo 和自定义背景图。店铺名称在店铺开通的时候就已经设置好了，一般不可修改。PC 端的店铺 Logo 的高度应为 72 像素，宽度应为 72～640 像素；自定义背景图的尺寸要求为 1920 像素×90 像素，支持 JPG、PNG 图片格式，大小不得超过 2MB。PC 端的店铺 Logo 和自定义背景图的设置方法与无线端的设置方法一样。

② 设置营销类模块。无线端的智能化程度越来越高，营销类模块不用过多装修，它会自动抓取已经设置的优惠券，如果卖家没有设置相关优惠券，也可以从装修营销类的属性端口单击进入设置，如图 5-53 所示。

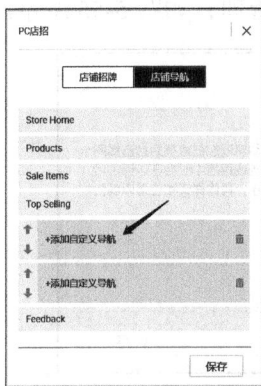

图 5-52　"店铺导航"设置页面

图 5-53　"优惠券"模块设置页面

此外，除了系统默认的模块外，卖家还可以根据店铺整体的设计需要，添加相应的模块，如满件折、粉丝专项优惠券、邀请活动、粉丝专项折扣价商品和店铺签到有礼等模块，系统同样会自动抓取已经设置的相应模块的信息。图 5-54 所示为"粉丝专项优惠券"模块设置页面。

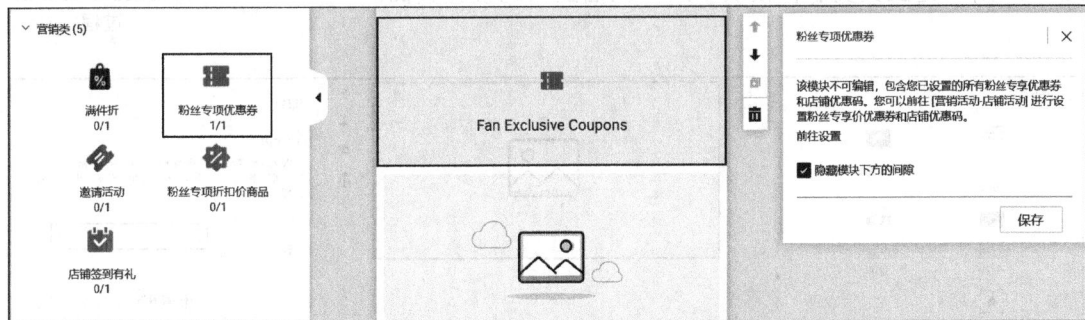

图 5-54　"粉丝专项优惠券"模块设置页面

设置营销类模块的其他模块的方法与设置粉丝专享优惠券的方法类似。

满件折：包含卖家已设置的所有满件折商品。卖家可以前往"营销活动"中的"店铺活动"进行设置，设置完成约 3 小时后生效。当满件折商品数量少于 3 个时，该模块在 PC 端不展示。

邀请活动：此模块主要展示已经设置的邀请活动，卖家需确保在营销活动中已配置此邀请活动，否则此模块不会在买家端显示。配置后，卖家可以使用 AliExpress App 扫码预览。

粉丝专享折扣价商品：此模块主要展示已设置的所有粉丝专享折扣价商品。卖家可以前往"营销活动"中的"店铺活动"进行设置，设置完成约 3 小时后生效。当粉丝专享折扣价商品数量少于 3 个时，该模块在 PC 端不展示。

店铺签到有礼：此模块主要是为了增加店铺的流量，是维系老客户的得力工具。店铺签到有礼需要提供店铺金币及优惠券权益，卖家需要确保店铺金币活动已开启并有计划地设置店铺专属优惠券，否则会影响签到组件的正常使用。

③ 设置直播模块。直播已经成为跨境电商中不可或缺的一个模块，也是速卖通店铺装修中的标配模块，不可移动，不可删除。此模块不用编辑，系统会自动抓取直播后台已设置同步到店铺的直播间，卖家也可以在后台进行直播间的设置与管理，如图 5-55 所示。

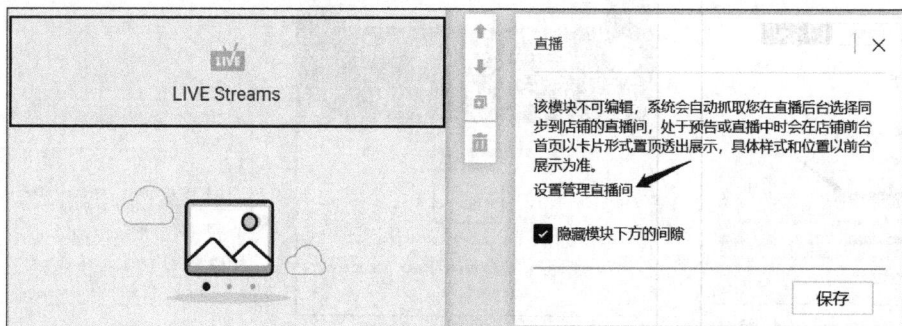

图 5-55 "直播"设置页面

④ 设置图文类模块。图文类模块是目前应用得最广泛的模块之一，也是速卖通店铺装修中的一个必备模块，包括文本、单列图文、轮播图、双列图文、热区图文等常用模式，下面以设置轮播图为例进行讲解。图 5-56 所示是图文类装修模块中的"轮播图"的设置页面。

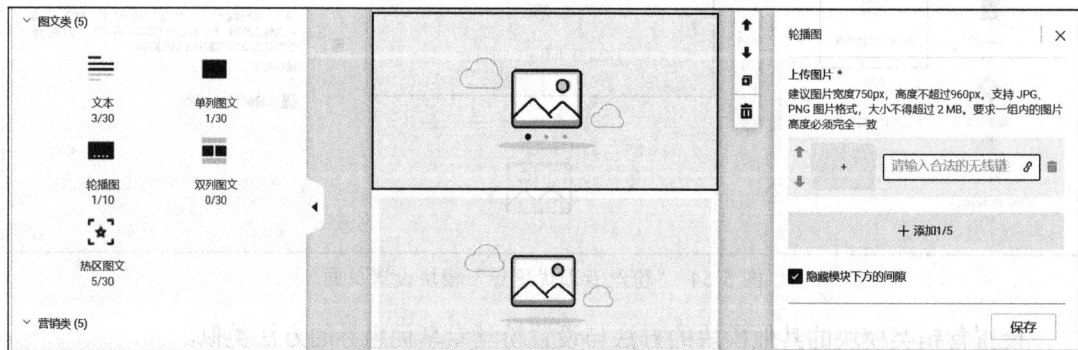

图文类模块的设置过程

图 5-56 "轮播图"设置页面

步骤 1："轮播图"设置页面，将鼠标移动到图 5-57 所示的"+"周边区域，出现"上传图片"按钮，单击"上传图片"，可以上传已经制作好的店招图片；也可以单击"在线制作"，现场制作需要上传的轮播图片。

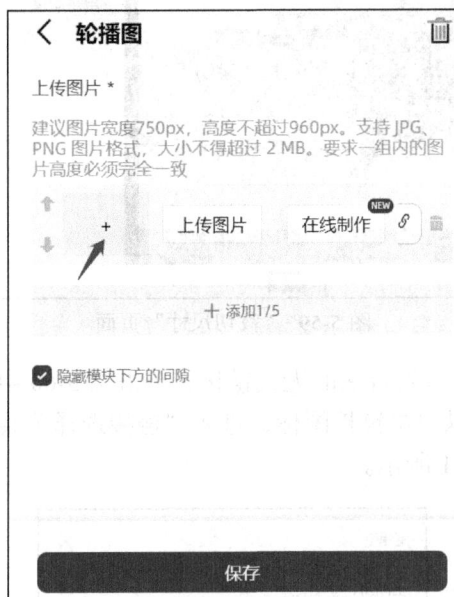

图 5-57　"上传图片"页面

上传图片的要求如下：宽度为 750 像素，高度不超过 960 像素，支持 JPG、PNG 图片格式，每张图片的大小不能超过 2MB，要求同一组内的图片高度必须完全一致，这样轮播的效果才会比较整齐，否则就会显得不够专业，影响整体视觉效果和客户体验。

步骤 2：上传并选择图片，按要求将图片上传到速卖通的图片空间，如图 5-58 所示；双击要上传的图片，进入"裁切尺寸"页面，如图 5-59 所示，可以对图片进行旋转与翻转，或者跳过裁切，直接单击"确定并保存"，退出该页面。

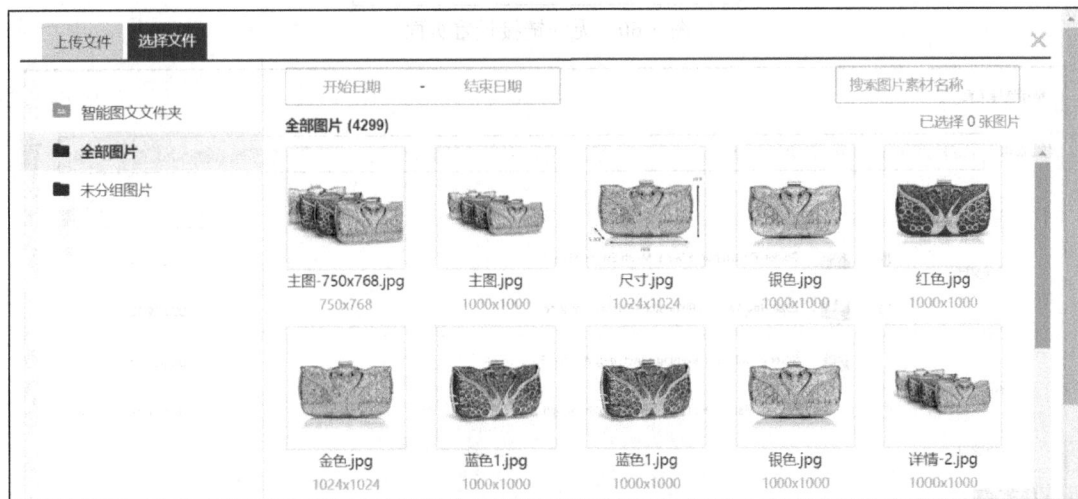

图 5-58　"选择文件"页面

图 5-59　"裁切尺寸"页面

步骤 3：给轮播的图片设置合法的无线链接，单击图 5-60 中的输入框，可以直接输入图片要链接的网址；也可以单击链接图标，进入"链接选择工具"页面，直接勾选需要链接的产品或类目，如图 5-61 所示。

图 5-60　无线链接设置页面

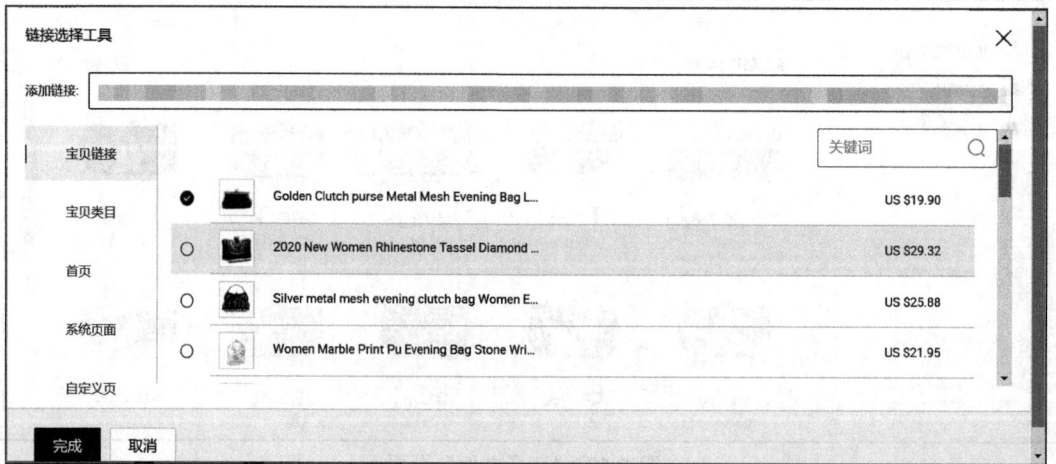

图 5-61　"链接选择工具"页面

步骤 4： 重复以上的步骤，完成 5 张以内的轮播图的设置。

> ▌注意▐
>
> 　　轮播图最多可以设置 5 张。为了保证良好的视觉效果，同一组图片的高度必须一致，否则轮播时候会出现凹凸不平的情况。

设置图文类的其他模块的方法与轮播图设置类似。

- 在文本模块，卖家可以配合装修需要，从大标题、中标题、正文三者中选择一项作为需要设置的样式，输入相应的英文文案，并可为文案添加对应的无线链接。如果需要展现的条目内容较多，卖家可以反复多次拖曳文本模块。

- 单列图文是店铺装修中应用得比较广泛的模块，卖家可以上传图片，并为图片配备相应的英文文案，为文案添加对应的无线链接。建议图片的宽度为 750 像素，高度不超过 960 像素，采用 JPG、PNG 格式，大小不得超过 2MB。

- 双列图文也是店铺装修中应用得比较广泛的模块，与设置单列图文模块的操作类似，不同的是，双列图文的排列方式为左右并列，卖家也可以上传图片，并为图片配备相应的英文文案，为文案添加对应的无线链接。建议图片宽度为 351 像素，高度不超过 960 像素，采用 JPG、PNG 格式，大小不得超过 2MB。

- 热区图文主要是通过展现图片，给图片编辑相应的热区以链接指定无线链接的一个模块。建议图片宽度为 750 像素，高度不超过 960 像素，采用 JPG、PNG 格式，大小不得超过 2MB。

⑤ 设置产品类模块。产品类模块是店铺装修中的落脚点、核心点，涉及产品的排列与展示方式，包括产品列表、排行榜、猜你喜欢、智能分组和新品等常用的装修模块。下面以设置产品列表模块为例，讲解产品类模块的装修方法。图 5-62 所示为产品类模块中的"产品列表"的设置页面。

产品类模块的设置过程

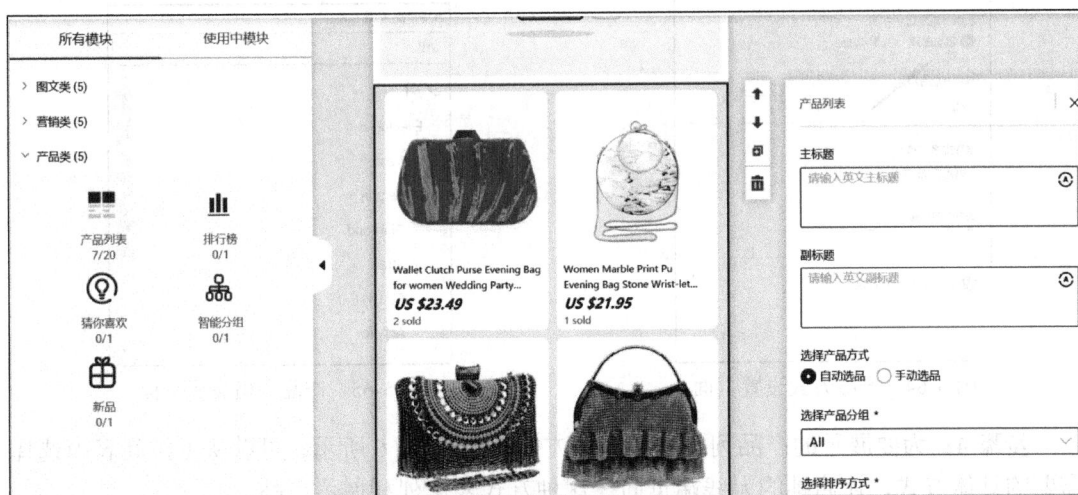

图 5-62　"产品列表"设置页面

步骤 1： 依次单击"主标题"框和"副标题"框，如图 5-63 所示，为将要展示的产品列表撰写一个主标题和一个副标题，让产品的展示有主题（如受欢迎模块、最新上架模块、折扣大模块等），以此来吸引消费者的注意，提升产品的点击率与转化率。

图 5-63　标题设置页面

步骤 2： 为要展示的产品列表选择产品方式，如图 5-64 所示，卖家可以选择"自动选品"，让系统根据相关条件进行自动筛选；也可以选择"手动选品"，按自己的需要一一定制。

步骤 3： 为要展示的产品列表选择产品分组，如图 5-65 所示，卖家可以从店铺的下拉分类列表中选择需要展示的分组；也可以先选择"All"，再通过下方列出的条件选出要展示的产品。

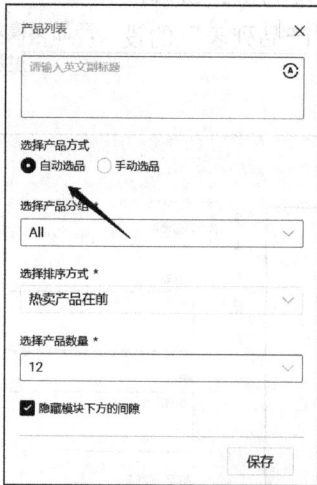

图 5-64　产品方式设置页面

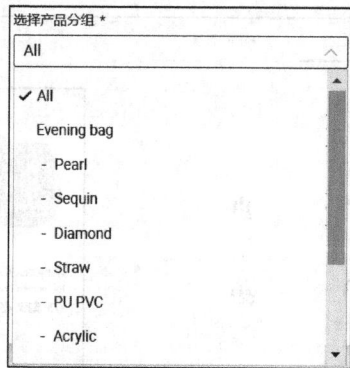

图 5-65　产品分组设置页面

步骤 4： 为要展示的产品列表选择排序方式，如图 5-66 所示，可以从下拉列表中选择需要的具体方式，让店铺的无线端页面按这种方式来排列和展示产品。

步骤 5： 为要展示的产品列表选择产品数量，如图 5-67 所示，可以从下拉列表中选择需要展示的产品数量，让店铺的无线端页面展示相应数量的产品。

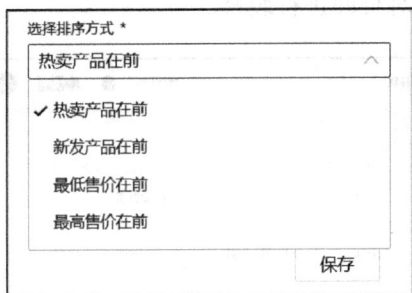

图 5-66　选择排序方式

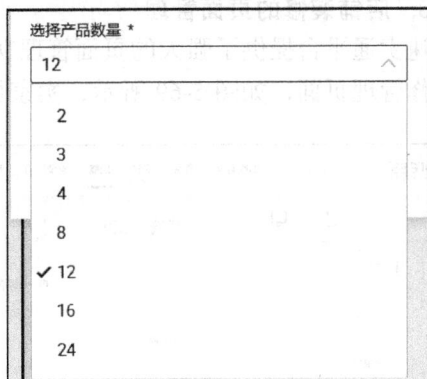

图 5-67　选择产品数量

产品类的其他模块的设置方法与产品列表模块的设置方法相似。

- 排行榜默认展示整个店铺中排在前 3 名的热卖产品（按最近 3 个月的销量排序），引导买家购买。

- 猜你喜欢模块不可编辑，系统会基于算法自动向买家推荐适合他的产品，产品实时千人千面露出。

- 智能分组模块也不可编辑，系统会基于算法自动向买家推荐适合他的产品分组，产品实时千人千面露出。卖家应保证自己已设置 3 个及以上的产品分组。若产品分组不足 3 个，此模块会自动隐藏。

- 新品模块亦不可编辑，系统会基于算法自动向买家推荐适合他的新产品，产品实时千人千面露出。卖家应保证 1 个月内已发布 5 个及以上的新产品。若新产品不足 5 个，此模块会自动隐藏。

（3）发布页面

卖家设计完店铺内所有需要设计的元素之后，可以单击右上角的"预览"，确认无误后单击"发布"按钮，等待 5～10 分钟，页面即可发布成功，如图 5-68 所示。

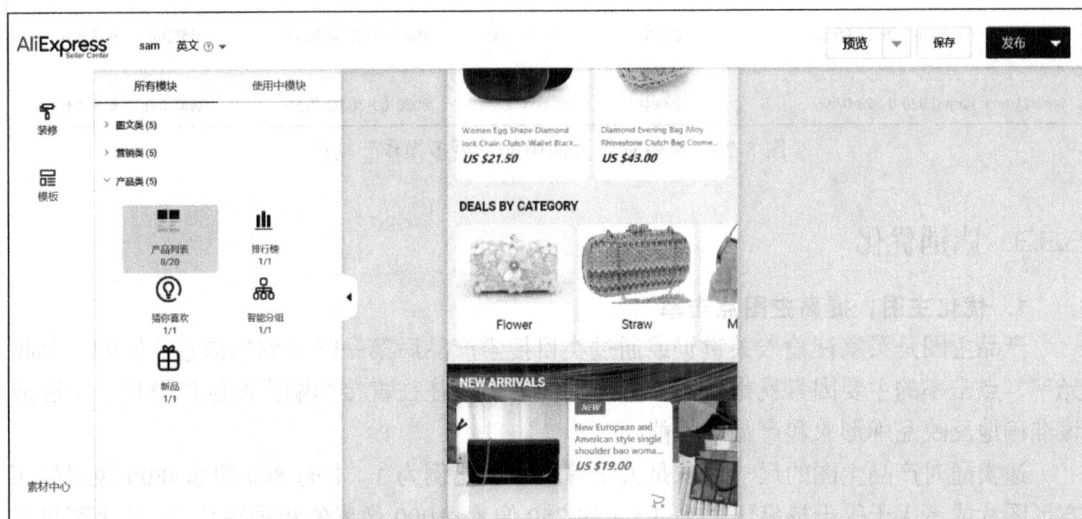

图 5-68　预览与发布页面

3. 店铺装修的页面管理

速卖通平台提供了强大的页面管理功能。卖家单击"店铺"下的"店铺装修"，可以打开装修管理页面，如图 5-69 所示，卖家可以在这里对页面进行装修。

图 5-69　装修管理页面

在装修管理页面中单击"更多操作"，可以对页面进行设为首页（如果已经有激活的首页则不可用）、预览、重命名、复制页面、复制链接等操作，如图 5-70 所示。

图 5-70　装修管理页面中的"更多操作"功能

5.3.3　店铺优化

1. 优化主图，提高主图点击率

产品主图是买家在输入关键词或通过类目搜索产品后第一眼看到的信息。影响产品曝光率、点击率的主要因素就是产品图片。主图的质量往往直接影响产品的浏览量，主图应该准确地反映品牌形象和产品的性能。

速卖通对产品主图的尺寸要求是大于等于横纵比例为 1∶1 的 800 像素×800 像素的正方形图片或者大于等于横纵比例为 3∶4 的 750 像素×1000 像素的矩形图片。产品主图可以展示 6 张，产品占主图面积的 70% 以上，Logo 统一放在图片的左上角，避免出现中文和水印，要能突出产品的重要卖点。

主图的背景色为白色或纯色（白底主图优势明显）；风格简洁、图片清晰；产品主体突出；没有其他干扰买家注意力的背景装饰，主图在店铺产品页面展示时的整体视觉效果应整洁、干净。

主图的作用是提高曝光率和点击率。卖家在设置产品主图时需要掌握主图的优化技巧和注意主图的设计误区。

（1）主图的优化技巧

主图的优化技巧如下。

① 卖家在制作主图的时候，可以引入热销词和热搜词，如描述材质、颜色、风格等的词语，作为产品的卖点。

② 时尚类目可以引入模特主图，功能性产品可以引入使用场景图等。

③ 制作一些与众不同、有创意的图片，用以引发买家的好奇心，如在主图中植入视频、添加播放按钮标志等。

④ 使用多图、细节图。卖家应充分利用主图展示产品的特征，通过多图、细节图尽量让买家全面了解产品的基本情况。

⑤ 文字大小的设置以信息清晰为准，图文分离表达。

⑥ 图片大小适中，图片占屏宽的 2/3。

（2）主图的设计误区

主图的设计误区如下。

① 产品主次不分。

② 画面杂乱，主体不突出。

③ 主图背景和产品颜色一样，无法突出产品。

④ 产品角度选择不当。

⑤ 产品文案过多，盖住了主体。

2. 优化详情图，提高产品详情页的转化率

产品详情页如何实现高转化率，一直以来都是困扰跨境电商运营人员的难题。对于网上展示的产品，人们只能看见图片信息，摸不着实物。要想让客户了解产品，甚至认同产品，准确呈现产品详情页的内容就显得非常关键。

如今的外贸市场，受原材料价格上涨、经济市场波动等诸多因素的影响，已经不能简单地凭借超低价格来赢得市场，这也就意味着我们要在产品、推广等方面下功夫。

在速卖通店铺的运营中，产品主图的作用是将客户吸引进来，而产品详情页则承担着将客户留下并促成交易的重要任务。那么，如何才能优化产品详情页，实现高转化率呢？

（1）精准定位

精准定位主要是指风格定位和人群定位。

① 做好产品详情页的风格定位。风格定位对产品详情页来说至关重要，产品详情页的风格要以产品的主要特征为基调进行设计。例如，店铺卖的是芭比娃娃，产品详情页的色调最好以粉色为主，走轻快、浪漫的路线，不宜采用灰色、黑色等暗色调，因为灰色、黑色等暗色调无法使产品详情页与产品风格很好地融合。准确的产品详情页风格定位能让客

户迅速融入产品氛围，从而使客户更容易对产品产生认同感。

② 做好产品详情页的人群定位。这里的人群定位主要分为两个部分：一是目标市场定位，二是客户定位。目标市场定位是指确定产品销售的方向，如是销往欧洲还是非洲，是销往发达国家和地区还是发展中国家和地区等；客户定位主要指确定产品销售的对象，如是老年人还是青年人等。

（2）完善产品信息

产品详情页的作用在于让客户了解产品、信任产品，进而购买产品。它追求在较短时间内，快速准确地传达产品信息。简单来说，它的作用就是在短时间内，让客户了解产品或服务如何使他受益；如果客户对这个产品或服务感兴趣，他接下来应该做什么。

当然，在对产品信息进行表达的时候，卖家要特别注意以下两点。

① 避免使用术语。过于专业的术语表达会让客户感到迷惑。所以，除非 95%以上的客户都能清楚了解术语的准确含义，否则应尽量避免使用术语。

② 卖点清晰。一个产品可以有多个卖点，但真正的卖点往往只有一个。我们要准确抓住客户的"痛点"，从而有针对性地提取产品的卖点，然后在产品详情页中不断强化此卖点。无论是图片的形式还是文字的形式，卖家在编辑产品详情页时都需要对卖点进行多次强调，以确保产品的主要卖点能在客户的心目中留下深刻的印象。

（3）赢得客户信任

产品详情页主要以产品的特点为出发点，配合标题、主图等元素，真实地表达产品的基本属性。一般来说，产品详情页的主要设计思想为"产品价值+卖家价值=客户信任"。

产品详情页的前半部分主要诉说产品自身的价值，后半部分则应该尽可能地展示卖家价值。卖家价值可以通过卖家拥有哪些优质资源、能提供哪些服务、能够解决哪些问题等方面来体现。卖家应通过产品详情页充分展示自己的优势，让客户的信任感从产品延续到公司的实力上，这有利于后续的询盘及订单的转化。

（4）设计关联营销

关联营销在产品详情页中的作用也不容忽视。适当的关联营销不仅能有效降低店铺内其他产品的推广成本，而且能增加客户的访问深度，帮助店铺以最低的成本实现一个甚至多个询盘的转化。但在进行产品的关联营销时，卖家要特别注意产品之间是否存在共同点，而不能只是为了关联而关联。不恰当的关联不仅无法实现有效的产品推广，而且有可能给客户造成强制营销的感觉，影响订单的转化。在数量上，关联营销的产品数量最好控制为3～12个。当然，关联营销产品的摆放位置和选择也是有讲究的，具体如下。

① 放在产品详情页的上方。产品详情页的上方适合放置转化率较高的产品，可增加成交量，帮助店铺获取更多的流量。

② 放在产品详情页的中部。产品详情页的中部适合放置配套产品，形成配套关系，如衣服搭配鞋子、羽毛球拍搭配羽毛球等。

③ 放在产品详情页的尾部。客户看到产品详情页的尾部，基本上已经决定了要不要购买该产品。为了避免客户因对价格不满意或产品不符合其期望而关闭页面，卖家可以在产品详情页的尾部对同类产品、热销产品进行关联，争取把客户留下来。

任务实训1　设置用于发布连衣裙、手机壳和男鞋的3个类型的运费模板

【实训目标】

能根据店铺商品的实际情况设置最适合商品的运费模板

【实训内容】

根据店铺不同的商品设置满足以下要求的运费模板。

1. 根据表 5-4 给出的收费参考标准给 2kg 以内的、价值在 5 美元以上的连衣裙，设置"无忧标准、中国邮政挂号航空小包"的万能运费模板。

2. 为一款 100g 的手机壳配件设置一个专门的运费模板，要求使用"菜鸟超级经济—燕文""中国邮政平常小包+"两种经济类物流方式部分国家包邮（前 7 区包邮，参考万能模板收费标准）；"中国邮政挂号小包""AliExpress 无忧物流—标准"两种标准类的物流方式和"DHL"这种"快速类"的物流方式均收取"标准运费"。

3. 为一款高货值的超过 3kg 的男鞋设置一个专用的运费模板，要求设置"菜鸟大包专线""中国邮政大包""139 俄罗斯专线""J-NET 捷网""顺友特货专线"五种标准类物流方式，采用"标准运费"；同时设置"EMS""DHL""UPS 全球速快"三种快速类的物流方式，采用"标准运费"。

任务实训2　发布商品——女装连衣裙

【实训目标】

1. 能应用关键词选取技巧撰写商品标题。
2. 能根据商品特征制作合适的商品主图、细节图和商品视频。
3. 能结合商品的情况完善商品属性等描述。
4. 能结合商品与市场的情况给商品合理定价，做好区域调价以获取价格优势。
5. 能根据商品的具体情况制作商品详情页。

【实训内容】

根据店铺经营的类目，完整发布 3 款高质量的商品。

任务实训3　装修无线端与PC端的速卖通女装店铺

【实训目标】

1. 能根据店铺商品策划页面结构。
2. 能根据店铺风格设计与装修店招。
3. 能设置营销类模块。
4. 能设置直播模块。
5. 能设置图文类模块。
6. 能设置产品类模块。

【实训内容】

根据店铺的实际情况，装修无线端和 PC 端的速卖通女装店铺（包含店招、营销类模块、直播模块、图文类模块、产品类模块）。

课后习题

一、名词解释

核心词　属性词　流量词　产品属性

二、选择题

1. 速卖通商品上架的主图不能是以下哪种格式？（　　　）

　　A. jpg　　　　　B. png　　　　　C. psd　　　　　D. jpeg

2. 商品主图中最佳图片像素建议为（　　　）。

　　A. 750×750　　B. 1000×750　　C. 750×800　　D. 1000×1000

3. 商品上架发布模块不包括（　　　）。

　　A. 基本信息　　B. 价格与库存　　C. 图片处理　　D. 其他设置

4. 关于发布新商品，以下描述正确的是（　　　）。

　　A. 商品属性要填写完整、专业

　　B. 只要关键词设置了，标题中没有也是没关系的

　　C. 商品的类目可以在推荐的 3 个类目中随便选一个

　　D. 商品图片要越大越好

5. 商品视频的格式不支持以下哪种？（　　　）

　　A. VCD　　　　　B. avi　　　　　C. 3gp　　　　　D. mov

6. 主图对角长度像素达到多少以上时会拥有放大镜功能？（　　　）

　　A. 900 像素　　B. 1000 像素　　C. 500 像素　　D. 800 像素

7. 关于上传的图片内容描述正确的是（　　　）。

　　A. 可以对图片添加适当的修饰品　　B. 在图片中添加自己公司的 Logo

　　C. 在图片上打上特定的水印　　　　D. 以上说法都不正确

8.（多项选择题）一个完整的标题需要包含下面哪些内容？（　　　）

　　A. 核心词　　　B. 流量词　　　C. 属性词　　　D. 品牌词

9.（多项选择题）速卖通商品有效期有哪两种选择？（　　　）

　　A. 14 天　　　　B. 7 天　　　　C. 30 天　　　　D. 60 天

10.（多项选择题）优质的商品描述包括（　　　）。

　　A. 商品信息描述真实

　　B. 商品信息描述准确完整

　　C. 属性填写完整

　　D. 重点突出的完整标题

11.（多项选择题）下列哪些行为属于 SKU 作弊行为？（　　　）

　　A．将不同的商品放在一个链接里出售

　　B．将正常商品和不支持出售的商品放在同一个链接里出售

　　C．将常规商品和商品配件放在一个链接里出售

　　D．将不同属性商品捆绑成不同套餐或捆绑其他配件放在同一个链接里出售

12.（多项选择题）关于商品类目说法正确的是（　　　）。

　　A．必须选择类目之后才能进入商品发布页面

　　B．类目在商品排序中很重要

　　C．错误的类目选择会影响曝光

　　D．错误的类目选择会受到平台处罚

13.（多项选择题）速卖通 SKU 作弊会有哪些处罚？（　　　）

　　A．限制发布　　　　B．关闭店铺　　　　C．搜索屏蔽　　　　D．屏蔽店铺

三、简答题

1. 速卖通运费模板设置中，中国邮政挂号小包这种物流方式中包含哪几种运费收取方式？

2. 商品的标题由哪些要素组成，什么样的标题会更有竞争力？

3. 怎样给商品定价会让商品更有市场竞争力，更符合店铺的运营要求？

4. 主图的优化技巧有哪些？

5. 可以从哪些方面去优化详情图，提高商品转化率？

第6章

速卖通店铺营销与推广

知 识 目 标

（1）掌握速卖通平台活动的报名方法与技巧。

（2）掌握速卖通店铺活动的设置方法与技巧。

（3）掌握客户管理与营销的方法与技巧。

（4）掌握速卖通联盟营销的方法与设置技巧。

（5）掌握直通车推广的方法与技巧。

（6）掌握内容营销的方法与技巧。

能 力 目 标

（1）能熟练应用营销活动、客户管理与营销、联盟营销、直通车推广、内容营销等方法进行店铺的营销与推广。

（2）能够按照平台活动规则参加大促活动。

情 景 导 入

经过一系列努力，黄志远团队的店铺已经发布了 20 款产品，慢慢也有了一定的曝光量，但是总体流量还是比较少，还没有产生相应的订单。黄志远主动出击，向行业内一些运营经验较丰富的专家请教，专家们告诉他，在做好店铺的基础建设以后，接下来就需要"引流"——给店铺做营销与推广了。营销推广有免费的，也有付费的，涉及众多知识，营销人员必须认真学习，清楚其中的原理，并加以实践，不断优化营销推广效果，从而提高产品的曝光率，吸引客户浏览店铺产品、引导客户成功下单。

速卖通的营销与推广包括以下五大模块：营销活动、客户管理与营销、联盟营销、直通车推广和内容营销。单击速卖通后台的"营销活动"，可以在相应的页面中看到各个活动，如图 6-1 所示。

图 6-1　"营销活动"页面

6.1　营销活动

营销活动主要指站内营销，从发起的主体来看可以分为平台活动和店铺活动。

6.1.1　平台活动

平台活动即平台发起的综合性促销活动，平台会为这些大型活动制订专门的境外引流计划，在短时间内形成流量爆发点。

1. 平台活动的类别

（1）常见的平台活动包括全品类综合活动，如春季、夏季、秋季、冬季促销、父/母亲节活动、周年庆活动等，或者行业促销，如 3C 类产品促销等。

卖家可以根据自己产品的实际情况，选择参加平台活动。平台活动往往是整个平台在大规模引流时进行的，一旦成功参加，店铺就有机会获得比较大的流量，从而提高产品的曝光率。

卖家进入速卖通卖家后台，单击"营销活动"下的"平台活动"即可进入平台活动页面，如图 6-2 所示。

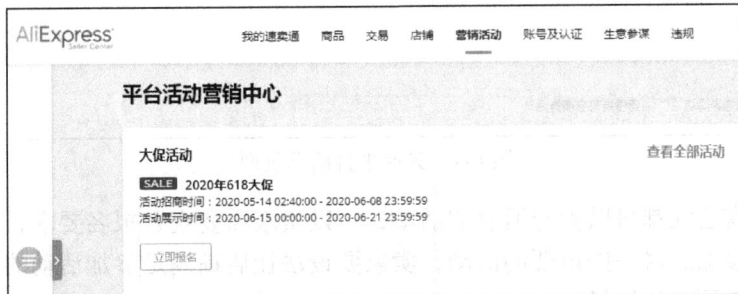

图 6-2　"平台活动"页面

（2）速卖通的平台活动还包括一些固定频道活动，固定频道活动往往是整个平台常年有计划地持续开展的引流活动，其流量相对大促活动较低，但其也是非常重要的流量来源，卖家不可忽视。参加固定频道活动有利于产品持续获得流量。图 6-3 所示为"平台固定频道活动"页面。

图 6-3 "平台固定频道活动"页面

（3）平台活动还包括以下内容：平台邀约活动、推荐活动、购物券活动等。平台根据店铺的整体运营效果，会对优质店铺进行邀请，这些活动并不针对所有卖家。店铺如果整体运营效果良好，将有机会获得平台的邀请。其他平台活动页面如图 6-4 所示。

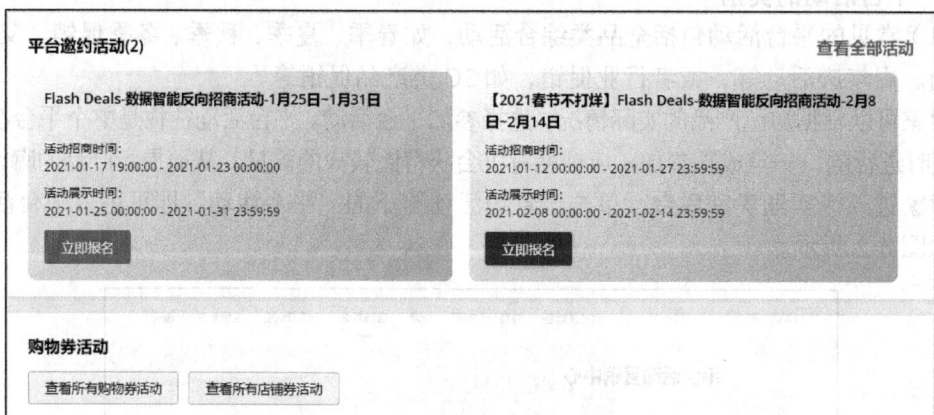

图 6-4 其他平台活动页面

并不是所有店铺都可以参与所有的活动，所以卖家需要查看报名要求，一一对照，符合条件的方可参加。对一些重要的活动，卖家要设法让店铺满足参加活动的条件，从而让店铺有机会获得更多的流量。

2．注意事项

参加活动需要注意的事项如下。

（1）禁止提价打折，且折后价为当天的最低价，卖家应以真实折扣报名。

（2）需按照平台活动的报名要求合理控制商品库存水平，报名商品上限以报名要求为准，卖家应选择最具优势的商品报名。

（3）请设置主要包邮国家和地区，加大商品的入选概率及转化率。

（4）报名商品进入"已报名"状态后无法编辑，也无法进行下架操作，卖家应认真学习各活动教程，正确报名平台活动，提升店铺的转化率。平台活动中的无线抢购、俄罗斯团购、秒杀、试用、金币兑换等不能在活动开始后添加库存，其他活动都可以在活动开始后添加库存。

6.1.2　店铺活动

店铺活动指的是卖家自主发起的店铺促销，卖家可自由选择时间、商品、促销形式、折扣或者直接发放店铺优惠券。

1．店铺活动的形式

常见的店铺活动有单品折扣、满减活动、店铺优惠券、搭配活动、互动活动、设置店铺优惠码等，如图 6-5 所示。

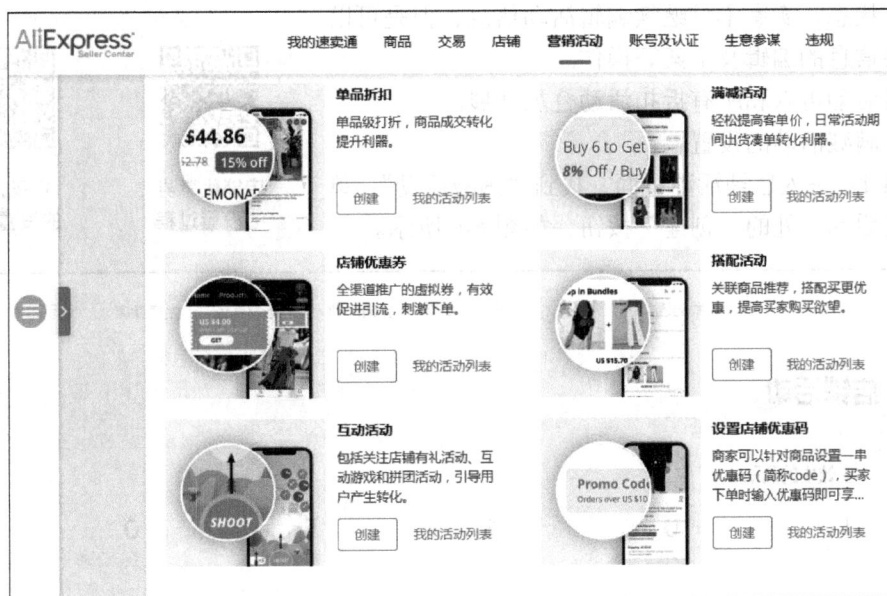

图 6-5　店铺活动页面

● 单品折扣：可以对指定的产品进行限时打折，增强客户购买的欲望，提高商品成交转化率。活动设置时间不宜过长，一般 3—7 天为宜，结合满立减和优惠券等其他活动，效果更好，活动开始后可告知老客户，尽可能招揽老客户实现成交，切忌对产品先提价后打折，一旦被平台发现，将有可能会被限制流量和展现，或者限制开展相应活动或更高的处罚。

● 满减活动：利用满减活动可以轻松提高客单价，刺激客户下单欲望，加大商品的转化率。在设置满减活动时，注意计算满立减的金额是包括了客户所购买产品的货值及运费总金额，避免出现亏损现象的发生。

● 店铺优惠券：可以实现全渠道推广的虚拟券，也可以实现有计划的"引流"，刺激新客户下单转化、老客户再次成交等。

● 搭配活动：可以实现关联商品推荐，即用搭配买更优惠的方式增强客户的购买欲望，从而有效增加商品的转化率。

● 互动活动：包括关注店铺有礼活动、互动游戏和拼团活动，可引导客户进入店铺，增加店铺的流量，刺激客户下单。

● 设置店铺优惠码：针对商品设置一串优惠码（简称 Code），可迎合境外客户的消费习惯，使客户下单时输入优惠码即可享受优惠，从而能刺激顾客下单。

2. 店铺活动的设置方法与技巧

下面以店铺满减活动为例，讲解店铺活动的设置方法与技巧。

（1）满减活动的作用及规则

满减活动的作用是提高客单价，它可以针对全店铺商品，也可以针对部分商品。

每月活动总数量为 10 个，活动总时长为 720 小时，卖家可在活动开始前 24 小时进行设置，也可提前设置下个月的活动。在活动开始前 12 小时，店铺将进入"等待展示"状态，卖家不可继续编辑活动信息，但是可以进行商品信息的编辑及下架等操作。

满减活动可以和所有折扣活动叠加开展。

（2）满减活动的设置

步骤 1：进入店铺活动页面，找到"满减活动"，单击"满减活动"处的"创建"按钮，如图 6-6 所示。

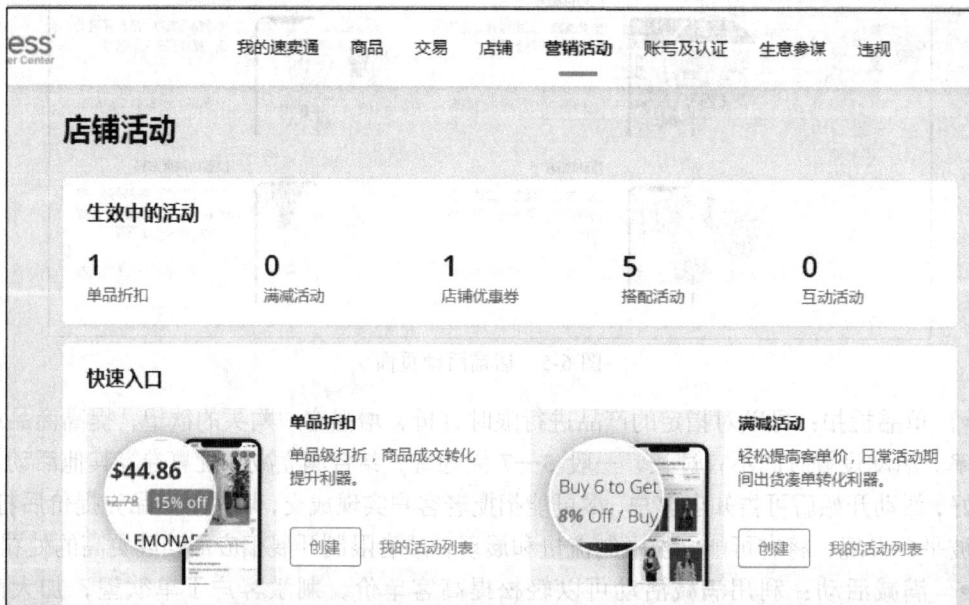

店铺满减活动的设置过程

单品折扣的设置过程

店铺优惠券的设置过程

搭配活动的设置过程

图 6-6　店铺活动页面

步骤 2：进入"创建活动"页面，如图 6-7 所示，在页面中编辑活动的基本信息。

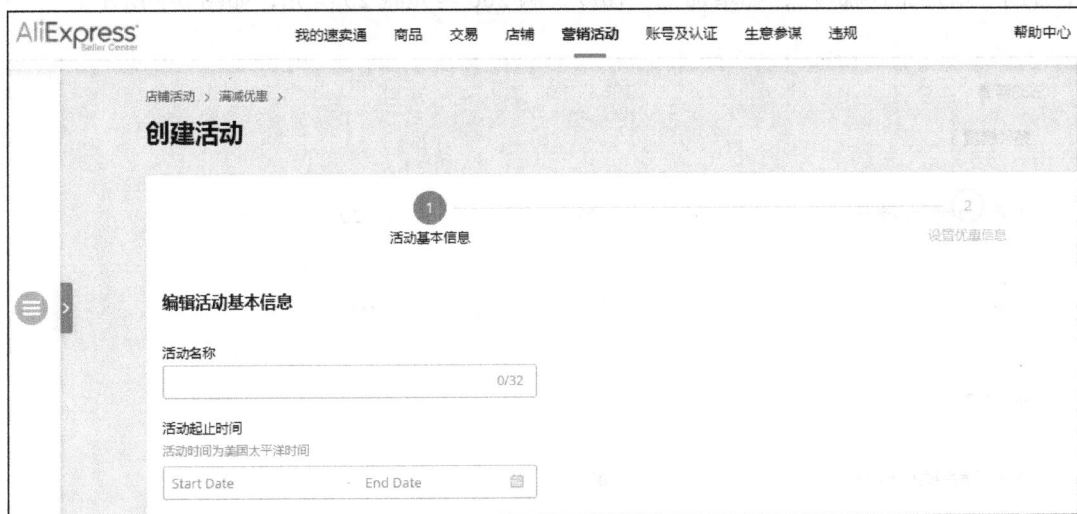

图 6-7　"创建活动"页面

活动名称：由于该内容对买家不可见，所以可以用中文填写。

活动起止时间：活动时间为美国太平洋时间，确保结束时间晚于开始时间即可。

步骤 3：设置活动类型、活动适用范围和活动详情，如图 6-8 所示。

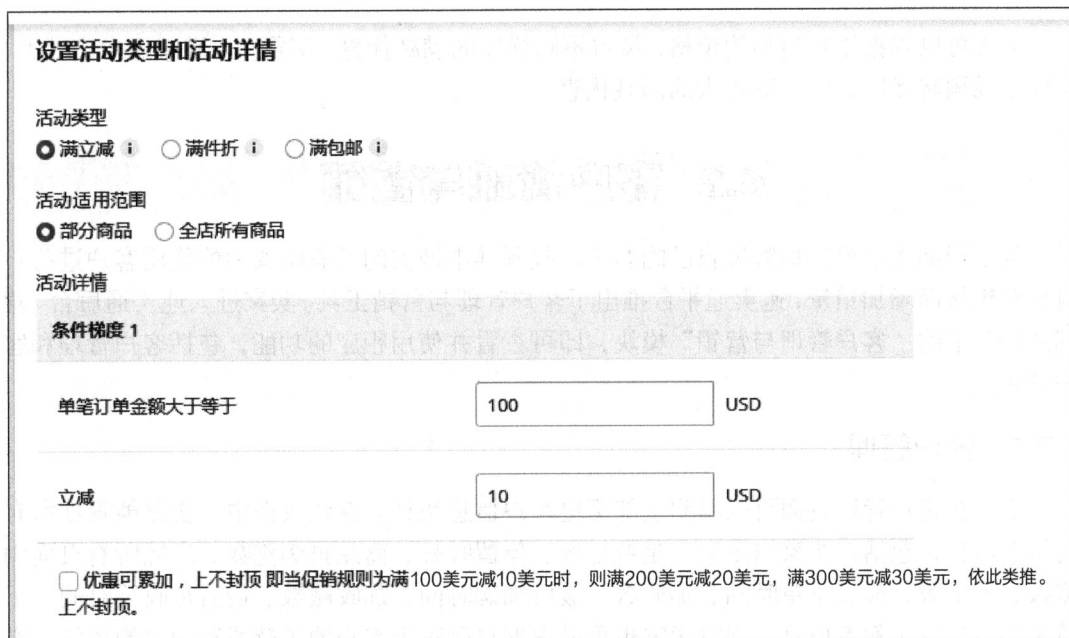

图 6-8　设置活动类型、活动适用范围和活动详情

活动类型：可选择满立减、满件折、满包邮。

活动适用范围：可以选择部分商品或者全店所有商品。例如，设置单一商品满立减，满 100 美元立减 10 美元。

条件梯度：可以选择多梯度满减或者单层级满减；如果想设置多梯度满减，可以单击下方的"增加条件梯度"，如增加一个梯度，满 200 美元减 25 美元，如图 6-9 所示。

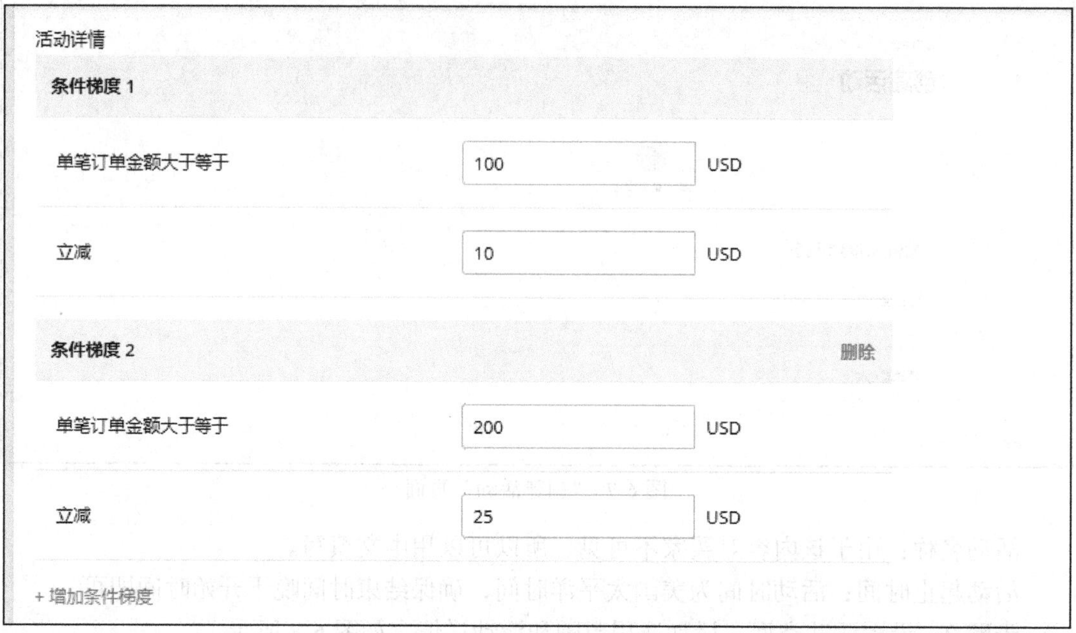

活动详情		
条件梯度 1		
单笔订单金额大于等于	100	USD
立减	10	USD
条件梯度 2		删除
单笔订单金额大于等于	200	USD
立减	25	USD
+ 增加条件梯度		

图 6-9　多梯度满减页面

卖家可以根据销售商品的价格，设置不同梯度的满减优惠。买得多，满减的力度就大，可以鼓励顾客多购买以享受更大的满减优惠。

6.2　客户管理与营销

为了帮助卖家更好地管理自己的客户，找到其中诚信的且有购买力的优质客户进行针对性营销从而增加销量，速卖通平台推出了客户管理与营销工具。卖家进入速卖通后台"营销活动"下的"客户管理与营销"模块，即可查看并使用相应的功能，包括客户管理和客户营销。

6.2.1　客户管理

卖家在客户管理页面可以看到全部历史客户信息统计。在该页面中，卖家能管理所有的买家信息，包括：买家的国家、是否粉丝、停留时长、商品页浏览数、店铺所有页面浏览数、下单数、最后下单时间、加购数、最后加购时间、加收藏数、最后加收藏时间、下单金额、支付金额等信息。同时卖家也可以根据自己对于客户的了解填写相关的备注，方便记录客户的重要信息，也可以为客户创建分组，如图 6-10 所示。这对我们每个店铺的经营者来说，是开展老客户营销的一个非常有力的工具，让我们对老客户的营销能更具体化，更有针对性。

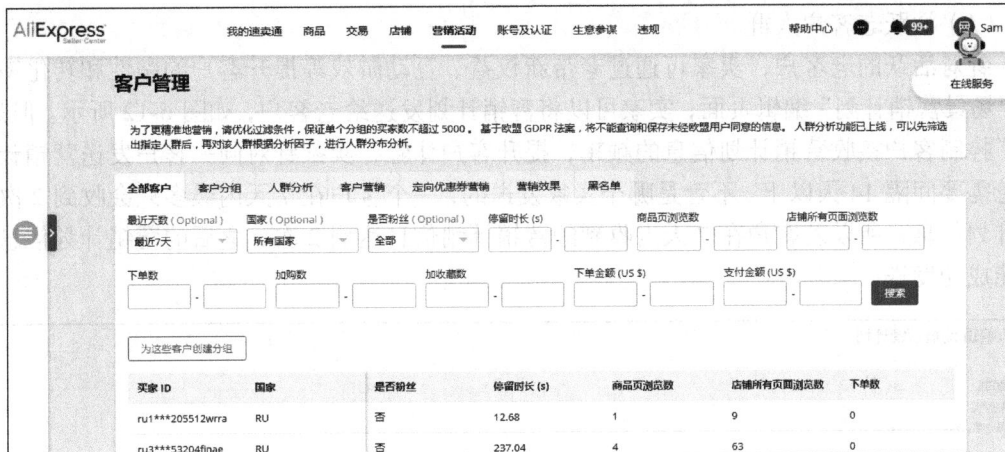

图 6-10　"客户管理"页面

除了基本的客户信息展示外，客户管理功能还支持卖家按订单先后顺序、交易次数、累计交易金额大小进行排序，方便卖家通过各种维度识别需要维护的重点客户。例如，一个客户在店内有过多笔交易，有很高的交易额，但已很久没有在店内进行购买了，这时卖家就应该联系该客户，了解其流失的原因，并有针对性地改善自己的产品或服务。再如，某一款产品近期被加购和加收藏的数量非常多，我们就可以根据客户反馈的信息，加大对这款产品的推广力度或者促销力度，从而转化更多的新客户。

6.2.2　客户营销

1. 场景营销

卖家进入"场景营销"页面，可以单击智能推荐场景卡，快速创建营销计划，也可以单击页面右侧的"新建自定义营销计划"创建自定义营销计划，如图 6-11 所示。若营销内容含有优惠券，在发放后，卖家应关注优惠券的消耗情况，及时补充优惠券库存。

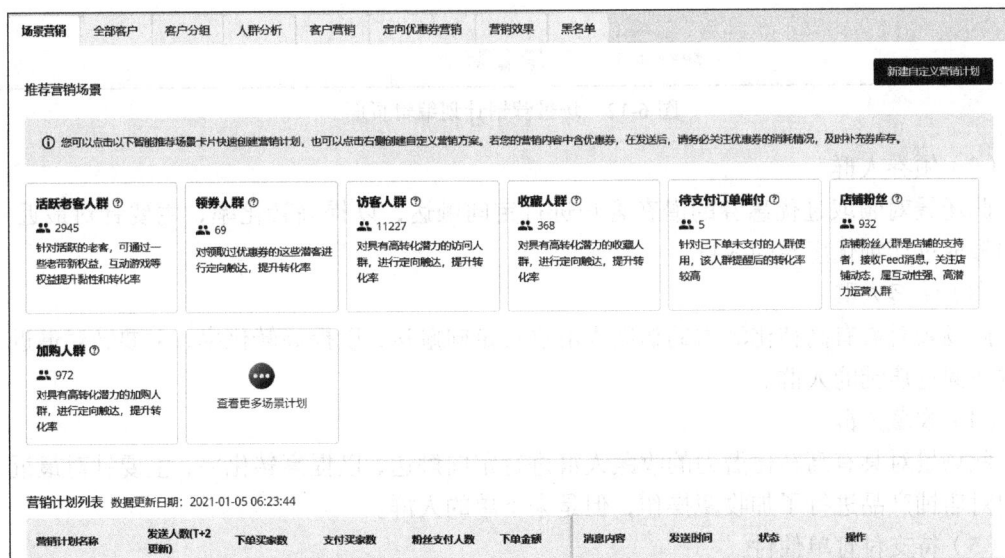

图 6-11　"场景营销"页面

（1）活跃老客户人群

针对活跃的老客户，卖家可通过老带新权益、互动游戏等提升客户的黏性和转化率。在"场景营销计划"编辑页面，卖家可以将营销计划发送给老客户，如图 6-12 所示。但是，为了控制客户接收营销计划信息的频率，提升客户体验，卖家针对同一客户发送营销计划信息需要间隔 14 天以上。不管是哪个卖家发送的，一个客户在 7 天内最多只会收到 2 次营销计划信息，所以若客户在 7 天内收到的营销计划信息达到 2 次，之后的营销计划信息就不能成功发送。

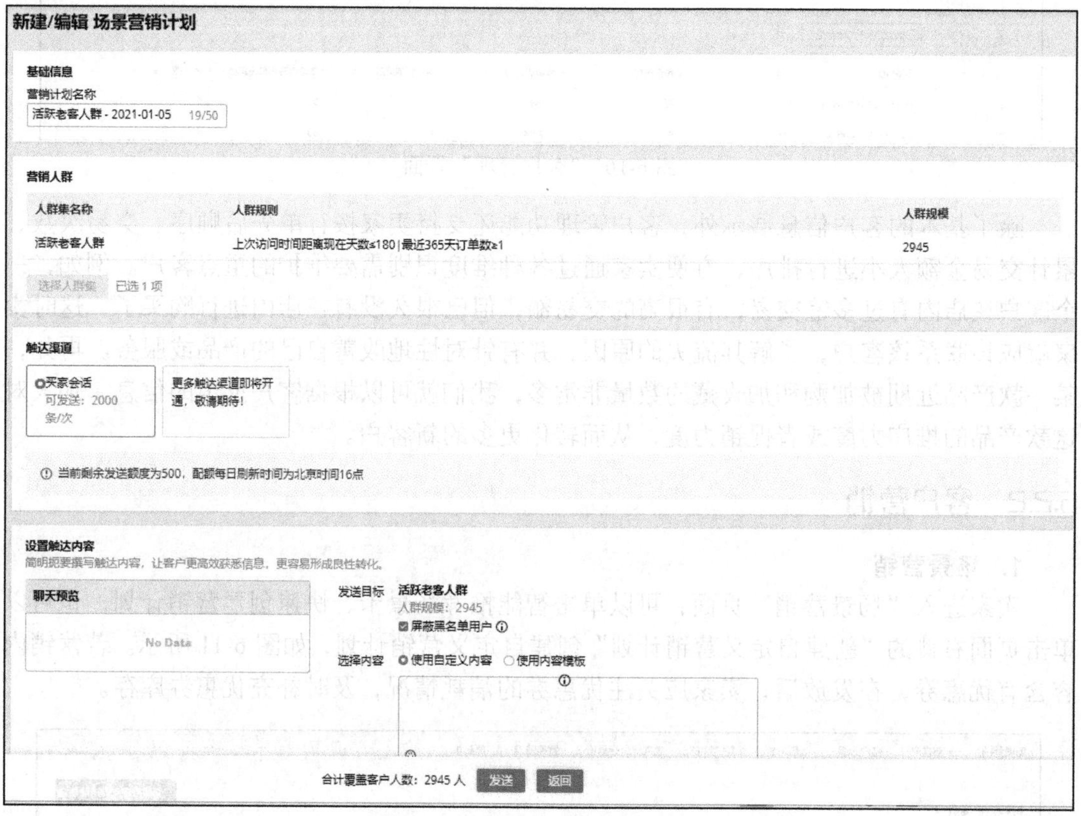

图 6-12　场景营销计划编辑页面

（2）领券人群

此场景对领取过优惠券的潜在客户进行定向触达，以提高转化率，主要针对最近 30 天内领取过店铺优惠券的人群。

（3）访客人群

此场景对具有高转化潜力的访问人群进行定向触达，以提高转化率，主要针对最近 30 天内访问过店铺的人群。

（4）收藏人群

此场景对具有高转化潜力的收藏人群进行定向触达，以提高转化率，主要针对最近 30 天内对店铺产品进行了加收藏操作，但是未下单的人群。

（5）待支付订单催付

此场景针对已下单但未支付的人群，该人群被提醒后的转化率较高，主要指近 5 天已下单但未支付的人群。

（6）店铺粉丝

店铺粉丝是店铺的支持者，会接收 Feed 消息、关注店铺动态，属强互动性、强运营潜力人群。

（7）加购人群

此场景针对具有高转化潜力的加购人群进行定向触达，以提高转化率，主要针对近 30天已加购物车但还未下单的人群。

2. 客户分组

卖家可以按照店铺和产品的营销计划来为客户创建新分组，根据营销的实质内容自定义分组的各项规则，将相同类别的客户归入同一个指定的分组，以便后期进行有针对性的营销。"创建新分组"页面如图 6-13 所示。

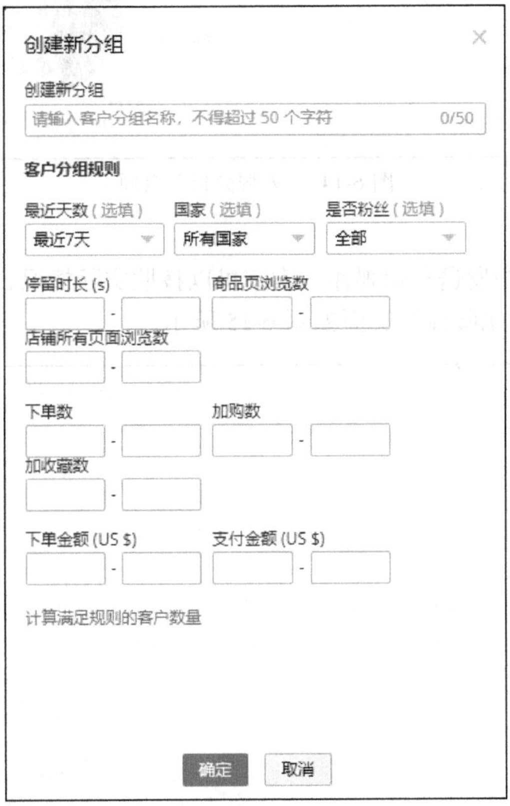

图 6-13　"创建新分组"页面

3. 人群分析

为了更精准地营销，卖家可以优化过滤条件，保证单个分组的客户数不超过 5000。基于欧盟 GDPR 法案，卖家将不能查询和保存未经欧盟客户同意的信息。卖家可以先筛选出指定人群，再根据人群分析因子（包含国家、年龄、性别、身高、是否粉丝、商品页浏览数、店铺所有页面浏览数、下单数、加购数、加收藏数、支付订单数等）对该人群进行人群分布分析。"人群分析"页面如图 6-14 所示。

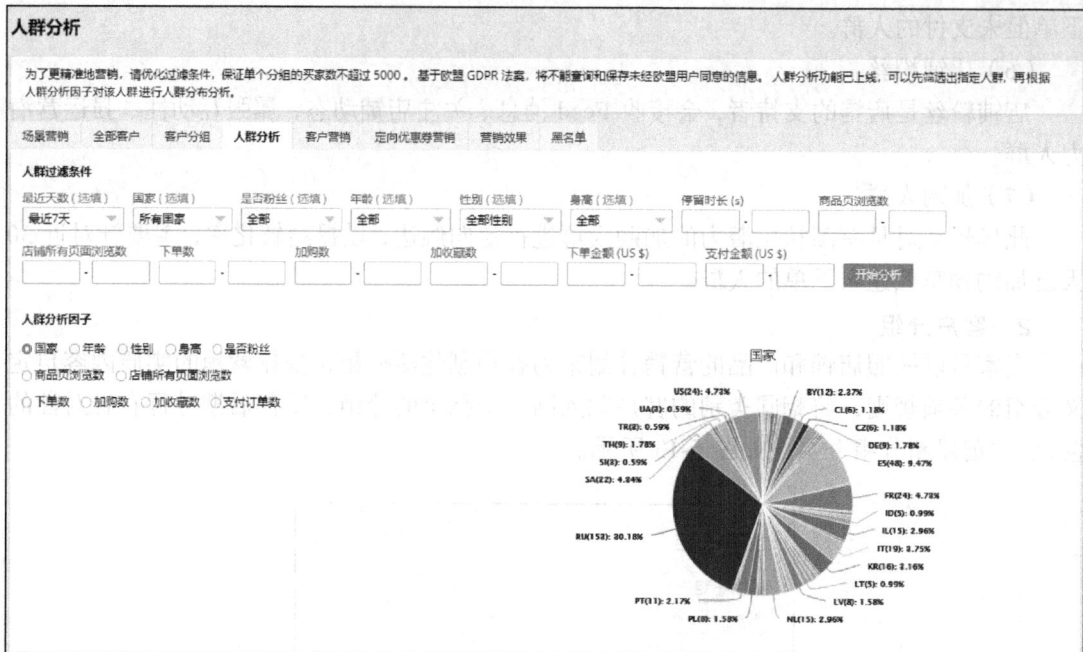

图 6-14 "人群分析"页面

4. 邮件营销

邮件营销是指给客户发送营销邮件。卖家可以按照实际情况，选择客户、营销产品等进行邮件营销。"发送营销邮件"页面如图 6-15 所示。

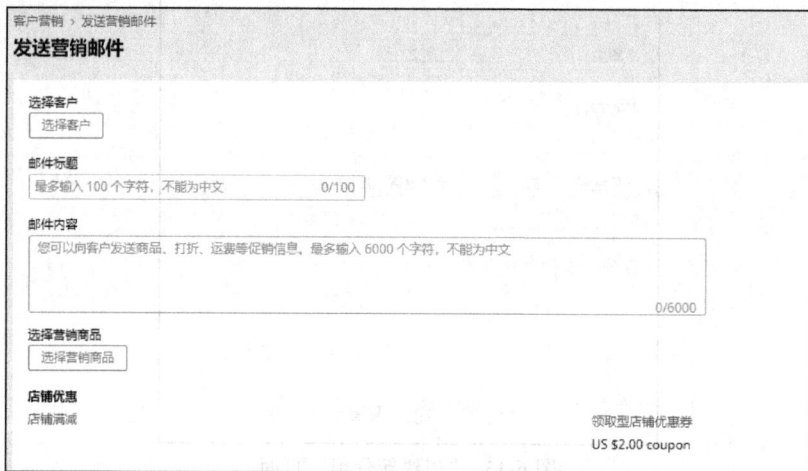

图 6-15 "发送营销邮件"页面

5. 定向优惠券营销

定向优惠券营销是指给客户发送定向优惠券。卖家可以按照实际情况，选择客户并创建店铺优惠券。"发送定向优惠券"页面如图 6-16 所示。

6. 营销效果

速卖通在客户营销模块中还设置了监控营销效果的模

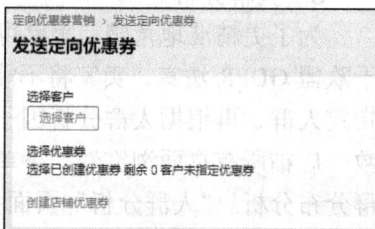

图 6-16 "发送定向优惠券"页面

块，这既方便卖家对指定时间段内的营销情况进行相应的统计，也方便卖家对营销决策的实施进行实时的跟进。"营销效果"页面如图 6-17 所示。

图 6-17　"营销效果"页面

7. 黑名单

卖家可以根据店铺的实际运营需要，将一些不够友好、对店铺成长不利的客户添加到黑名单中，从而借助速卖通提供的功能对这些客户进行一些权利的限制。"新增黑名单"页面如图 6-18 所示。

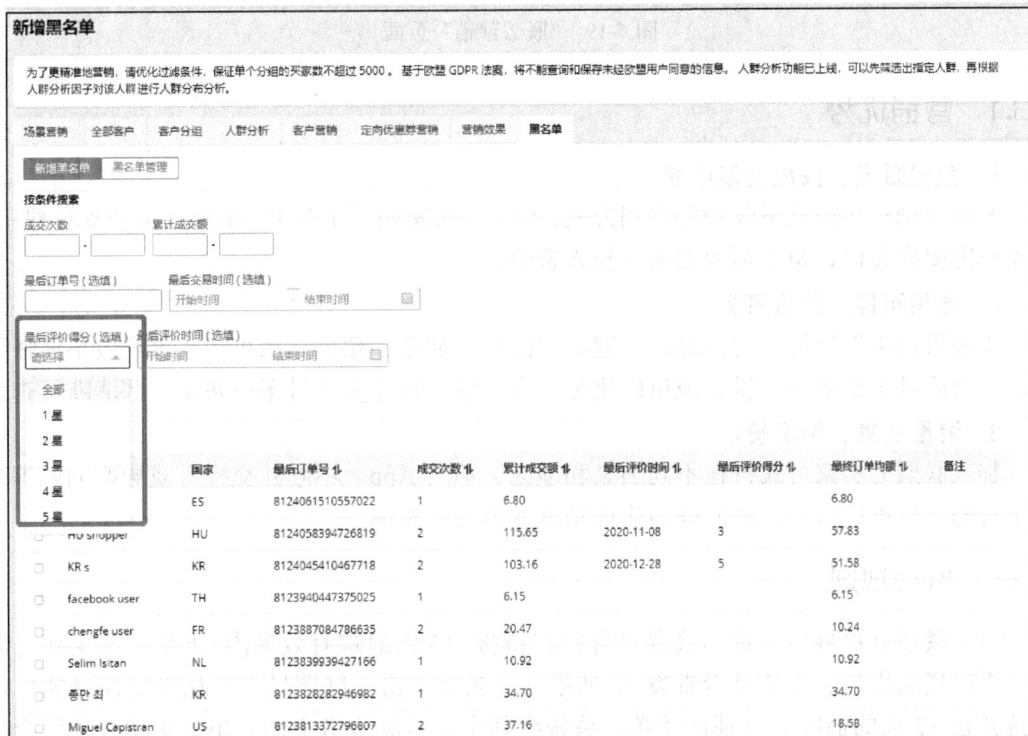

图 6-18　"新增黑名单"页面

6.3 联盟营销

速卖通联盟是帮助卖家在站外推广引流的营销产品，按成交量收费，即只有当买家通过联盟推广的链接进入店铺购买商品并交易成功时，卖家才需要支付佣金。卖家可以在联盟营销主页进行推广计划管理以及查看推广效果报表和成交详情。"联盟营销"页面如图 6-19 所示。

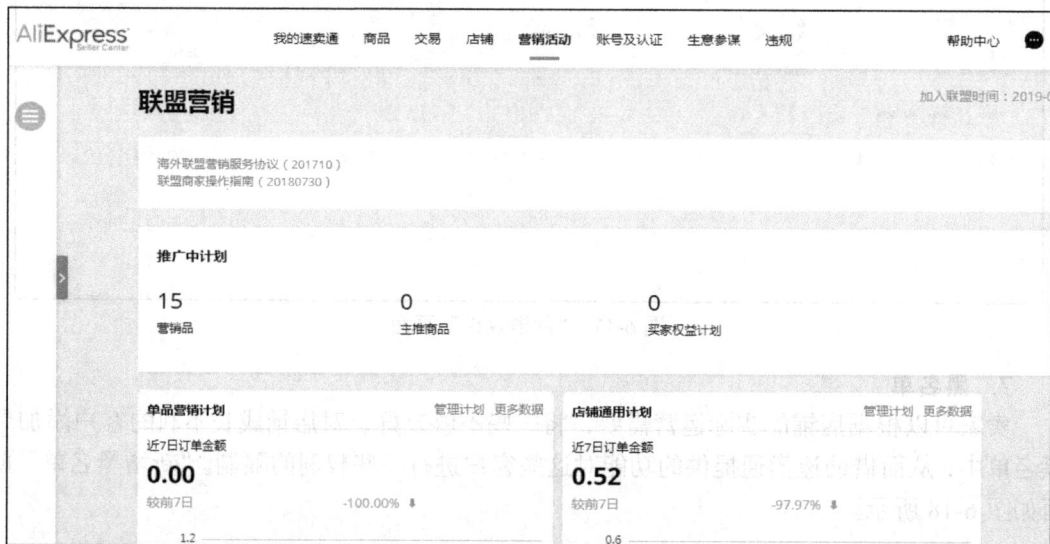

图 6-19 "联盟营销"页面

6.3.1 营销优势

1. 免费曝光、按成交量收费

联盟营销是按成交量收费的营销方式，只有当买家购买了商品，卖家才需要支付费用，卖家不需要先充值，也不需要在前期投入资金。

2. 费用可控、效果可见

卖家可自主选择推广的商品并设置不同比例的佣金，预算灵活可控。推广效果清晰可见，其为店铺带来多少流量、流量转化为多少订单、预计要支付多少费用，都清晰可查。

3. 海量买家、精准覆盖

加入联盟的卖家可获得在不同国家和地区、不同 App、不同社交平台或导购网站等站外渠道的海量推广资源，从而提高店铺销量及市场占有率。

6.3.2 付费规则

（1）联盟订单判定：单击商品站外推广链接+15 天追踪有效期内+下单（不论新老客户、不论复购次数、不论是否批发）。如果一个买家单击了联盟推广至站外的商品的广告链接并在 15 天的追踪有效期内下单，系统会判定这是联盟带来的订单，交易成功后会收取联盟佣金。

（2）联盟佣金的计算公式：联盟佣金 = 商品成交金额（不含运费）×商品佣金比例（下单时的佣金比例）。商品实际成交价格=商品最终交易价格-运费。

6.3.3　联盟营销计划与管理

1. U选计划

U 选计划是联盟推出的一个与招商活动高度结合的单品推广计划。卖家可以根据店铺的实际情况，报名参加 U 选计划。"U 选计划"页面如图 6-20 所示。

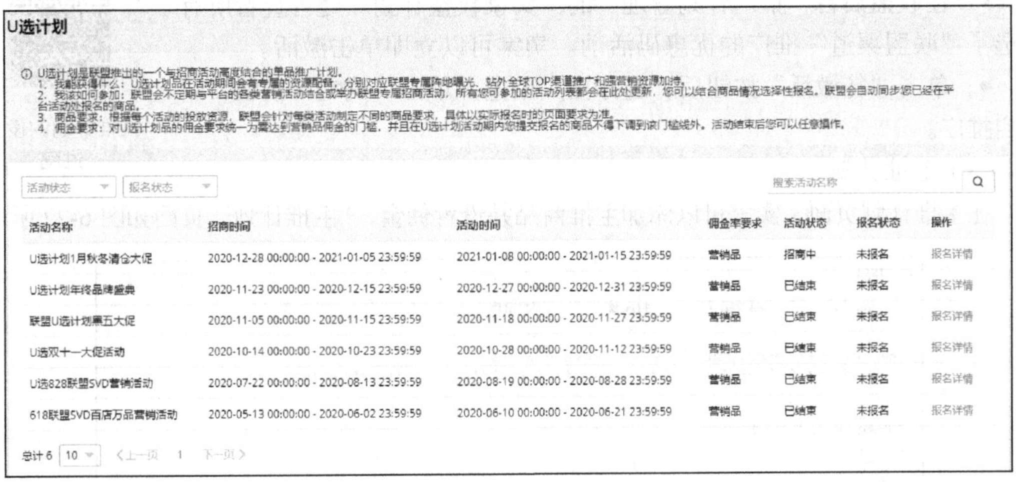

图 6-20　"U 选计划"页面

2. 推广计划管理

卖家可以通过推广计划管理来完成关于联盟推广的所有设置。

（1）单品营销计划

卖家可以单击"手动添加商品"或"添加平台推荐商品"，再根据具体的情况设置相应的佣金比例，即可加入单品营销计划。"单品营销计划"页面如图 6-21 所示。

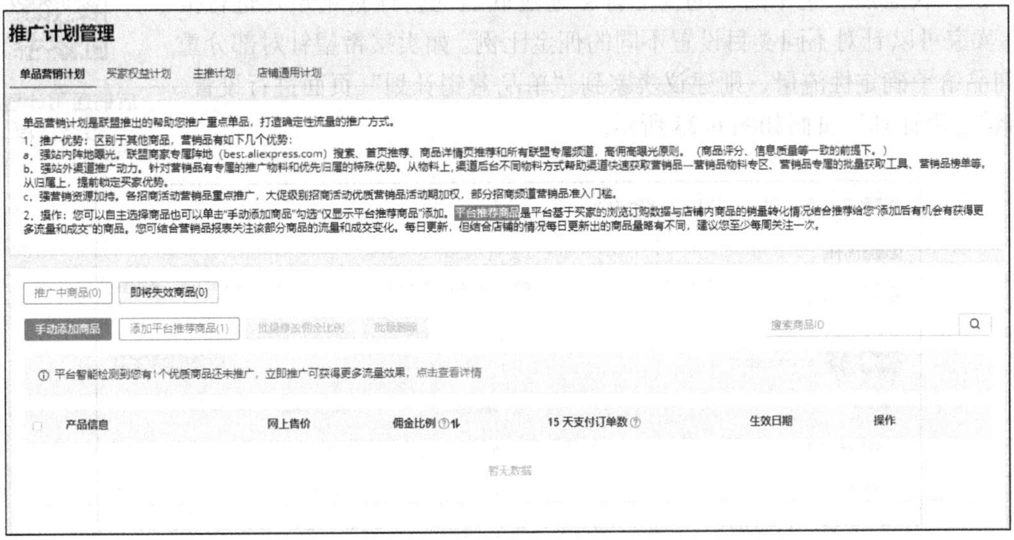

图 6-21　"单品营销计划"页面

（2）买家权益计划

买家权益计划是帮助卖家更好地推广商品的一种计划，其创建步骤如下。

① 在营销后台创建活动。

- 前往"店铺活动"页面，单击"创建店铺优惠码"。
- 输入优惠码信息，并勾选"联盟渠道"。
- 回到店铺优惠码活动列表即可看到"联盟设置"，单击后跳转到联盟后台激活。

② 在联盟后台激活。

- 在联盟后台"推广计划管理"的"买家权益计划"处可查看所有勾选了"联盟渠道"推广的优惠码活动。卖家可以立即单击激活。
- 单击"待激活"按钮后，选择推广渠道并单击"确定"按钮，即开启推广。

主推计划的设置过程

（3）主推计划

在主推计划页面，卖家可以添加主推商品并设置佣金，"主推计划"页面如图 6-22 所示。

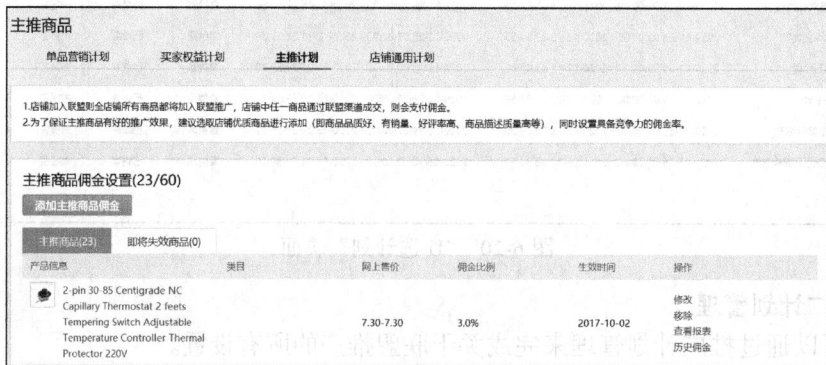

图 6-22 "主推计划"页面

（4）店铺通用计划

加入联盟后，整个店铺的商品都会通过联盟的全球营销矩阵进行推广。卖家可以针对不同类目设置不同的佣金比例。如卖家希望针对部分重点商品给予确定性流量，则建议卖家到"单品营销计划"页面进行设置。"店铺通用计划"页面如图 6-23 所示。

店铺通用计划的设置过程

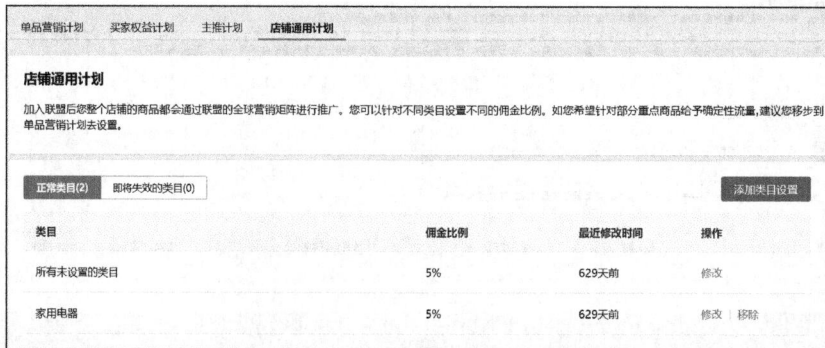

图 6-23 "店铺通用计划"页面

6.4 直通车推广

6.4.1 直通车概述

1. 直通车的概念

直通车是按点击量收费的一种广告服务。速卖通把直通车当作平台重要的利润来源。卖家如果要使用直通车，就要向平台支付费用。

但直通车的收费方法和传统广告不同，它是按点击量收费的一种广告服务，仅展示（曝光）时不收费，有用户点击时才收费。对于在各跨境电商平台上运营的卖家来说，曝光量并没有太大意义，同一个页面中有几十个产品，只要一个访客浏览了这个页面，卖家就多了一次曝光，但只有访客单击并查看卖家的产品，卖家才有机会成交。所以，平台推出按点击量收费的服务就是情理之中的事情了。

2. 直通车的价值

（1）直接价值是引流，即帮助推广的产品迅速提高曝光量、增加访客流量，进而产生交易。

（2）间接价值之一是助力产品成为"爆款"。一方面它能让"爆款"更"爆"，帮助其获得更多的曝光机会，巩固并继续提升其转化效果，为卖家打造"爆款"提供数据支撑；另一方面它能帮助卖家测试新产品，为开发新产品提供方向，为新产品备货提供关于库存量的参考数据。

（3）间接价值之二是提高销量。它可让产品的排名提升，为卖家报名参加平台活动积累数据，帮助卖家维护老客户。

3. 直通车的展示位置

卖家资质不同，其优词可竞价搜索页的位置也不一样，直通车的具体展示位置如下。

（1）"中国好卖家"的优词可竞价搜索页第一页的第 12、20、28、36 等 4 个展示位置，其他卖家的优词可竞价搜索页第二页及以后每页的第 8、16、24、32、40 等 5 个展示位置。

（2）所有卖家的优词可竞价每一页底部推广区的 4 个展示位置。

直通车的展示位置示意如图 6-24 所示。

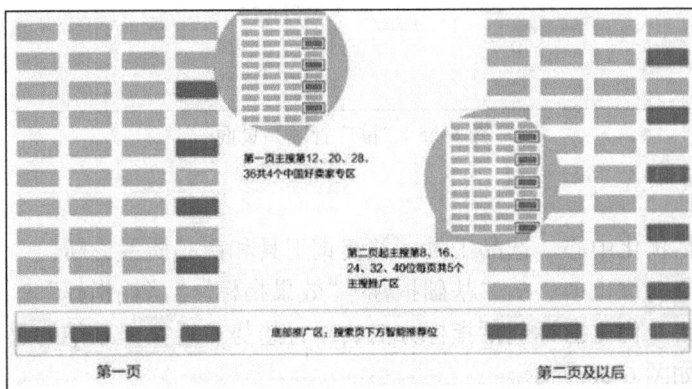

图 6-24 直通车的展示位置示意

6.4.2　直通车的功能模块及设置

1. 首页

直通车的首页功能模块包括账户概览、数据效果、推广信息、当月等级等。

（1）账户概览。账户概览模块用于展示卖家的账户状态和账户余额。

当卖家的账户处于正常状态，账户余额大于 0 元，且卖家当日的推广总消耗已经达到设定的每日消耗上限时，所有推广信息都会下线并显示"未推广，您今天推广总消耗已达每日消耗上限"。卖家可以提高每日消耗上限以延长广告的投放时间。

（2）数据效果。卖家可以查看近 7 日的各种数据，包括 7 日曝光量、点击量、下单数、加入购物车次数和加入收藏夹次数等，同时将其与上一个 7 日周期的数据进行对比，了解数据的变化趋势。

（3）推广信息。推广信息包括全店管家和推广计划，卖家通过该模块可以设置直通车推广计划。

（4）当月等级。当月等级分为 5 个等级，卖家账户需要达到相应的成长分值才能升级。

2. 推广管理

卖家在"推广管理"页面可以看到设置的每个推广计划的信息，如状态、计划名称、营销目的、日消耗上限、类型、计划概况、曝光量、点击量、花费等，并可对这些数据进行删除、修改、暂停等操作。其页面如图 6-25 所示。

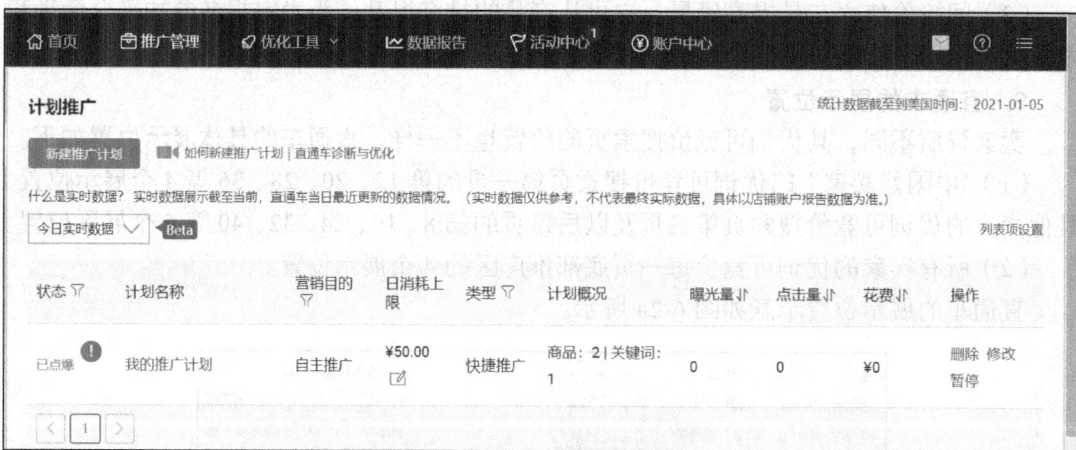

图 6-25　"推广管理"页面

3. 优化工具

优化工具包括优化中心、选品工具、关键词工具和商品质量诊断。

（1）优化中心。优化中心从"基础指标""效果指标""消耗指标"3 个维度对直通车推广进行全面诊断。优化指标包括指标分值、同行趋势、近 7 天采纳的建议和当前待采纳的建议。其页面如图 6-26 所示。

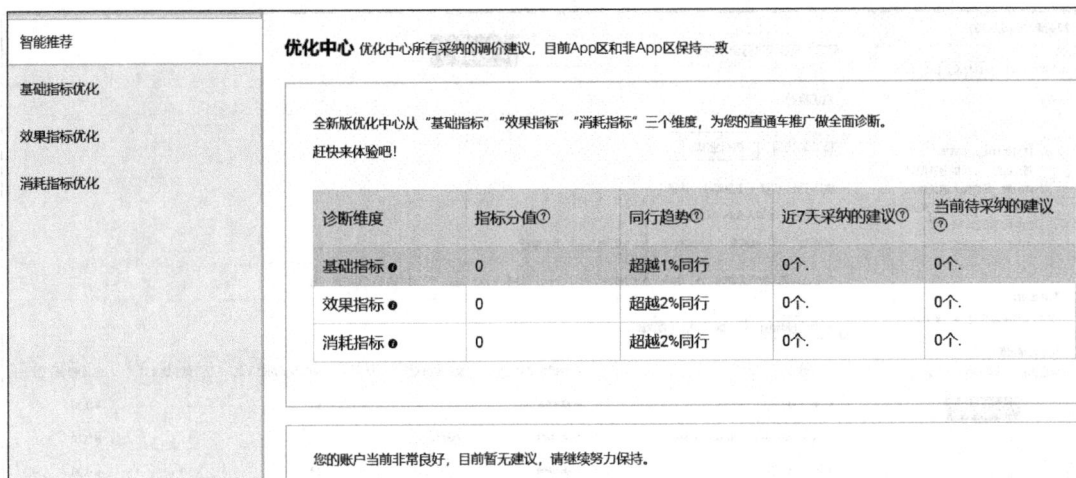

图 6-26　"优化中心"页面

（2）选品工具。选品工具包括推荐理由和是否加入推广两项主要功能。推荐理由包括不限、热搜、热销和潜力，推荐加入推广计划的商品是系统根据商品的浏览量、订单量、转化指数等数据筛选出来的，卖家可根据库存量选择是否将该商品加入直通车推广计划。其页面如图 6-27 所示。

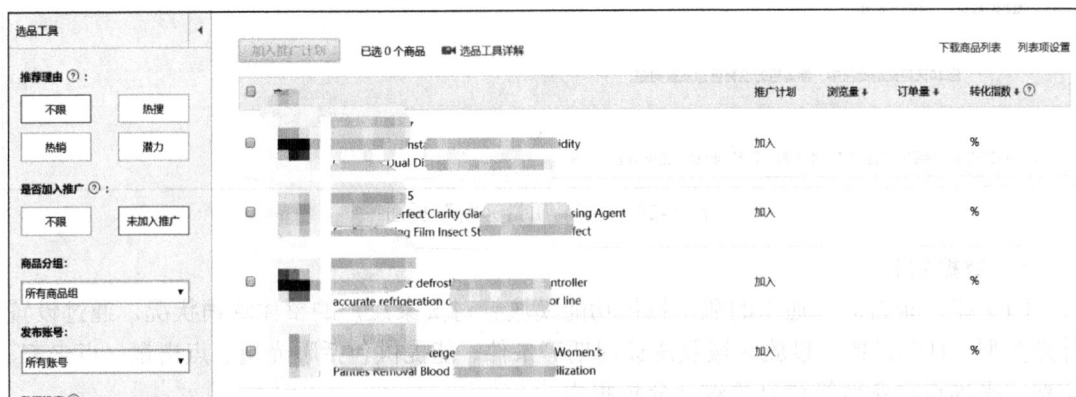

图 6-27　"选品工具"页面

（3）关键词工具。直通车推广计划每次可添加的关键词最多为 200 个，每个关键词的长度不超过 64 个字符。卖家要确保选定的关键词不含有任何违反法律、法规、平台规则和相关协议的内容，包括但不限于非自有且无权利人合法授权的品牌或商标。卖家可以根据系统推荐的"按计划找词"和"按行业找词"来寻找关键词。同时，卖家在"关键词工具"页面还可以设置"默认出价""App 区域出价"，如图 6-28 所示。

（4）商品质量诊断。商品标题正确与否直接影响商品搜索与排名，从而影响店铺的商品曝光。卖家可以使用信息实时诊断和翻译优化助手工具，了解商品标题存在的问题并及时优化。其页面如图 6-29 所示。

图 6-28 "关键词工具"页面

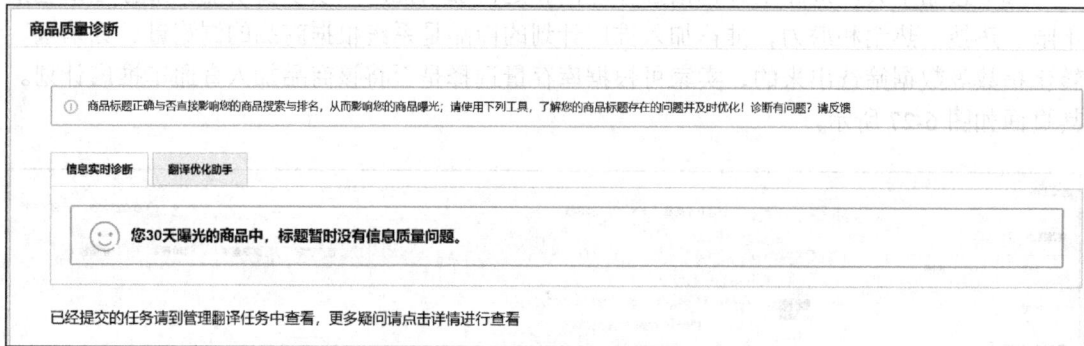

图 6-29 "商品质量诊断"页面

4. 数据报告

（1）账户报告。直通车的账户报告功能模块针对卖家账户的整体营销状况，通过设置计划类型、计划范围、投放区域及统计周期等条件，能提供包括曝光量、点击量、点击率、花费、平均点击花费等信息的统计分析报告。

（2）商品报告。卖家通过直通车推广了商品以后，需要了解具体商品的推广数据的核心指标，包括曝光量、点击量、点击率、花费、平均点击花费，从而确认商品的优化方向。

（3）关键词报告。推广的商品能否得到充足的曝光取决于卖家对关键词的设置，所以卖家需要了解关键词的数据指标，进而确认关键词的优化方向。

6.4.3 直通车推广计划设置

1. 全店管家

全店管家只需要设置两个指标就可以了，即每日消耗上限和期望出价。全店管家推广的商品是指计划推广以外的商品。其页面如图 6-30 所示。

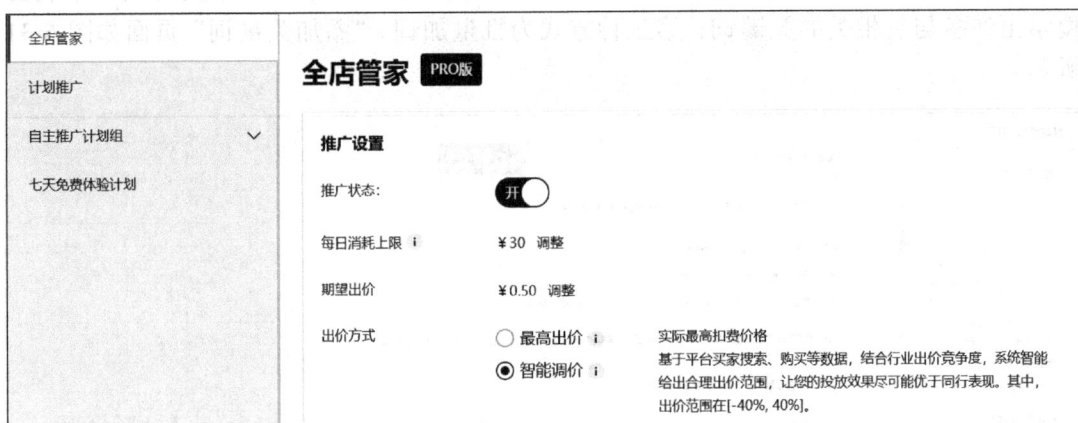

图 6-30　"全店管家"页面

全店管家推广的优缺点如下。

优点：操作简单快捷；无须时刻关注推广状态；无须经常调整价格；无须挑选关键词，关键词由平台统一选取；推广效果显著。

缺点：无法进行有针对性的重点推广，无法控制推广效果。

2．推广计划

推广计划分为重点推广计划和快捷推广计划。重点推广计划能够加快"爆款"的打造过程，卖家可以单独选品来指定推广关键词，这类商品的数量建议占全店总商品数的 2%～10%，推广经费建议占总推广经费的 70%～80%。快捷推广计划可以批量选品、选词，打包推广更多相似的商品，通过数据比较筛选潜力"爆款"，这类商品的数量建议占全店总商品数量的 10%～20%，推广经费建议占总推广经费的 10%～20%。

重点推广计划的
设置过程

（1）重点推广计划

① 添加商品。卖家可以通过热销商品、热搜商品、潜力推荐等指标进行选品，商品都是根据有效数据筛选出来的。如果卖家想自己选择想要的商品，可以按商品名称进行搜索。

重点推广计划的选品注意事项如下。

- 注意选择有潜力的商品作为重点推广计划的商品；
- 最多可创建 10 个重点推广计划；
- 每个计划可以创建多个推广单元；
- 每个推广单元只能有一个商品；
- 防止推广单元针对同一关键词互相竞争的情况发生。

② 关键词的添加。卖家在重点推广计划的关键词列表中单击"添加关键词"，可以继续往这个推广计划中添加关键词。选好关键词后，卖家还需要设置"出价方式"，最后单击"保存"按钮，即可完成关键词的添加操作。

添加关键词的方式有 3 种：第一种方式是从推荐词中选择，从推荐理由、30 天搜索热度、竞争度和市场平均价等角度来看，系统推荐的 50 个词都是质量比较高的关键词；第二种方式是通过搜索相关词选择，搜索相关词就是你给出一个关键词，系统会搜索出许多与它相关的关键词；第三种方式为批量加词。"添加关键词"页面如图 6-31 所示。

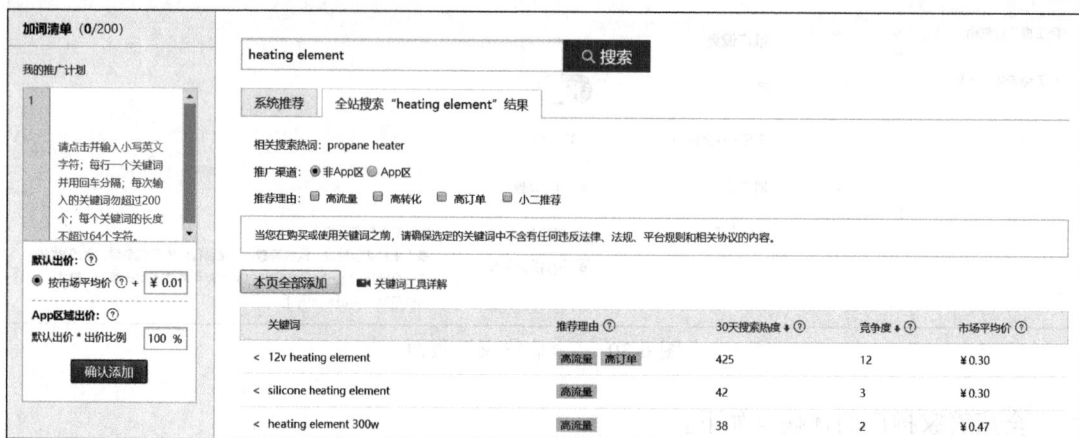

图 6-31 "添加关键词"页面

（2）快捷推广计划

快捷推广计划的操作方法与重点推广计划类似，不同之处如下。

- 快捷推广计划中的每个推广单元都可以同时推广多个商品；
- 快捷推广计划没有对关键词优劣的限制；
- 关键词同时绑定同一推广单元中的所有商品；
- 最多可创建 30 个快捷推广计划，每个计划最多容纳 100 个商品。

┃ 拓展资料 ┃

1. 流量来源不同

直通车可帮助卖家在速卖通网站内获得更多曝光，而联盟可帮助卖家获取更多的站外流量。

2. 付费模式不同

直通车推广按点击量收费，联盟营销按成交量收费。

6.5 内容营销

速卖通的内容营销分为粉丝营销、直播推广和社交媒体推广。

6.5.1 粉丝营销

速卖通的 Store Club 粉丝营销是基于买家与卖家的关注关系进行内容展示的，该功能类似于淘宝网的"微淘"。关注店铺的买家可以收到卖家发布的动态信息，包括店铺上新、买家秀、粉丝专享活动、文章等，还可对相应的内容进行点赞和评论。卖家可以发帖、看到粉丝的动态和粉丝前一天及前 30 天产生的订单情况等。粉丝营销页面如图 6-32 所示。

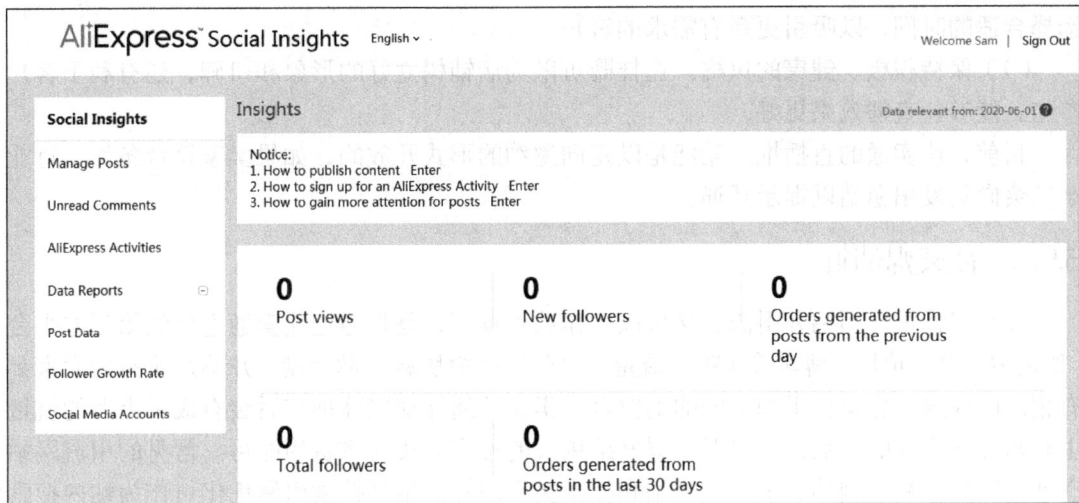

图 6-32　粉丝营销页面

目前，速卖通的粉丝营销功能是以定向邀约的形式对金牌、银牌卖家开放的，并对累计粉丝数超过 5 万的卖家开放申请，对有粉丝营销经验的卖家可适当放低店铺粉丝数门槛。卖家如符合条件可以联系行业小二提交申请。

6.5.2　直播推广

1. 直播推广的准备工作

直播准备，一是准备"硬件"，主要指账号运营所需的载体，包括账号（如是否打算从 TikTok 直播引流到速卖通店铺）、登录账号的设备，以及直播的视频、音频输出装备等；二是准备"软件"，主要指账号矩阵的定位及后期的维护工作，包括账号如何定位变现人群、如何创作优质内容、如何维护评论区等内容，做好这类工作才可以有效转化账号引来的流量，使得变现周期变短，时间成本减少。

2. 直播推广的实施步骤

（1）具体问题具体分析。卖家要根据自己店铺的产品及产品的定位准备好直播推广的内容，根据自己产品的客户群体来确定具体的直播时间，等等。

（2）提前做好宣传。要做直播推广，卖家需要进行前期宣传，这一方面能为自己的推广形成良好口碑，另一方面能提前吸引更多的客户关注自己的直播。

（3）认真设计直播主题。好的直播主题不仅可以吸引更多客户关注，还能直接让进入直播间的客户知道直播推广的产品是什么，知道直播的重点。

（4）挑选合适的主播。速卖通卖家也好，其他运营人员也罢，在采用直播形式推广的时候，需要有合适的主播。同样是直播，使用不同主播的直播效果却大有不同。同时，速卖通直播对主播的语言能力的要求也比较高，一般要求用英语直播，针对一些特定国家和地区的客户主播还需要用小语种进行直播。

（5）设计好直播流程和内容。好的直播流程和内容会让直播获得更多客户的关注，从而刺激客户消费。这是直播最直接的效果，也是其最直接的目的。

（6）选择合适的时间。直播推广的时间也很重要，卖家要根据自己的主要客户群体来选择合适的时间，以吸引更多有需求的客户。

（7）保持积极、健康的风格。这样既可以为店铺树立好的形象和口碑，还有利于客户参与，能够让直播效果更好。

目前，速卖通的直播推广功能是以定向邀约的形式开放的，如果卖家符合条件，行业小二会向其发出邀请以提示开通。

6.5.3 社交媒体推广

社交媒体推广即站外引流，又可以叫作站外推广，是指通过速卖通之外的第三方平台（如搜索引擎、论坛、博客等）吸引流量。目前这个模块属于邀请制，并不是所有的卖家都有相应的权限。它类似于淘宝网的淘宝客，卖家开通社交媒体推广后会有成千上万的流量主来帮你推广你的产品，你只要设置好给别人的推广分成或者费用即可。常见的引流网站有社交网站、视频网站、手机类网站和搜索类网站等。站外搜索引擎优化可作为站内搜索引擎优化的一个补充，但需要卖家具有较高的专业知识水平。一些区域性网站同样可以帮助卖家吸引更多的流量。例如，俄罗斯的 admited、欧洲的 Awin 等。

因为站外引流大多是通过社交平台实现的，所以它也被叫作社交媒体推广。

在上述的主流社交媒体上直接投放广告进行站外引流，费用高且转化率没保障。因此，卖家应利用好平台特点，做到"先社交后营销"。

例如对社交网站，许多卖家会先花时间运营好官方账号，积累一定量的粉丝（开展新品试用分享活动、产品赠送活动或者抽奖等互动活动可以"吸粉"）以后，再逐渐开展引流的工作（粉丝互动活动、Page 页速推或者广告投放等），所以实施这类推广的周期较长。当然，卖家也可以支付一定的推广费用，借助这些平台中已经有一定粉丝量的账号做软文推广。

对视频网站，卖家要在视频网站上做推广最好与视频达人合作，这样推广信息的浏览量就有了保障。卖家应与视频达人多沟通，在发布视频的时候附上速卖通产品链接，甚至是折扣码，供有需求的客户进行选购。

偏图文社交的平台如 Instagram、Pinterest 等，对产品宣传图和推广者的广告策划能力的要求较高，一般适合大品牌做宣传而不太适合新手卖家。当然，卖家还是要根据自己的产品的特点来选择推广平台。

对于搜索引擎如谷歌，它的搜索结果分左右两侧，左侧是自然排名，右侧是 AdWords。卖家可以使用谷歌的 AdWords 服务，即关键词广告（也称"赞助商链接"或"谷歌右侧广告"）进行推广。谷歌搜索引擎推广页面如图 6-33 所示。

图 6-33　谷歌搜索引擎推广页面

任务实训　为速卖通女装店铺进行店铺营销与推广

【实训目标】

1. 能根据店铺的实际情况报名参加平台活动。
2. 能根据店铺的产品设置店铺活动。
3. 能根据店铺的数据对客户进行管理与营销。
4. 能根据店铺的数据进行联盟营销。
5. 能应用直通车对店铺产品进行推广。

【实训内容】

1. 为店铺卖得最好的一款产品报名参与平台的大促活动或者常规活动。

2. 根据店铺产品的实际情况，核算产品的价格，完成单品折扣、满减活动、店铺优惠券、搭配活动等店铺活动的整体设置并编写实施方案。

3. 根据店铺运营情况，对店铺的老客户进行分组：购买次数超过 5 次的为一组、购买金额超过 500 美元的为一组、一个月内购买 3 次以上的为一组。给这 3 个组的老客户发一封邮件，并给他们派送 5 美元的店铺优惠券。邮件用英文撰写，可以包含以下内容：感谢客户喜欢本店的产品；本店在节日期间会对店里的所有产品进行折扣销售，凡在本店购买金额达到 80 美元的重要客户，将额外获得 10%的折扣；希望客户尽快下单，并在本店有一个良好的购物体验。

4. 根据店铺产品的情况，给产品和店铺做联盟营销，采用主推计划和店铺通用计划，佣金比例的设置要有理有据。

5. 使用直通车的重点推广计划，对店铺的利润、销量均比较高的一款产品进行推广，并设计相应的表格以记录推广效果。

课后习题

一、名词解释

单品折扣　满减活动　店铺优惠券　搭配活动　联盟营销　直通车

二、选择题

1. 产品的曝光跟什么因素有直接关系？（　　　）

　　A. 产品的排名　B. 产品图片　　　C. 产品的详情页面　D. 产品标题

2. 关于速卖通单品折扣活动的设置哪个是不建议操作的？（　　　）

　　A. 提价后打折

　　B. 活动开始后可告知老顾客

　　C. 结合满立减和优惠券等其他活动，效果更好

　　D. 设置时间不宜过长，一般一周为宜

3. 在速卖通店铺满立减设置中如何定位自己的客单价？（　　　）

　　A. 不用管客单价，按照折扣计算就行

　　B. 随便定义

　　C. 通过生意参谋查询

　　D. 计算满立减的时候包括了买家所购买产品的货值及运费总金额

4. 影响产品曝光到点击的最主要因素是什么？（　　　）

　　A. 产品标题　　　B. 公司信息　　　C. 产品图片　　　D. 产品交易信息

5. 做数据整理后，发现免费流量来源比重减少，下面哪些是速卖通免费流量来源？

（　　　）

　　A. 速卖通自然搜索　　　　　　B. 直通车

　　C. 定价 CPM　　　　　　　　 D. 联盟推广

6. （多项选择题）速卖通平台活动包括以下哪几种？（　　　）

　　A. 平台大促　　　　　　　　　B. super deals

　　C. 行业主题活动　　　　　　　D. Hot&New 各行业活动

7. （多项选择题）速卖通哪些原因会影响平台活动的录取？（　　　）

　　A. 报名产品和招商类目不符　　B. 报名时间不对

　　C. 产品信息不完整　　　　　　D. 价格优势不明显

8. （多项选择题）以下哪些社交媒体适合跨境电商营销？（　　　）

　　A. Admited　　　B. Awin　　　C. 论坛营销　　　D. 微信营销

三、简答题

1. 速卖通平台活动与店铺活动各有什么优势？

2. 客户管理与营销有哪些作用？

3. 联盟营销和直通车推广的优势有什么不同？

第 7 章

速卖通数据分析、产品与店铺优化

知识目标

（1）掌握数据分析中流量分析、品类分析、营销分析和物流分析的基本内容与作用。
（2）掌握产品基础优化的技巧。
（3）掌握店铺产品曝光量与点击率、回访率与回购率、转化率等的提升技巧。

能力目标

（1）能熟练应用生意参谋提供的数据分析店铺流量、品类、营销和物流的全面情况。
（2）能够依据数据分析的结果，结合店铺的情况，为产品与店铺做系列优化。

情景导入

经过全面的营销与推广，黄志远团队发现店铺的运营效果并没有预想的那么好，流量有所增长，但是增长得不快，而且订单成交量不尽如人意。上架的产品获得的流量水平参差不齐，营销的效果也相差很远。行业内的专家告诉他们，营销与推广并不是终点，跨境电商店铺的运营是一场持久战，并且运营中还有一项非常核心的工作，那就是为产品与店铺做数据分析，在数据分析的基础上进行有针对性的优化。只有优化到位，产品与店铺才能获得更大的曝光量，产品与店铺的转化率才能提高，店铺的整体运营效果才会越来越好。

7.1 数据分析

速卖通吸引了不同类型、不同等级的卖家在平台开店，每家店铺都具有不同的风格和规模。因此，制定适合店铺的目标、做好店铺的定位非常重要。不同等级的卖家的核心运营要务不同，如基础卖家应着重做好选品、产品发布等工作；核心卖家或进阶卖家，要做好客户服务、直通车推广、店铺营销等工作，让业绩平稳增长是其重点；明星卖家、超级卖家，要做好整合供应链、提高库存周转率、提升议价能力、建立品牌意识等重点工作，争取在行业中排在前列。

不管哪种等级的店铺，数据分析工作都是必不可少的。数据分析可以帮助卖家抢占市场先机、提升经营效果，其作用具体表现在以下几个方面。

（1）提升曝光度和流量。在商品标题中加入热搜词，可以提升商品被买家搜索到的概率，从而提升店铺的曝光度和流量。卖家可以通过"市场"下的"选词专家"功能找到热搜词和飙升词，并将其运用到商品标题中。

（2）商品属性填写完整、合理能提高商品的搜索排名。借助数据分析工具，卖家能从数据分析结果中发现买家的购买偏好并完整填写店铺商品的相关属性，从而提升商品的搜索排名。

（3）增强买家下单的意愿，刺激买家买得更多。卖家可以通过"流量"下的"店铺来源"功能，找到曝光度和浏览量高但订单量少的商品，以及被加入购物车、收藏夹的商品，为这些商品设置折扣进行促销推广，这样就能增强买家的下单意愿。同时，通过数据分析中的"关联商品"，卖家可进行合理的关联商品推荐，也能提高商品的成交量。

（4）数据分析能帮助卖家掌握营销效果，从而为店铺优化提供依据。

卖家应从流量、品类、营销、物流和市场等方面对店铺进行数据分析。

7.1.1　流量分析——挖掘客户来源

1. 店铺相关数据指标说明

- 访客数：浏览店铺页面和商品页面的访客数，注意访客数只对当天的数据进行去重，而对多天的数据直接相加求和。
- 浏览量：浏览店铺页面和商品页面的次数。
- 跳失率：只访问了一个页面的访客数占所有访客数的比例。
- 人均浏览量：人均浏览的页面数。
- 平均停留时长：访客在每个页面的平均停留时间，单位为秒。
- 新访客数：第一次访问该店铺的访客数。
- 新访客占比：第一次访问该店铺的访客数占所有访客数的比例。
- 客单价：店铺整体成交金额除以店铺成交的买家数。
- 加收藏夹人数：添加收藏夹的访客数。
- 加购人数：添加购物车的访客数。
- 下单转化率：下单买家数占所有访客数的比例。
- 支付转化率：支付买家数占所有访客数的比例。
- 新买家占比：第一次在该店铺下单的买家数占所有买家数的比例。
- 下单买家数：下单的买家去重后的数量。
- 支付买家数：支付的买家去重后的数量。
- 支付金额：支付订单的金额之和。

- UV 价值：平均每个访客产生的价值。

2. 流量看板

卖家可以在"流量看板"页面（见图 7-1）查看在所选择的统计时间段内不同国家和地区对应的店铺指标、商品指标和转化指标的相关数据。每次可以选择加载的细分指标最多为5 个。通过这些数据，卖家可以全面了解店铺的运营情况，为运营决策提供数据支持。

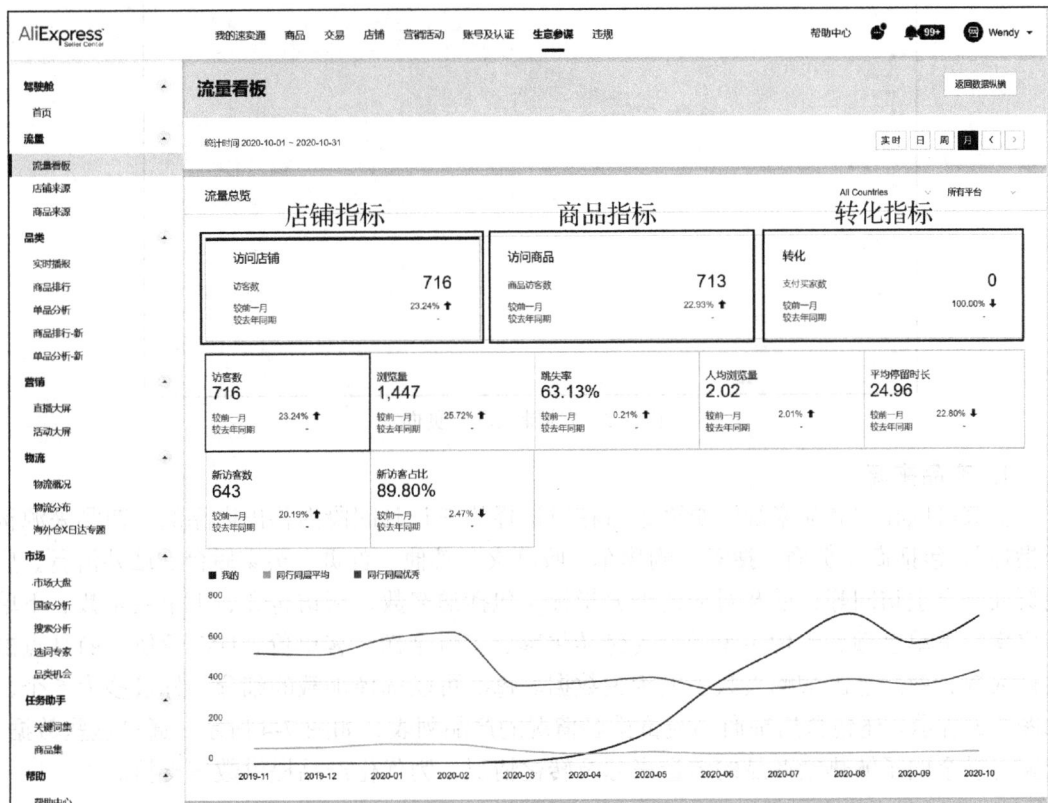

图 7-1　"流量看板"页面

（1）店铺指标包括访客数、浏览量、跳失率、人均浏览量、平均停留时长、新访客数、新访客占比等。

（2）商品指标包括商品访客数、商品浏览量、商品收藏人数、商品加购人数等。

（3）转化指标包括支付买家数、支付金额、支付转化率、下单买家数、下单金额、下单转化率、UV 价值、客单价、支付老买家、支付老买家占比。

3. 店铺来源

卖家可以在"店铺来源"页面（见图 7-2）查看在所选择的统计时间段内不同的"页面来源趋势"指标，包括搜索、首页、商品页面、自主访问、店铺页面、其他、买家后台、内容、会场、导购频道、收藏夹、购物车、站外流量等，以及对应的细分指标（包括访客数、新访客数、下单买家数、下单转化率、下单金额、支付买家数、支付转化率、支付金额、客单价、UV 价值、商品点击收藏人数、商品点击加购人数）的相关数据。每次可以选择加载的细分指标最多为 5 个。通过这些数据，卖家可以全面了解店铺的流量来源及转化情况，为优化店铺及选择商品提供数据支持。

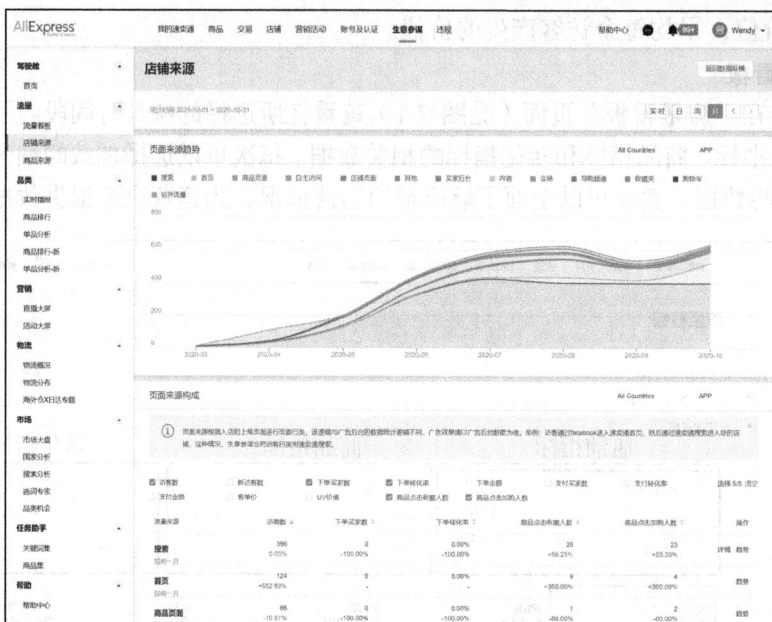

图 7-2　"店铺来源"页面

4．商品来源

卖家可以在"商品来源"页面查看在所选择的统计时间段内售出商品的"商品来源构成指标"，包括商品页面、搜索、购物车、收藏夹、其他、首页、买家后台、站外流量、店铺页面、自主访问等，以及对应的细分指标（包括访客数、新访客数、下单买家数、下单转化率、下单金额、支付买家数、支付转化率、支付金额、客单价、UV 价值、商品点击收藏人数、商品点击加购人数）的相关数据。每次可以选择加载的细分指标最多为 5 个，如图 7-3 所示。还包含店铺商品流量排名情况的产品列表，如图 7-4 所示。通过这些数据，卖家可以全面了解热销商品的流量来源及转化情况，为优化产品提供数据支持。

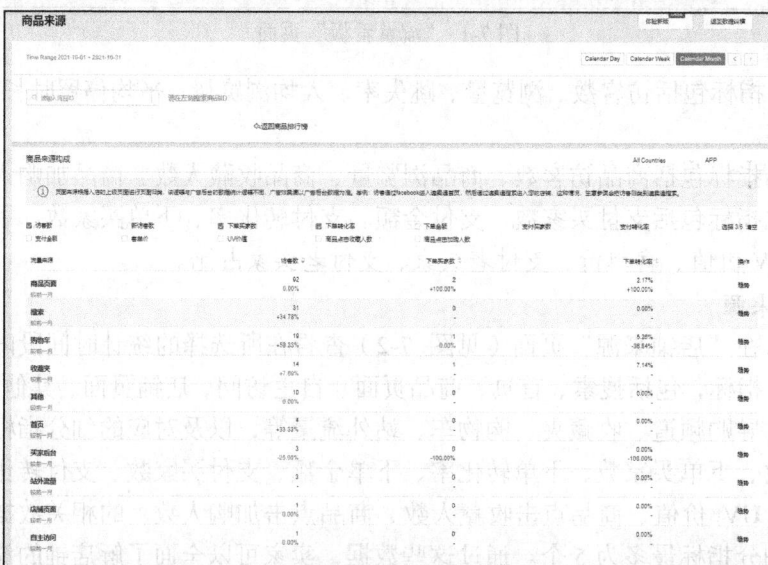

图 7-3　"商品来源构成"页面

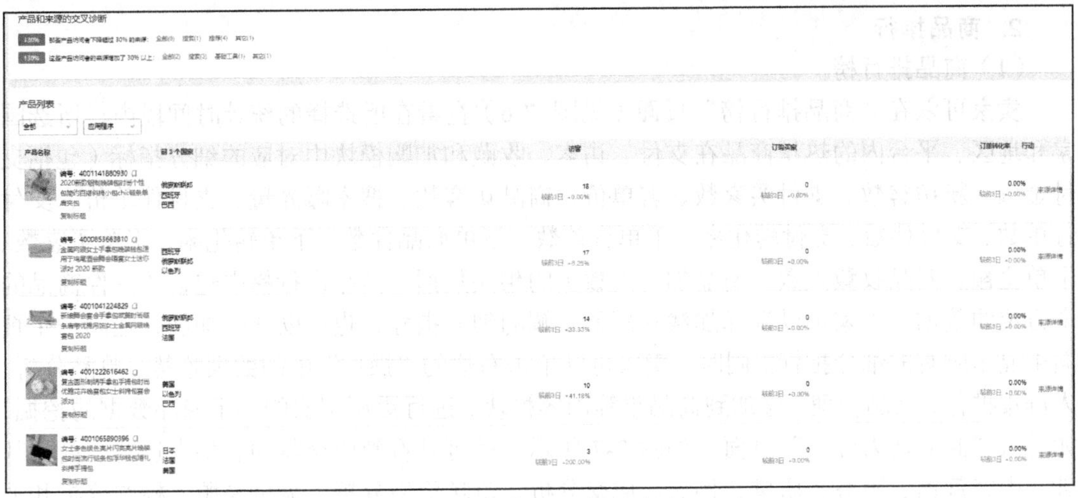

图 7-4　"产品列表"页面

7.1.2　品类分析——掌握实时交易数据

1. 实时播报

卖家可以在"实时播报"页面（见图 7-5）查看实时概况、实时国家&地区排行、实时商品排行对应的细分指标（包括支付金额、访客数、商品访客数、商品收藏人数、商品加购人数、下单主订单数、下单买家数、下单转化率、支付主订单数、支付买家数、支付转化率、客单价）的相关数据。实时概况可以显示所有细分指标的数据，而实时国家&地区排行和实时商品排行每次可以选择加载的细分指标最多为 5 个。实时商品排行还包括支付榜和访客榜排行。通过这些数据，卖家可以全面了解店铺的实时访客、所访问商品及交易情况，更好地进行店铺实时决策的动态调整。

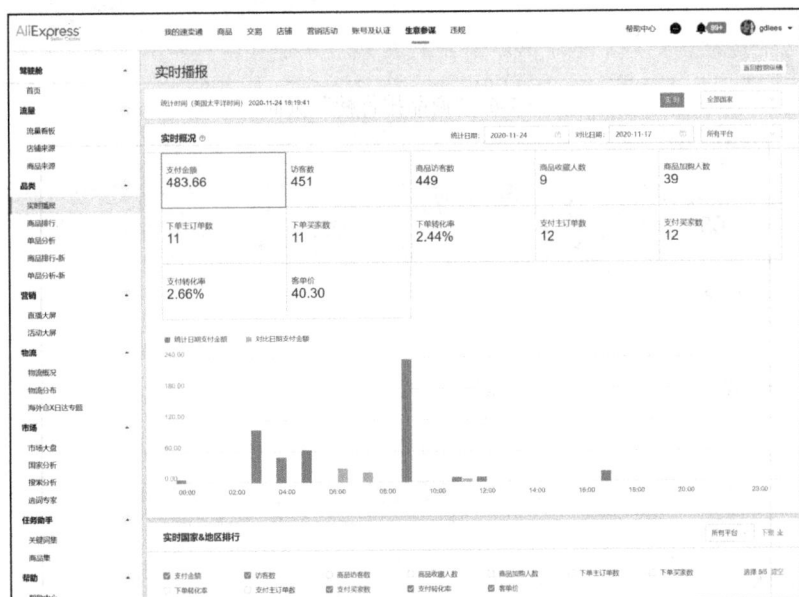

图 7-5　"实时播报"页面

2. 商品排行

（1）商品排行榜

卖家可以在"商品排行榜"页面（见图 7-6）查看在所选择的统计时间段内、所选国家和地区、平台内的热销商品在支付、访客、收藏和加购模块中对应的细分指标（包括支付金额、新访客数、支付买家数、客单价、商品访客数、搜索曝光量、支付件单价、支付订单数、支付件数、支付转化率、下单订单数、下单商品件数、下单转化率、下单买家数、下单金额、商品收藏人数、商品加购人数）的相关数据。商品排行榜中包含了一件商品的全方位的数据，卖家可以选择加载其想要了解的细分指标，也可以全部加载，在同一个页面中显示所有的细分指标。同时，卖家可以单击右边的"操作"中的数据趋势、单品分析、人群集推荐、商品管理、添加到商品集等内容模块，进行更深层次的关于商品数据的挖掘，如进入"商品能力分析"页面，如图 7-7 所示，就可以看到成交驱动、站内运营、商品基础、内容营销、服务、质量、物流、成交分析、市场价格分析、流量来源、标题分析和关联搭配分析等多个细分数据。通过这些数据，卖家可以无死角地了解热销商品的情况，更好地进行商品的优化并做出决策。

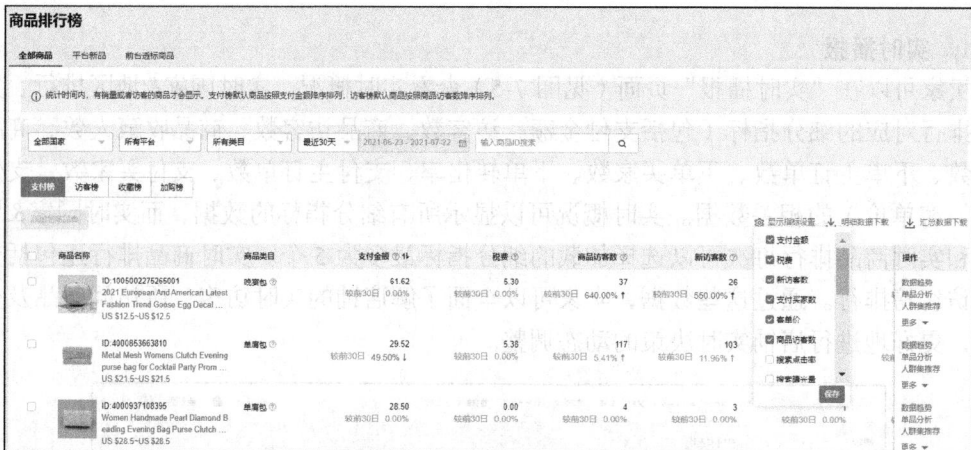

图 7-6 "商品排行榜"页面

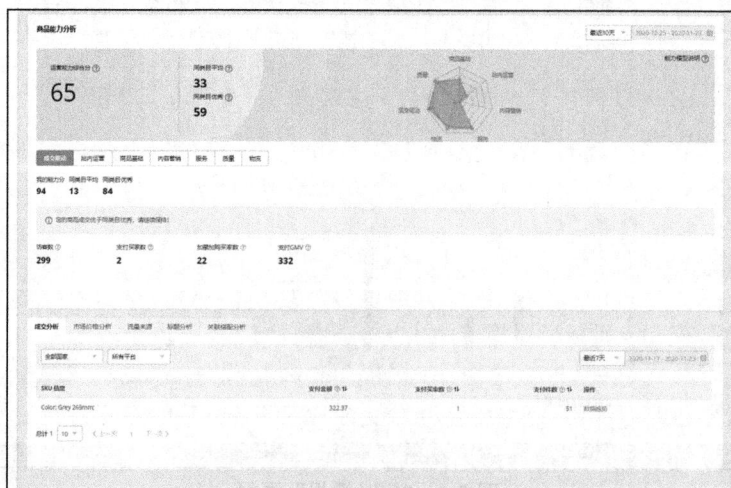

图 7-7 "商品能力分析"页面

（2）商品排行异常监控

卖家可以在"商品排行异常监控"页面（见图 7-8）查看在所选择的统计时间段内排行异常的商品在访客下跌、支付下跌、下单转化率下跌中的对应细分指标（包括商品价格、支付金额、商品访客数、新访客数、支付买家数、客单价等）的相关数据。商品排行异常监控包含了一件商品的全方位的异常数据，卖家可以选择加载其想要了解的细分指标，也可以全部加载，在同一个页面中显示所有的细分指标。同时，卖家可以单击右边的"操作"下的数据趋势、单品分析等，进行更深层次的关于商品异常数据的挖掘。与商品排行榜类似，通过这些数据，卖家可以无死角地了解异常商品的情况，更好地进行异常商品的优化并做出决策。

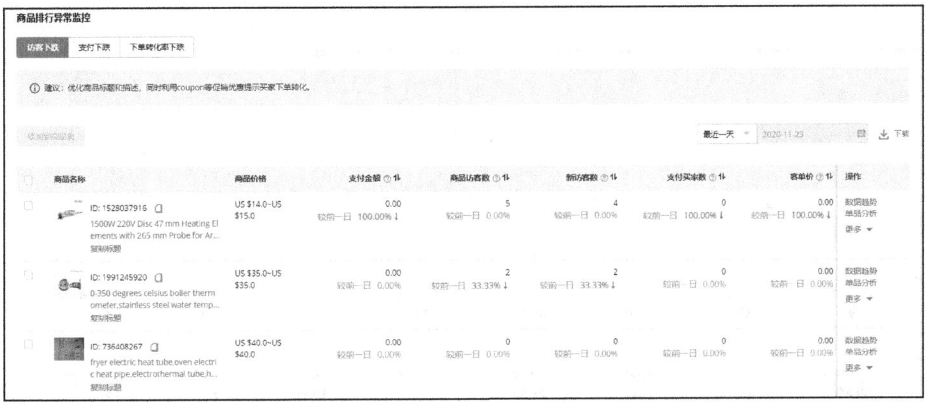

图 7-8 "商品排行异常监控"页面

3. 单品分析

卖家可以在"单品分析"页面（见图 7-9）查看想要分析的商品的具体情况。卖家输入商品 ID 即可查看该商品相应的核心指标和商品能力分析的具体情况。

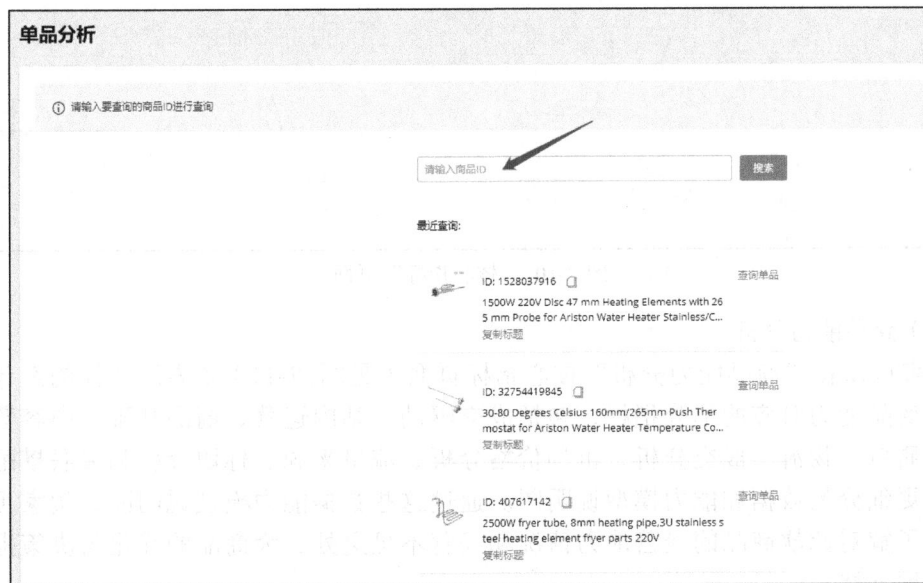

图 7-9 "单品分析"页面

（1）核心指标

卖家可以在"核心指标"页面（见图 7-10）查看在所选择的统计时间段内单品框内的内容修改为：对应的细分指标（包括支付金额、商品访客数、支付转化率、客单价、成功退款金额、搜索曝光量、搜索点击率、商品浏览量、商品收藏人数、商品加购人数、平均停留时长、老访客数、新访客数、下单金额、下单买家数、下单转化率、下单订单数、下单商品件数、支付买家数、支付订单数、支付件数、支付老买家数、支付新买家数、支付件单件等）的相关数据，以及与上一个时间段内（如较前 30 日）对比的情况，通过这些数据，卖家可以无死角地了解单品的情况，更好地进行单品的优化并做出决策。

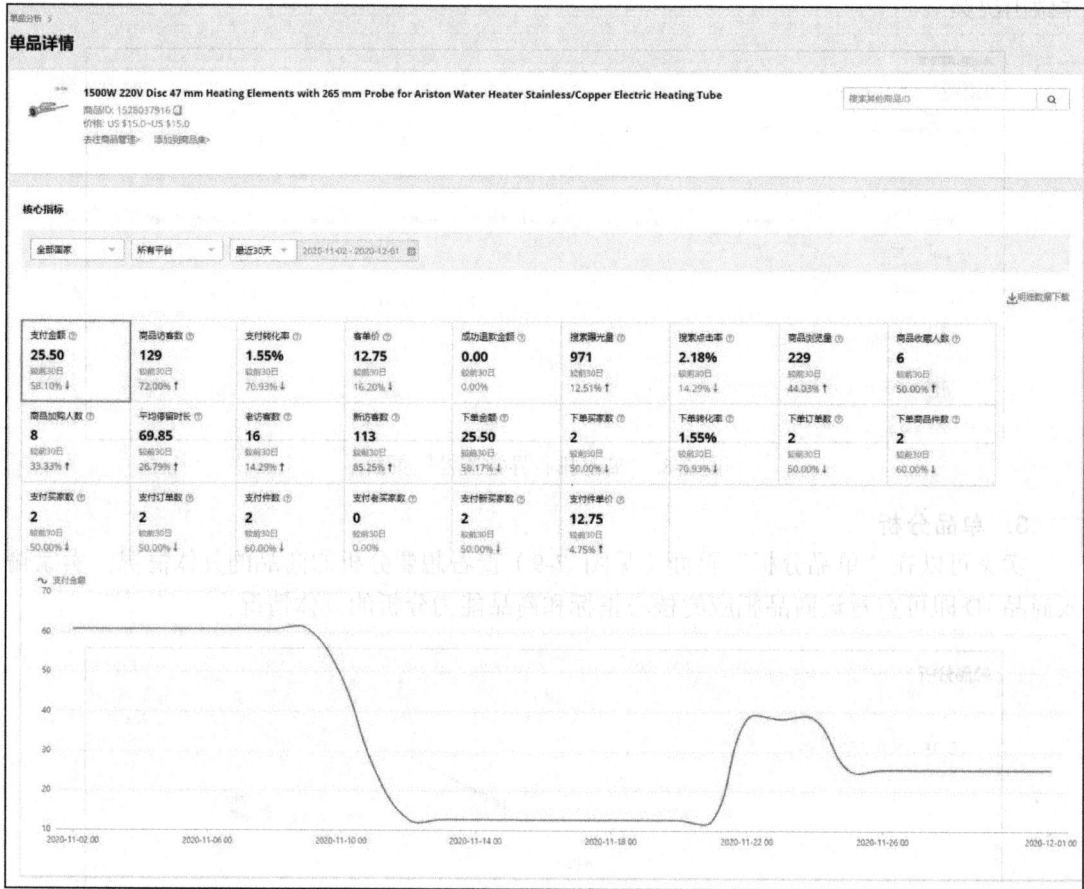

图 7-10 "核心指标"页面

（2）商品能力分析

卖家可以在"商品能力分析"核心指标页面（见图 7-11）查看所选择的统计时段内关于商品能力对应的细分指标，包括成交驱动、站内运营、商品基础、内容营销、服务、质量、物流、成交分析、市场价格分析、流量来源、标题分析和关联搭配分析等多个更细分的数据和能力模型说明图。通过这些数据能力模型说明图，卖家可以更直观地了解对此款商品的经营能力情况和经营不足之处，为商品的优化与决策提供相应的数据支持。

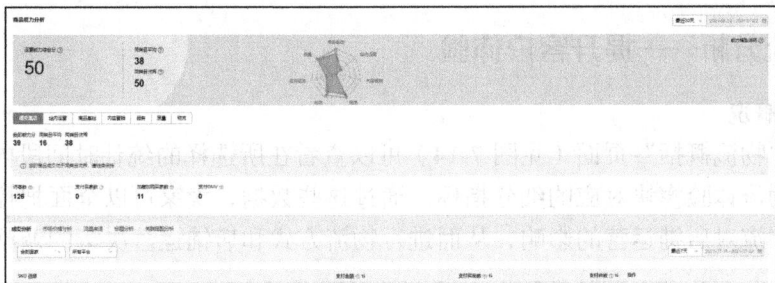

图 7-11　"商品能力分析"核心指标页面

7.1.3　营销分析——掌握店铺营销效果

1. 直播大屏

卖家在"直播大屏"页面（见图 7-12）可以查看店铺当天的支付信息（包括访客数、支付转化率、客单价、支付买家数、支付主订单数、国家排名、热销商品、支付金额累计趋势图和支付金额柱状图等）的细分数据。

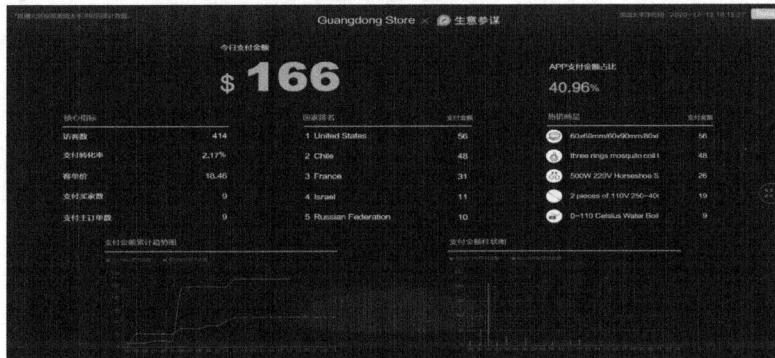

图 7-12　"直播大屏"页面

2. 活动大屏

卖家在"活动大屏"页面（见图 7-13）可以查看近期举行的平台大促活动的相关信息（包括访客数、支付转化率、客单价、支付买家数、支付主订单数、国家排名、热销商品、活动当日支付金额累计趋势图、活动当日支付金额柱状图和活动期间每天支付金额柱状图）的细分数据。

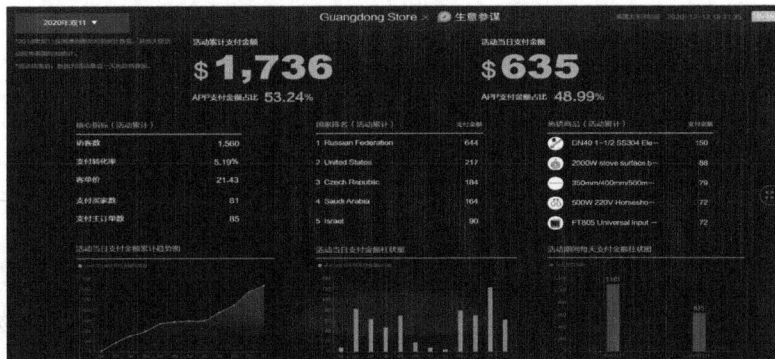

图 7-13　"活动大屏"页面

7.1.4 物流分析——提升客户体验

1. 物流概况

卖家在"物流概括"页面（见图7-14）可以查看在所选择的统计时间段内物流单量、物流时效和物流体验模块对应的细分指标。通过这些数据，卖家可以全面把控整个店铺的物流情况和物流对店铺运营的影响，从而进行物流方式和店铺运营决策的调整。

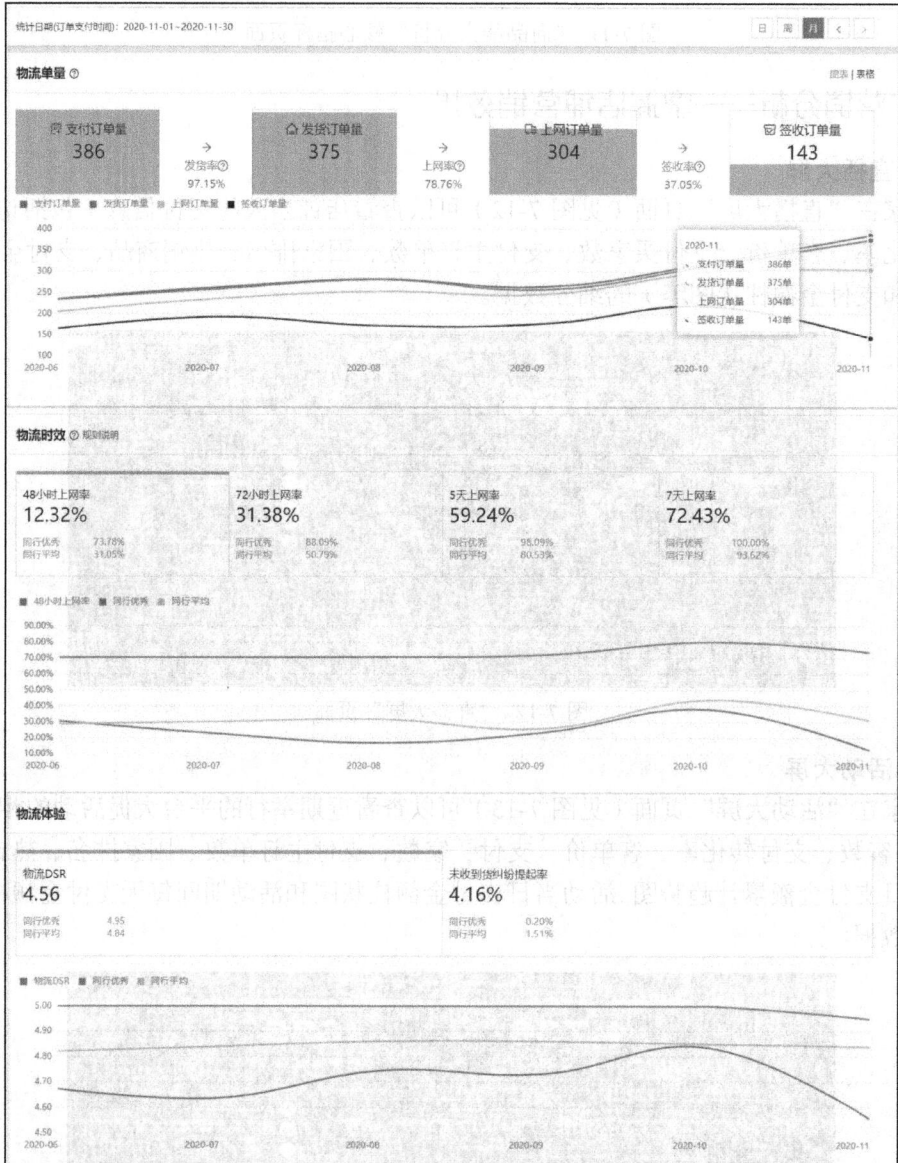

图7-14 "物流概况"页面

2. 物流分布

卖家在"物流分布"页面（见图7-15）可以查看在所选择的统计时段内物流服务商分布、商品类目分布和国家（地区）分布模块对应的细分指标。通过这些数据，卖家可以全面把控整个店铺的订单的物流情况、下单商品类目和国家（地区）分布情况，从而更好地进行物流方式和店铺运营决策的调整。

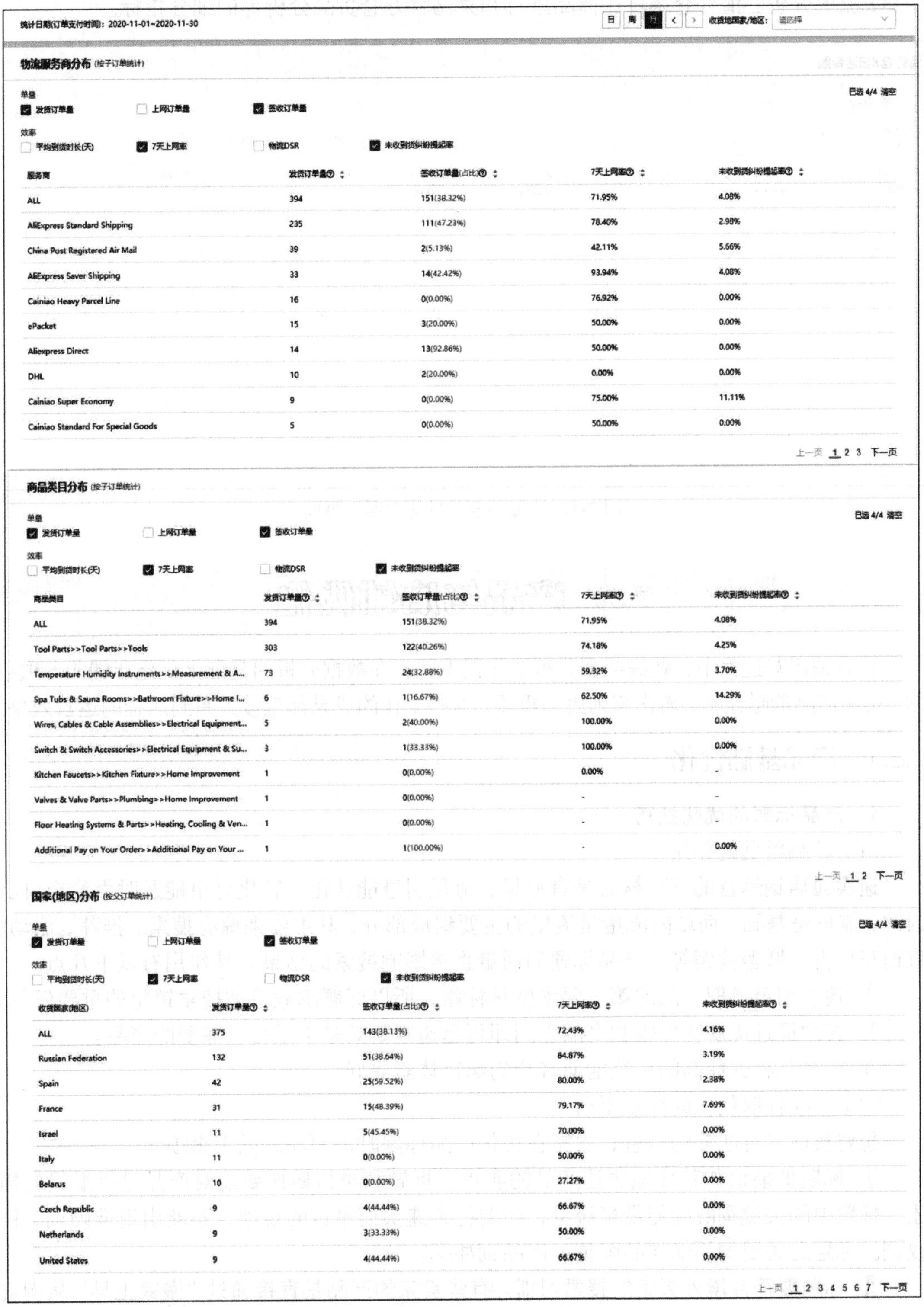
统计日期(订单支付时间)：2020-11-01~2020-11-30　日　周　月　收货地国家/地区：请选择

物流服务商分布（按子订单统计）

单量：☑ 发货订单量　☐ 上网订单量　☑ 签收订单量　　已选 4/4 清空

效率：☐ 平均到货时长(天)　☑ 7天上网率　☐ 物流DSR　☑ 未收到货纠纷提起率

服务商	发货订单量	签收订单量(占比)	7天上网率	未收到货纠纷提起率
ALL	394	151(38.32%)	71.95%	4.08%
AliExpress Standard Shipping	235	111(47.23%)	78.40%	2.98%
China Post Registered Air Mail	39	2(5.13%)	42.11%	5.66%
AliExpress Saver Shipping	33	14(42.42%)	93.94%	4.08%
Cainiao Heavy Parcel Line	16	0(0.00%)	76.92%	0.00%
ePacket	15	3(20.00%)	50.00%	0.00%
Aliexpress Direct	14	13(92.86%)	50.00%	0.00%
DHL	10	2(20.00%)	0.00%	0.00%
Cainiao Super Economy	9	0(0.00%)	75.00%	11.11%
Cainiao Standard For Special Goods	5	0(0.00%)	50.00%	0.00%

上一页 1 2 3 下一页

商品类目分布（按子订单统计）

单量：☑ 发货订单量　☐ 上网订单量　☑ 签收订单量　　已选 4/4 清空

效率：☐ 平均到货时长(天)　☑ 7天上网率　☐ 物流DSR　☑ 未收到货纠纷提起率

商品类目	发货订单量	签收订单量(占比)	7天上网率	未收到货纠纷提起率
ALL	394	151(38.32%)	71.95%	4.08%
Tool Parts>>Tool Parts>>Tools	303	122(40.26%)	74.18%	4.25%
Temperature Humidity Instruments>>Measurement & A...	73	24(32.88%)	59.32%	3.70%
Spa Tubs & Sauna Rooms>>Bathroom Fixture>>Home I...	6	1(16.67%)	62.50%	14.29%
Wires, Cables & Cable Assemblies>>Electrical Equipment...	5	2(40.00%)	100.00%	0.00%
Switch & Switch Accessories>>Electrical Equipment & Su...	3	1(33.33%)	100.00%	0.00%
Kitchen Faucets>>Kitchen Fixture>>Home Improvement	1	0(0.00%)	0.00%	-
Valves & Valve Parts>>Plumbing>>Home Improvement	1	0(0.00%)	-	-
Floor Heating Systems & Parts>>Heating, Cooling & Ven...	1	0(0.00%)	-	-
Additional Pay on Your Order>>Additional Pay on Your ...	1	1(100.00%)	-	0.00%

上一页 1 2 下一页

国家(地区)分布（按父订单统计）

单量：☑ 发货订单量　☐ 上网订单量　☑ 签收订单量　　已选 4/4 清空

效率：☐ 平均到货时长(天)　☑ 7天上网率　☐ 物流DSR　☑ 未收到货纠纷提起率

收货国家(地区)	发货订单量	签收订单量(占比)	7天上网率	未收到货纠纷提起率
ALL	375	143(38.13%)	72.43%	4.16%
Russian Federation	132	51(38.64%)	84.87%	3.19%
Spain	42	25(59.52%)	80.00%	2.38%
France	31	15(48.39%)	79.17%	7.69%
Israel	11	5(45.45%)	70.00%	0.00%
Italy	11	0(0.00%)	50.00%	0.00%
Belarus	10	0(0.00%)	27.27%	0.00%
Czech Republic	9	4(44.44%)	66.67%	0.00%
Netherlands	9	3(33.33%)	50.00%	0.00%
United States	9	4(44.44%)	66.67%	0.00%

上一页 1 2 3 4 5 6 7 下一页

图 7-15 “物流分布”页面

3. 海外仓×日达专题

如果店铺使用海外仓，卖家还可以通过"海外仓×日达专题"页面（见图7-16）查看销量&流量分析、海外仓×日达商品排行和菜鸟官方仓货品分析等的细分指标。

图 7-16 "海外仓×日达专题"页面

7.2 产品与店铺优化

在店铺运营过程中，做好数据分析工作很重要，在数据分析的基础上优化店铺的各项数据，提高产品的曝光率、转化率则更为重要，这些工作的成果都直接关系到店铺的运营效果。

7.2.1 产品基础优化

1. 产品标题的优化技巧

（1）产品标题的作用

速卖通店铺运营的三大核心是有流量、流量引进能转化、转化订单能及时供给交付。因此，流量是基础，而站内流量是流量的主要组成部分，其主要来源有搜索、推荐、活动、直通车广告、联盟营销等。产品标题的质量直接影响搜索的结果，其作用有以下几点。

① 搜索引擎抓取产品的第一要素就是标题，所以标题承载着被搜索锁定的重要任务。

② 客户通过优质的标题和产品主图即可迅速判断其是不是自己需要的产品。

③ 与产品相关性高的标题能使客户的购物体验更好。

（2）产品标题优化的注意事项

想要获取尽可能多的流量，卖家在优化产品标题时需要注意以下事项。

① 标题要能恰如其分地表达产品的卖点。标题和类目属性要能对产品进行准确的描述。标题中的关键词既要能带来流量，还要符合速卖通平台的规则，不能出现堆砌词、侵权词。标题的关键词不能与品牌词、产品词冲突。

② 标题要符合境外买家的搜索习惯。有些卖家的产品是直接通过"搬家工具"从淘宝网上传到速卖通平台的，产品的标题是通过翻译软件翻译而来的。这种标题存在两个方面

的缺点：一方面，它不符合境外买家的搜索习惯，标题里面的词很难被买家搜索到；另一方面，通过翻译软件得到的标题毫无特色，不仅雷同性强，而且其被搜索到的概率较低。

（3）产品标题优化的内容

① 产品标题排布的优化。

● 优化前 45 个字符。标题最多有 128 个字符，但每个产品标题展示给买家的是前 45 个字符。因此，卖家可以根据这个特点进行标题优化。由于标题从头到尾的搜索权重是不同的，前 45 个字符里一定要放主关键词。很多中小型卖家喜欢在前 45 个字符里放促销词，在开展直通车推广的情况下，展示页面里会出现很多奇怪的标题，但这些标题中最能吸引买家的属性词没有显示出来，这会对产品的转化率产生严重的影响。因此，产品的重要信息一定要放在前 45 个字符里，促销词、非热搜词可放到标题的后面。

● 词频。卖家需要做搜索引擎优化，因为词频是有权重的。但在速卖通平台的产品标题里，词频的权重不是很大，而且一个词出现得过多，会导致降权。因此，卖家要尽量控制词频，不要过多重复，不然浪费标题的 128 个字符是很可惜的。标题中的关键词，即使颠倒着放还是能被搜索到，这也是为什么一个词出现一次就可以。

● 词序。标题是有词序的，关键词在标题中的不同位置，其搜索权重、搜索加分、直通车广告的计分都会受到影响。调整某一个关键词的先后顺序，不仅其自身的权重会受到影响，其他关键词的搜索权重也会因词序的改变而发生变化。因此，在调整关键词的顺序时，要全面考虑调整后的综合权重。需要特别说明的是，标题的词序不能经常变化，否则会影响产品的质量得分，卖家在第一次设置关键词的时候，就要考虑好词序。

● 特殊符号。特殊符号的使用要特别小心，因为它是不能乱放的。有时候卖家会在产品标题中放一些特殊符号，只是因为它们看起来特别好，本以为它们能帮助买家更好地理解产品信息，但其实它们对关键词的影响特别大。因为在速卖通平台的算法里，系统会对前后的关键词进行组合，加一个特殊符号进去，相当于把前后的关键词隔开了，这时它们没法组合在一起，这种组合权重就消失了。因此，每个关键词之间加入空格就好。

② 产品标题内容的优化。

● 促销词。促销词（如"买三赠一"）的使用对转化是有帮助的，但促销词也会被计算在标题的 128 个字符之内。因此，卖家要特别注意促销词的使用数量，尤其是在标题的前 45 个字符内，最好不使用促销词。

● 品牌词。如果卖家运营的是一个知名度较高的品牌产品，可以将品牌词放在标题的前 45 个字符内，但如果品牌的知名度比较低，对于产品转化的作用不大，则建议将品牌词放在标题的后面。

● 主关键词。主关键词无疑要置于前 45 个字符内。例如，男士鞋子，多年后还是会叫男士鞋子，而不会变成女士鞋子，这种主关键词应该放到标题的前 45 个字符内。

● 主属性词。主属性词也要置于前 45 个字符内，这样有利于提高标题的搜索权重。例如，真皮、棉、丝绸等，这类词属于主属性词，对提高产品的转化率、点击率有非常大的帮助。

● 单数词、复数词。在速卖通平台中有些单数词、复数词的权重是一样的，也就是说，买家不管用单数词还是复数词搜索某些产品，都会获得一样的结果，即通常所说的单复数同行，这也是平台的一种搜索引擎机制。但由于产品不同，有的单数词、复数词的搜索结果是不一样的。这就需要卖家根据自己的实际情况决定，如果搜索的结果不一样，就要把单数词、复数词都加到标题里。

③ 标题关键词的优化工具。

- 关键词选取工具。关键词选取工具种类繁多，一个工具的统计结果不可能是十全十美的。统计口径不同，统计结果也就不同。用一种方式找出来的词不一定是完全准确的，有些词虽然流量很大，却不一定最匹配你的产品，卖家通常要综合运用多种方式才能找出最适配的词。常用的关键词选取工具有生意参谋功能模块，这是能直接看到本类目的关键词数据的地方；还有直通车推广工具，该工具会提示哪些词是高流量、高点击率、高转化率的词；主页搜索框的下拉列表中的词也是搜索频率较高的词。

- 测试关键词的工具。速卖通的生意参谋功能模块、直通车推广工具等都可以作为关键词的测试工具，它们统计的是全平台的数据，对关键词选取有重要的参考作用。

（4）产品标题优化的技巧

① 用足 128 个字符。一个简单却容易被卖家忽略的问题就是，没有用完标题的 128 个字符，标题过短不利于搜索覆盖。例如，你售卖的产品是"running shoes"，标题只有"running shoes"，那么当买家搜索"sports shoes"时就找不到你的产品，所以你完全可以把"sports shoes"也放进标题。

② 去掉不必要的连词。很多买家为了让标题符合语法，添加了很多连词，如 to、the、and、of、for，而标题是不用考虑语法的，在可能的情况下，卖家应尽量删除这些连词。例如，部分卖家喜欢设置"spring and autumn"的关键词，但将"and"直接删除，变为"spring autumn"，就可以省略 4 个字符。当然，如果标题长度本身就不足 128 个字符，保留"and"也没有问题，这里主要强调的是"and"这类连词对搜索排名几乎没有影响。

③ 选择搜索指数高的词。例如"new arrival"这一关键词，其搜索指数是比较低的，如果有更好的关键词，建议删除该关键词。如果确实需要保留，则建议加上时间，变为"2020 new arrival"，因为"2020 new arrival"的搜索指数是"new arrival"的几十倍。

④ 单词一定要拼写正确。标题包含的核心词、属性词等一定要拼写正确，否则买家无法搜索到产品。

⑤ 标题的视觉效果要好。标题中的单词不要全部小写，核心词、属性词等的首字母尽量大写，重要的关键词甚至要全部大写。

标题是否优化一次就一劳永逸了？季节交替时，买家的搜索习惯、搜索频率可能会发生变化，这时卖家就可以选择用季节性的热词、搜索指数高的词不断优化标题，从而获取更多的流量。当热门事件发生、新产品发布之后，相应的搜索词也可以在第一时间用在标题里。

总之，标题优化是产品优化的重要内容，准确设置的关键词能方便买家找到产品。标题内容的优化可以提升买家的搜索体验，标题的组合优化可以提高产品的展示概率，从而带来更高的点击率。

2. 产品价格的优化技巧

（1）产品价格的构成

产品价格的构成如下。

① 产品成本：产品本身的成本及残次品分摊的成本。

② 运费：一般包括首重费用和续重费用。

③ 利润：产品预计获取的盈利额。

④ 平台佣金：每个平台的佣金比例是不一样的，速卖通平台的佣金比例可以在其官方网站上查看。

⑤ 中差评纠纷赔偿费：考虑到店铺可能产生中差评纠纷带来的赔偿问题，在核算价格的时候，卖家可以把这一部分费用加到产品价格中。

⑥ 促销成本：促销成本包括店铺活动成本、直通车推广成本、联盟佣金及站外推广费用。例如，"秒杀"或其他周末活动的活动成本；在直通车推广活动中，关键词出价不同，其搜索排名也不一样，这也会产生直通车推广成本；为了获得更多的站外与站内流量，卖家需要为产品设置联盟佣金，"修改佣金比例"页面如图 7-17 所示，有些卖家会进行站外社交媒体推广或视频推广等，这也会产生推广费用。

图 7-17　"修改佣金比例"页面

（2）产品价格的影响

① 对搜索排名的影响。产品展示页面一般会提供按价格进行排名的功能，合理的价格有利于提高产品的排名。按价格排名的产品展示页面如图 7-18 所示。即使是同样的产品，价格不同，其排名和销量也会有所不同。

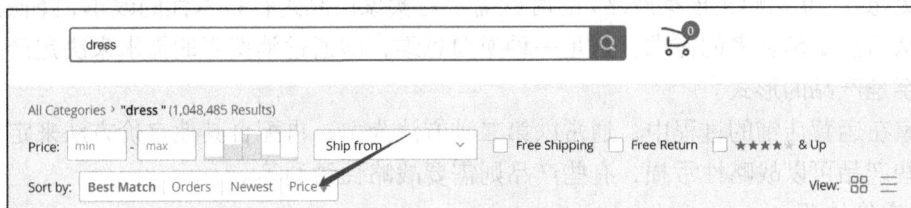

图 7-18　按价格排名的产品展示页面

② 对产品点击率的影响。有竞争力的产品价格会提高产品的点击率。

③ 对成交订单数量的影响。如果产品的价格合理，再搭配恰当的增值服务，买家会更愿意下单，从而增加产品成交订单的数量。

④ 对产品附加值的影响。当制定的产品价格能够让店铺产生合理利润，卖家可以为买家提供产品附加值，如提供更快的发货渠道、提供 24 小时在线客户服务等，这样有利于增

强店铺的综合实力。

（3）定价目标和策略

① 定价目标。

- 获得理想的利润。定价的首要目标是获取理想的利润。
- 提高市场占有率。用较低的产品价格切入市场，有利于提高产品的市场占有率。
- 增强品牌影响力。当产品处于成熟期或稳定期时，稳定的价格不仅是获得利润的保障，还有利于增强产品的品牌影响力。
- 避开竞争。当产品具有专利产权、其他人不易抄袭的特征时，卖家可以适当提高价格；如果产品没有科技含量，为了避开竞争，卖家可以适当降低价格。
- 保持所有产品定价形式的统一性。例如，当价格为整数时，所有产品的价格最好都为整数；如果以"9"作为产品价格的末位，所有产品价格的最后一位都应为"9"，这样有利于提升店铺的整体形象。

② 定价策略。

- 预留推广、活动、赔付的费用（注意参考行业 90 天内均价）。
- 遵循价格排序规则，包括从高到低和从低到高进行排序。
- 灵活运用批发价和运费模板功能。批发价的折扣应该适当低一些，如买 2 件可以便宜多少等，从而以量换取更多的利润。卖家通过运费模板可以合理地设置运费，从而节约成本并增加利润。
- 多种价格并行。有时店铺为了获取流量，会将某种产品的价格设置为亏本价；有时为了提高整体销售额，卖家会设置保本价。多种价格并行，会让店铺更有竞争力。

（4）定价方法与技巧

① 定价方法。

- 成本加成定价法，即先计算好产品成本、平台佣金、推广费、运费等的总和，再加上自己想要的利润。
- 竞争导向定价法，即先了解同行业竞争对手的定价，再制定比该价格略低的产品价格，以快速占领市场。
- 消费者导向定价法，即根据消费者的需求定价。例如，原本产品定价为 50 元，但消费者更想以 30 元购买该类产品，这时就需要对卖家产品进行技术性的改革，降低其生产成本，从而满足消费者的需求。这是一种逆向思维，即通过消费者的需求来决定产品的价格，甚至是产品的形式。

卖家在运营店铺的过程中，通常以第二种方法为主，再配合其他定价方法来定价。例如，有些产品可以战略性亏损，有些产品则需要战略性盈利等。

② 定价技巧。

在店铺的运营过程中，定价技巧往往是与营销策略配合使用的。卖家通常可采用的定价技巧如下。

- 弧形数字法。该方法是指用带有弧形线条的数字来定价的方法，含有这种数字的价格易被人们接受。市场调查发现，在生意兴隆的超级市场中，产品定价时所用的数字，按其使用的频率排序，依次是 5、8、0、3、6、9、2、4、7、1。这种现象不是偶然出现的，究其根源是消费者心理在起作用。带有弧形线条的数字，如 5、8、0、3、6 似乎更容易被消费者接受；而不带弧形线条的数字，如 4、7、1 相对而言就不太受欢迎。所以在产品价格中，5、8 较常出现，4、7、1 则出现得较少。

- 尾数定价法。尾数定价法是指在确定产品价格时，利用消费者的求廉心理，制定非整数价格，使消费者在心理上产生一种占便宜的感觉；或者用吉利数字作为价格尾数，从而激发消费者的购买欲望，促进产品销售。例如，如果产品定价为 29.99 元，消费者就会觉得价格远不到 30 元；如果产品定价为 30.35 元，消费者会觉得价格远远超过了 30 元，其实两者只差 0.36 元，但它们带给消费者的心理感受完全不一样。

- 与促销活动配合的定价方法。低价法指将某款产品的价格定得很低，以增加销量、吸引流量的方法，如 10 元特价产品。高价法适用于高品质的产品，目的是突出产品优质的特性，如卖家可以通过提供增值服务来吸引消费者购买。同价法适用于价格差不多的多种产品，5 元店、10 元店就常用此定价方法。捆绑价格法指将相关联的两种产品捆绑定价，如将杯子和勺子捆绑定价，一般而言，捆绑价格需要比单独售卖的价格之和低，这样才能吸引消费者购买捆绑产品。折扣价法指为产品制定打折价，以此来刺激消费者的购买欲望。

- 按产品的颜色定价。例如，不同颜色的同一款手机的价格不一样。

- 隐性涨价法。随着产品成本的提高，为了保证利润水平，卖家有时不得不提高产品的价格，如果涨价不明显，一般不会对销量产生影响。

3．产品属性的优化技巧

（1）产品属性的定义

产品属性是指产品本身所具有的性质，是产品在不同领域的差异性（不同于其他产品的性质）的集合。在速卖通平台上，产品属性特指发布产品时需要填写的与产品相关的基本信息。

（2）优化产品属性的作用和意义

优化产品属性的目的是方便客户通过"类目浏览"快速找到产品。客户找到卖家产品的方法有两种：类目浏览和关键词搜索。主页类目浏览带来的客户流量非常大，但这一点往往容易被新手卖家忽视。

① 增大流量。设置合理、完整的产品类别和产品属性，是增大类目浏览有效流量的关键技巧。产品类别页面如图 7-19 所示。产品属性搜索页面如图 7-20 所示。

图 7-19　产品类别页面

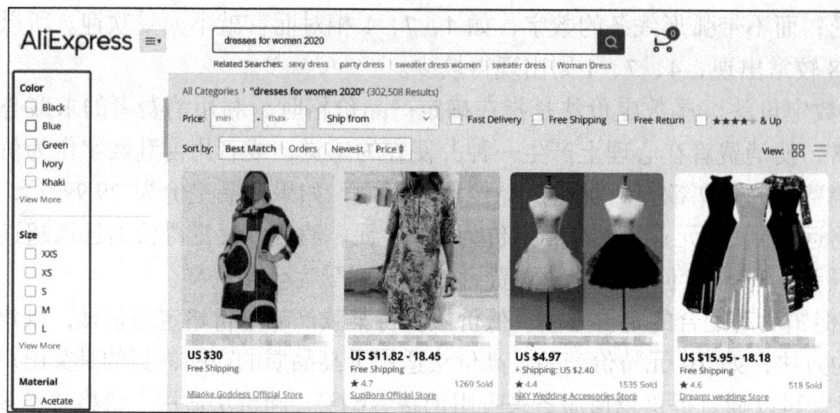

图 7-20　产品属性搜索页面

② 提高客户在关键词搜索中找到产品的概率。在关键词搜索结果页面中，客户可以通过产品属性进行筛选，勾选页面左边相应的属性，客户就能快速找到自己想要的产品。

③ 有利于提高直通车推广评分和成功参与平台活动。直通车推广的收费和效果取决于直通车推广评分和卖家对关键词的出价。设置完善的产品属性，可以提高直通车的推广评分，节省直通车推广的点击费用、改善推广效果。另外，设置完善的产品属性，在一定程度上也有利于店铺成功参与平台活动。

（3）如何优化产品属性

① 填写产品属性之前，卖家应该尽可能全面地收集、整理产品的相关资料。

② 填写完整的系统推荐属性。卖家应充分利用自定义属性功能，提高产品信息的完整度。速卖通系统平台的基本要求是产品所在类目下优质产品的属性填写率为 78%。建议卖家尽量使产品的属性填写率达到 100%。

③ 使用数据分析工具，尽量为产品添加热销、热搜属性。

（4）优化产品属性的常见问题

① 如果系统推荐属性中没有合适的产品属性，卖家可以采取以下两种方法：一是使用自定义属性功能，添加个性化的产品属性；二是通过专用链接，联系速卖通相关管理人员，申报新的产品属性（操作方法为在"产品属性"页面中单击"点此提交"，选择申报产品所在的类目，然后选择"属性项缺失"单选项，按要求填写相关信息，最后单击"申报"即可）。

② 对于没有品牌的产品，卖家不要让"品牌"一栏留空，可以填写"N/A"（Not applicable）或者"Other"。建议卖家在这里填写竞争产品的热搜属性，以提高产品被搜索到的概率。这种办法同样适用于没有"型号"的产品。需要强调的是，受品牌注册保护的品牌名称或型号不可以用作自己的产品的属性词。

③ 产品标题有 128 个字符的限制，除标题以外，可被客户搜索到的还有产品属性、产品详情描述等。其中，产品属性的搜索权重较高，建议卖家把更多重要的关键词放置在产品属性中。

7.2.2　产品曝光量与点击率的提高

1. 提高产品的曝光量

（1）从产品本身着手提升。卖家可通过站内搜索和搜索词分析增加曝光量。例如，在速卖通主页，搜索"Socks"，按"Orders"排序，可以发现在 1885161 个搜索结果中，排在前面的都是销量较高的产品，订单数量都非常大，这表明此类产品的曝光量大、整体需求大。该产品的搜索页面如图 7-21 所示。卖家需要持续不断地选择有较大市场需求的产品上架，这样才有更多的机会提升产品的曝光量。

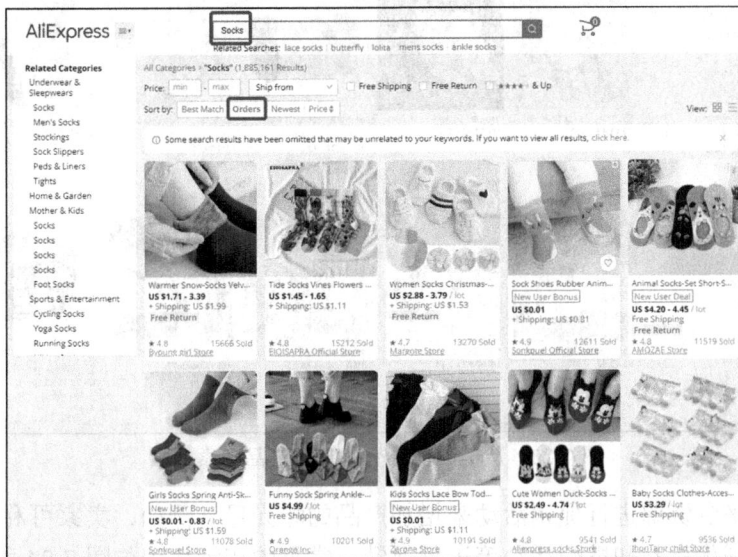

图 7-21　产品搜索页面

（2）布局海外仓，能增强店铺产品在同行业产品中的竞争力，提升其曝光量。我们仍以搜索"Socks"为例，如果选择无海外仓发货，得到的搜索结果为 1878569 个，如图 7-22 所示。如果选择从美国海外仓发货，得到的搜索结果为 117135 个，如图 7-23 所示。由此可见，有海外仓的产品的数量较少，竞争也比较小，同等机会下，有海外仓的产品获得曝光的概率更大。

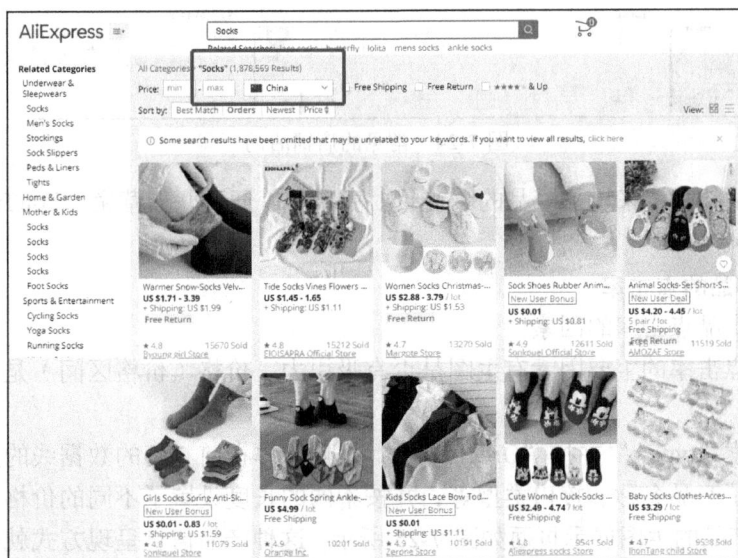

图 7-22　无海外仓的产品搜索页面

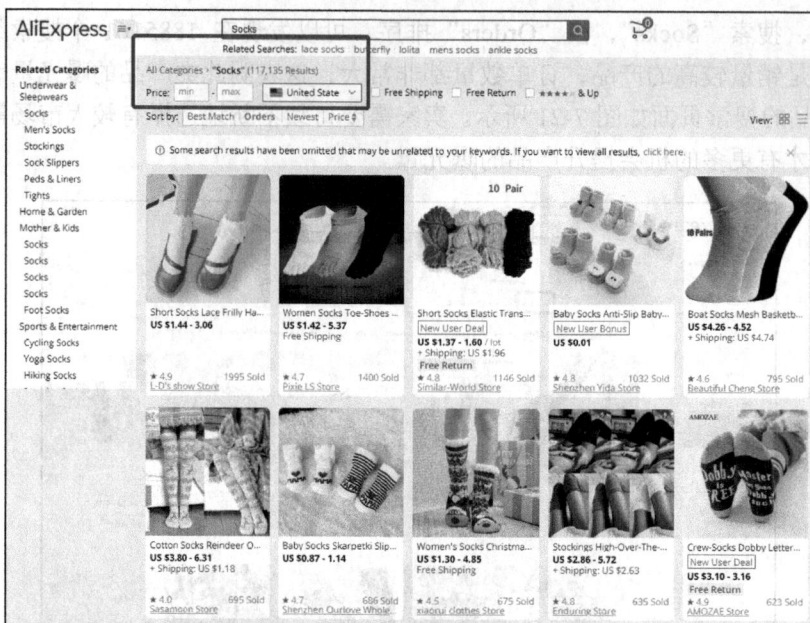

图 7-23　从美国海外仓发货的产品搜索页面

（3）利用平台资源进行促销活动来增加产品的曝光量。例如，卖家可利用单品折扣、满减活动、店铺优惠券和搭配活动等进行促销。常见的店铺活动如图 7-24 所示。

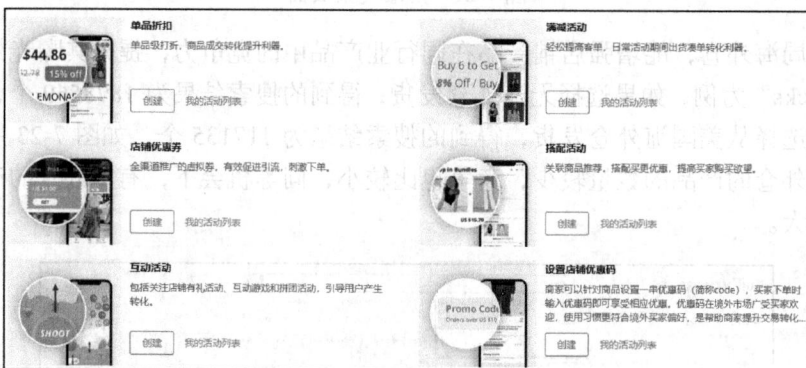

图 7-24　常见的店铺活动

（4）通过站外引流来增加产品的曝光量。卖家可以通过联盟营销、YouTube、VK 等渠道实现站外引流。

2. 提高产品的点击率

（1）影响产品点击率的因素

影响产品点击率的主要因素有主图是否有吸引力、价格（价格区间）是否合理、好评率高低等。

例如，搜索"type c"并按"Orders"进行排序，排在前 3 名的数据线的主图不仅美观大方，还展示了产品名称、接口类型等，并按不同的长度设置了不同的价格，产品好评率高，其中一款产品的主图展示页面如图 7-25 所示。这种产品信息呈现方式就能带来较高的点击率。

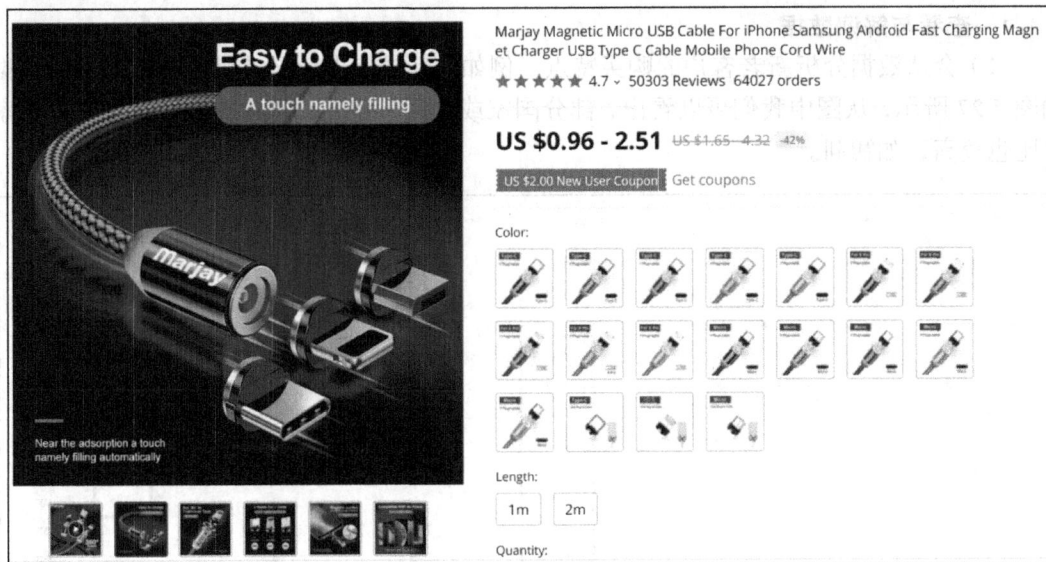

图 7-25　产品主图展示页面

（2）高点击率的详情页设计技巧

① 产品组合展示。主图设计要精美，能突出产品的功能；运费模板要做到基本能为各个国家和地区提供优选物流方案。

② 产品详情页设计应与促销活动密切配合。卖家可设置多种店铺活动，提供各种促销搭配套餐等。

③ 用图片展示要点。卖家应根据产品的特性，尽可能地在主图中展示产品的各种要点，最好让客户通过主图就能决定是否下单，从而促成转化。

7.2.3　回访率与回购率的提高

客户访问店铺的方式，如图 7-26 所示。所谓提升回访率和回购率，指的是对已经访问过店铺或购买过的客户的再次营销，获取相应的营销效果。想要提升回访率和回购率，首先要学会查看与解读数据，然后给买家一个回来再次购买的理由，最终促进买家多次回购。

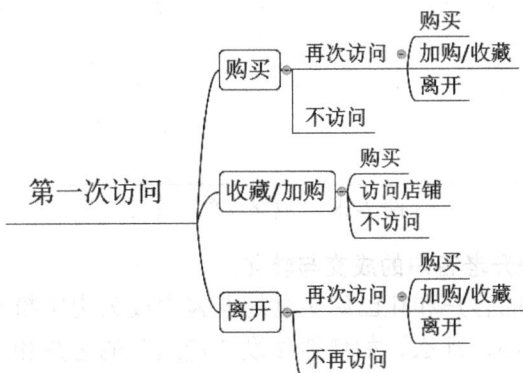

图 7-26　客户访问店铺的方式

1. 查看与解读数据

（1）会从数据分析新老客户的购买特点。例如，新访客占比及支付老买家占比的数据如图 7-27 所示，从图中我们可以看出，部分国家或地区不仅新访客占比高，其支付老买家占比也较高，如智利。

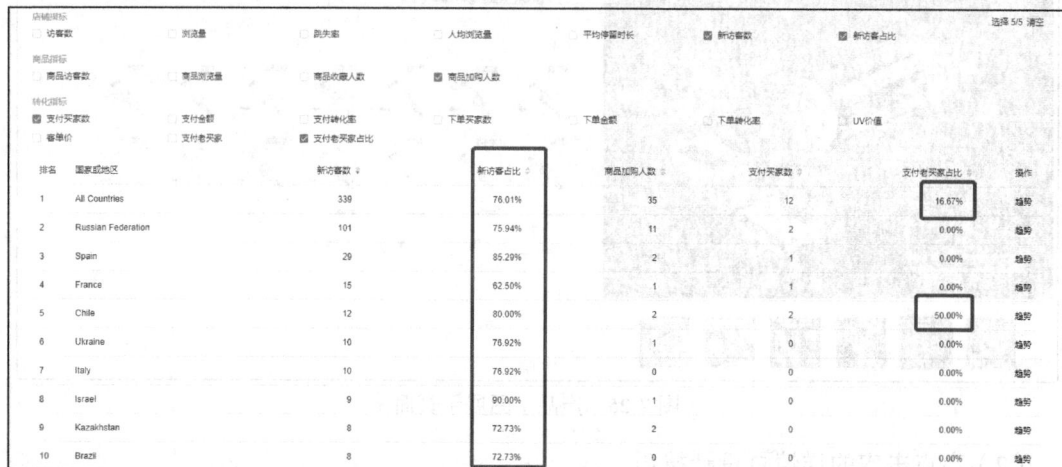

图 7-27　国家排行的数据指标页面图

（2）分析查看后台新老买家 GMV 分布。"成交分布"页面如图 7-28 所示，该店铺最近 7 天的老买家占比为 25.65%，新买家占比为 74.35%。由此可知，卖家应继续加大对老客户的优惠力度，以吸引老买家再次光顾。

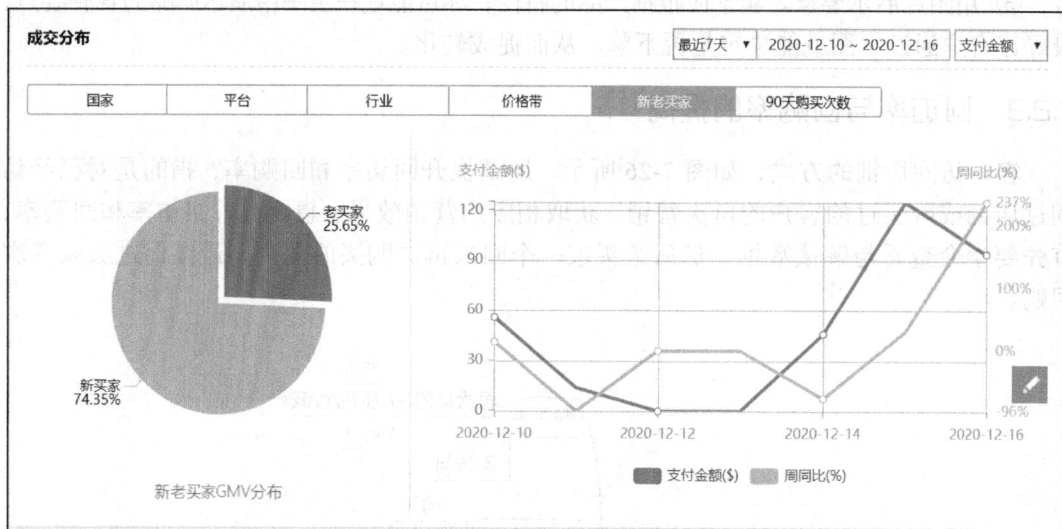

图 7-28　"成交分布"页面

2. 挽留住客户，提升老客户的成交与转化

抓住还没"走远"的客户和让已经买过的老客户成为忠实粉丝再次或多次回购是提高回访率与回购率的核心，那么，如何抓住没"走远"的客户和让买过的客户成为忠实粉丝呢？

（1）分析成交核心指标

抓住还没"走远"的客户，首先要通过分析成交核心指标中的"加购次数"和"加收藏次数"，针对具体数据制定促销活动政策（如采用购物车营销或者给加收藏的客户派发专属优惠券）。"成交核心指标分析"（可以返回老版的数据纵横中的"经营分析"—"成交分析"查看）页面如图 7-29 所示。

图 7-29　"成交核心指标分析"页面

（2）建立良好的客户关系

① 为老客户提供更好的服务。一些店铺往往把注意力全都放在首次访问的新客户身上，不断为吸引新客户投入费用，却忽视了那些老客户。

如果客户买过一次以后还到你的店里来，这意味着你的产品已经通过了他们的初步测试，接下来你需要不断改进服务，给这些客户提供不断地到店消费的理由。卖家可以采取以下措施。

- 给老客户提供具有终身价值的折扣卡；
- 给老客户提供更加优质的服务，如优先享受客户服务等；
- 请老客户对新产品提意见或建议；
- 给老客户提供优先购买权；
- 给老客户赠送额外惊喜，如为其供应缺货的商品款式等。

通过采取这些措施，卖家会拥有更多的忠诚客户，而不是在被投诉后漫无目的地等待新客户的到来。

② 重视客户的负面信息反馈并进行改进。没有谁的建议能比客户的建议更重要，因为

他们就是受众，他们花时间写下的评价就是自己的真实感受，其中有些细节是卖家无法体会的。根据客户的想法进行改进，客户也会感受到你的用心，从而增加对店铺的好感。此外，卖家还可以向这些客户发送邮件感谢他们提出建议。

③ 充分利用速卖通的好评信息。当得到好评的时候，卖家除了开心之外还有一系列事要做。首先，卖家要将好评截图放到产品页面或营销邮件中，以激发其他客户的购买欲望。其次，卖家要请客户在自己的社交媒体上发布同样的内容，最后卖家可以将这些信息置顶。

④ 适应老客户的购买周期。客户的购买行为是有周期性的，卖家可以定期向客户发送邮件，通过分享一些与品牌有关的内容（不仅仅是产品的广告）来吸引客户，促成交易。在发送邮件时，卖家需要把握客户的购买规律，过于频繁地发送邮件，也会让客户反感。

⑤ 对客户进行分组并设置标签。许多卖家会问：到底如何为客户提供个性化的服务、发送个性化的信息？答案是卖家要有一个运作良好的客户管理系统，使其可以按照客户购买行为和特征对他们进行分组并设置标签。

⑥ 与客户保持良好的互动。保持良好的互动是持续提高客户忠诚度的一个重要因素。客户需要服务的时候，卖家应及时做出回应。对于客户在社交媒体上留下的一些问题，卖家也应尽快做出回答。对于负面评论，卖家需尽量保持谦逊的态度，将负面评价转换成展示自身优质服务的机会。如果卖家积极地回应客户的反馈，客户就会更加信任你，并且更愿意购买你的产品。

⑦ 充分发挥社交媒体的功能。卖家可在社交媒体上展示品牌故事、品牌价值、产品故事，将社交媒体当作与客户交流的工具，这不仅能吸引潜在客户，还有利于维护老客户。

⑧ 创造良好的购物体验。市面上 99%的产品都有其他卖家在卖，其价格也可能更低。仅靠好产品，并不能将客户留下来，卖家还要为他们提供良好的购物体验，在购物体验方面发挥独特创意。例如，卖家可以每次都为客户提供一个不同的小礼盒，让客户体会到不同的购物体验；也可以简单地在包裹中放一个礼品包装袋、产品使用搭配指南等。这些举措都能为客户带来不一样的感受。

事实上，留住客户并不难，最重要的是要像对待朋友一样真诚地对待客户。

（3）建立客户管理机制

建立客户管理机制包含以下几个方面的内容。

① 进行客户分类。卖家要按客户等级进行分类，针对不同的客户采取不同的策略。例如，对于新客户或者不太活跃的客户，由于他们普遍对平台的服务水平和产品持有怀疑态度，因此卖家适合采取成交后趁热打铁、进行多频次的服务跟进、加强日常联系等方法；对于忠实客户，卖家可将他们培养为忠实粉丝，在沟通过程中应强调品牌形象，推荐新品时才容易引起他们的注意。

② 划分客户等级。

第一，按国家和地区、语系划分。不同国家和地区的客户对产品的喜好、需求都不一样，使用语言、生活习惯也不一样，差异化地去做客户沟通工作，转化率会更高。

第二，按购买次数划分，可以将客户划分为购买 1 次的客户和购买 2 次及以上的客户。

第三，按购买产品分类，可以将客户划分为低端客户与高端客户、讲究实用的客户和讲究美观的客户。

③ 建立简单的客户管理方案。卖家可将所有购买过产品的客户设置为会员，为每一个会员设置编号，为老客户提供额外的折扣。这样做的好处是能让客户觉得自己被特殊对待，从而提高回购率，管理起来也相对简单。

④ 与客户保持通畅的沟通。与客户沟通的方式有订单留言、发送站内信、发送旺旺消息、发送营销邮件和定向发放优惠券等。卖家通常可以采取以下方式保持与老客户的沟通。

- 随包附件：包括感谢信、说明书、品牌吊牌、产品标签、包装材料等，上面附有店铺网址、二维码、优惠券二维码、会员编号、优惠承诺等可引导客户回访的信息。
- 邮件营销：可以通过第三方软件进行邮件营销，其优点是发送的次数不受限制、可以设置个性化字段。

与客户沟通的内容包括订单跟进、后续服务跟进、嘘寒问暖、节日祝福、优惠活动信息预告、新品上架通知等。

总之，优质的产品、可靠的服务、明确的品牌定位是客户自愿回访、回购的强大驱动力。良好的沟通则是客户了解店铺、成为店铺粉丝的桥梁。

7.2.4 产品转化率的提高

1. 店铺转化率的相关指标

店铺转化率是衡量一家店铺运营状况的重要标准，单品转化率为店铺运营方向的调整及产品的优化提供了数据依据。常用的店铺转化率指标如下。

店铺曝光转化率（曝光点击量）：店铺浏览量占搜索曝光量的百分比。

店铺成交转化率（UV 转化率）：支付买家数占所有访客数的百分比。

单品转化率：单品下单买家数（订单数）占下单访客数（下单 UV）的百分比。

下单访客数可以用产品分析里的订单数来估算；UV 是指访问网站的一个 IP 地址，每访问一个 IP 地址则计算一次；PV 是指页面浏览量或点击量，买家每次刷新页面即重新计算一次；PV/UV=平均访问深度，该数值越大，买家在页面中的停留时间越久，购买意向越强烈。

2. 影响产品转化率的因素及产品转化率的优化

影响产品转化率的因素有哪些呢？下面从主观因素和客观因素两个方面展开分析。

（1）主观因素（决定性因素）

① 价格。价格对于成交转化率而言虽然不是决定性的影响因素，却是占比很大的影响因素。如果不是有一定知名度的品牌，价格的高低将直接影响成交转化率。

产品价格应根据产品的市场定位、受众的消费能力和消费习惯、竞争对手的价格和产品的成本分阶梯确定。那么，如何对店铺产品价格进行布局，进行分阶梯定价呢？

- "引流"款产品的定价要低，其主要作用是吸引流量、提高转化率。
- 主推款产品的定价应略高，这样能保持合理的利润水平，因为主推款产品是店铺主要的利润来源。

- 新款产品或市场定位较高且与竞争对手有明显差异的产品，由于市场同质化程度低，价格可以适当调高。
- 活动款产品的价格需要根据平台活动要求的折扣来确定。

② 流量和销量。转化的前提是有流量，而产品的转化率和流量又是相辅相成的，流量越高的产品，其转化率也越高。那么，新产品上架后应如何提升流量进而提高转化率呢？

- 直通车推广是最直接、最有效、最精准的营销工具之一。卖家通过直通车推广，可以让产品获得较高的曝光量。但是，产品在前期的销量和好评有限、人气偏弱、不能得到客户的有效信任，因而转化率会比较低。那么在获得高曝光量的同时，卖家可以采取以下措施提升产品的转化率，从而最大化流量的价值：选词要以精准词高价为主、大词低价为辅，尽可能地捕捉精准流量；主图要按平台的要求简洁明了地展示产品主体；店铺活动要配合关联营销、搭配营销进行。
- 平台活动与店铺活动相结合。用平台活动展示产品的同时结合店铺活动，这样可以带动店铺内其他产品的销售。
- 关联营销。关联营销模板的插入位置要根据不同的产品来定：对于转化率较高的产品，卖家可以将关联营销模块放在产品详情页的下方；对于转化率较低的产品，卖家可以将关联营销模块放在产品详情页的上方。关联营销模块的形式：尽量通过 Photoshop 软件的图片切片功能来自定义关联营销模块，同时展示店铺的优惠信息和产品的折扣信息等。

③ 产品评价、产品和店铺评分。产品的评价质量、产品和店铺评分的高低也是影响买家下单和产品转化率的重要因素，同时，它们也会影响产品的自然搜索排名以及店铺是否可以参与平台活动。

那么，如何提高产品的评价质量以及产品和店铺的评分呢？

- 加强对产品质量的把控，提升买家的满意度。
- 在产品详情页中插入好评。
- 做好售前、售中、售后的客户服务工作。

（2）客观因素

① 店铺装修。店铺装修工作主要包括店铺首页装修和产品详情页装修。

店铺首页装修的内容如下。

- 确定店铺的装修风格。卖家要根据店铺的主营类目和产品，选择合适的装修风格，使产品分类简洁明了，并应及时根据季节、节日的变换等进行适当的修改。
- 利用好店招。在买家浏览店铺的时候，店招会始终显示在页面的上方，因此店招是店铺内很好的展示位置。

产品详情页是买家决定是否下单的最后一站，所以产品详情页做得好不好，直接决定了产品转化率的高低。一个好的产品详情页，需要从买家的角度出发，包含买家可能需要的各种信息，这样才能提高产品转化率，同时也可以减轻售前客服的工作压力。

产品详情页应包含的基本信息如下。

- 产品展示类：包括产品的色彩、细节、优点、卖点、包装、搭配、使用效果等信息。
- 实力展示类：包括品牌名称、资质、销量、生产实景、仓储等信息。

- 吸引购买类：包括产品卖点、买家好评、热销情况等信息。
- 交易说明类：包括购买流程、付款方式、收货、验货、退换货、保修、好评索取等信息。
- 关联营销类：包括关联产品、搭配产品、促销活动、优惠方式等信息。

② 店铺活动。影响产品转化率的店铺活动包括以下几种。

- 关联营销信息：在活动中关联其他热销产品的信息。
- 搭配套餐：热销产品与滞销产品搭配促销。
- 二维码营销：针对移动端买家的营销活动，可以通过扫描二维码的方式提高流量。
- 店铺自主营销：积极开展店铺自主营销活动。

③ 未付款订单优化。优化未付款的订单也能提高产品转化率。优化前，卖家要分析买家未付款的原因有哪些，再进行优化。通常，出现未付款订单的原因有以下几个。

- 买家拍下产品后无法及时联系卖家，因而无法对购买细节进行确认。
- 买家拍下产品后发现运费过高。
- 买家需要对同类产品再进行比较。
- 买家付款遇到问题。

相应的优化方法如下。

- 当订单生成后，卖家立即给买家发站内信，及时和买家进行沟通，了解买家未付款的原因。
- 根据买家的意见进行调整。如果是价格、运费问题，卖家可以适当调整，使产品更有竞争力；如果是因为买家对产品细节不了解，卖家可以进一步展示产品，如提供图片、描述细节，让买家对产品有更深的认识；如果是因为支付遇到了问题，卖家可以主动帮助买家解决付款问题。
- 如果买家在 24 小时内仍未付款，也没有给予回复，卖家可以考虑主动调整价格，系统会自动发送调价邮件通知买家关注下单的产品。
- 在必要时，卖家可以与买家进行电话沟通。

④ 购物车、收藏夹营销优化。对被添加购物车、收藏夹次数多的产品进行重点优化，可以提升产品转化率。优化方法包括促销打折和减价，系统会发送降价信息提醒买家；发送邮件给添加购物车、收藏夹的买家，并注明付款后会有礼品赠送等信息。

⑤ 平台活动优化。平台活动是提升店铺转化率非常有效的方式。平台活动包括以下两种类型。

固定的平台活动：如 Flash Deals、金币频道、品牌闪购频道、拼团频道、试用频道等，参加这类活动的产品流量大、平台推广力度大、订单数量多，转化率也高。

专业性的平台活动：活动期数不固定，需要卖家经常留意。此类活动面向的产品很精准，对折扣的要求比较高，比较适合推广新品。

⑥ 老客户营销。对老客户进行营销，既能提高老客户的回购率，也有利于提升店铺的转化率。具体方法如下：通过邮件营销，发送店铺活动信息；向老客户发放定向优惠券，通过"客户管理与营销"功能模块对客户进行分组管理和营销。"客户管理"页面如图 7-30 所示，"场景营销"页面如图 7-31 所示。

图 7-30 "客户管理"页面

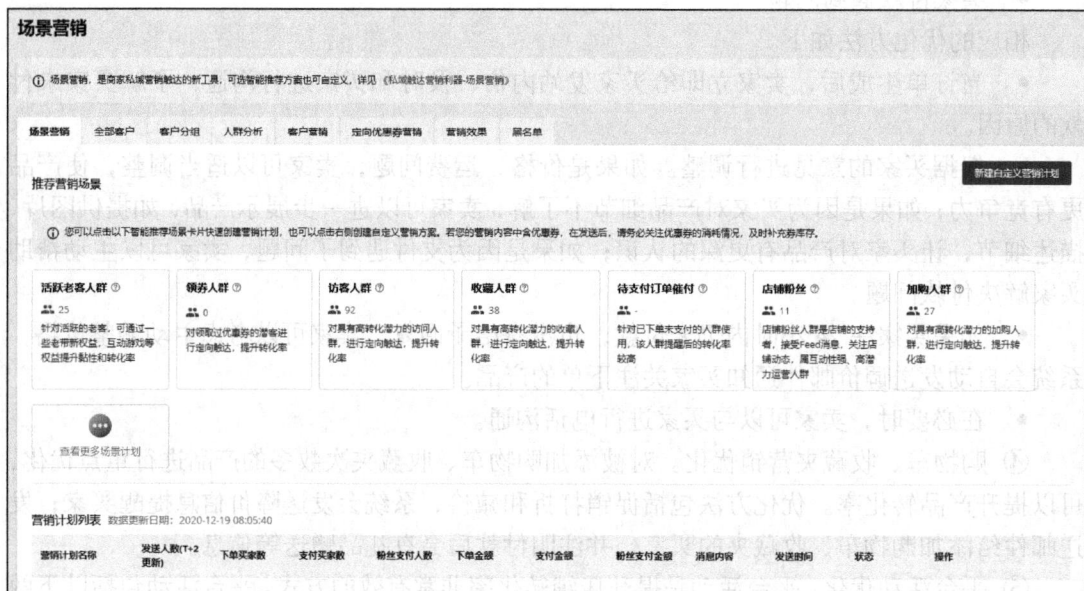

图 7-31 "场景营销"页面

⑦ 运费模板的设置。对于跨境电商来说，物流方式的选择和运费模板的设置是非常重要的一部分工作。选择合适的物流方式及巧妙地设置运费模板，不仅可以提高老客户的回头率，也可以增强产品的竞争力。

物流模板的设置技巧：很多卖家对运费模板的国际快递部分都没有精确计算，只是设置了一个大概的比例，系统计算出的运费往往过高，使客户望而却步，从而损失许多客户，导致店铺转化率低。因此，在设置运费模板的时候，应该根据每一款产品的具体情况，计算好相应的运费，对应收取运费的模板进行精准的设置，从而有利于提升产品价格的竞争力，促进订单成交。

任务实训1　分析速卖通女装店铺的3款畅销产品的数据

【实训目标】

1. 能应用平台提供的工具进行产品的流量分析，找到店铺存在的问题。
2. 能对产品的品类进行分析，明确产品在同行业中的定位，找到其中存在的问题。
3. 能对店铺产品的营销活动进行分析，找到营销活动存在的问题。
4. 能对店铺的物流进行分析，找到物流方面存在的问题。
5. 能对产品的市场进行分析，明确自身的优势与存在的问题。

【实训内容】

针对速卖通女装店铺的 3 款畅销产品进行数据分析，得出相应的结论。

1. 制作流量跟踪数据表，分别做好流量的店铺来源和产品来源详细情况记录，应包含一周以上的数据，并能得出店铺和产品一周的流量来源结论。

2. 制作一个月内店铺产品支付排行表、访问排行表、异常访问排行表、异常支付排行表，制作店铺热销的 3 款单品的分析表，得出店铺热销产品与异常产品的相关数据结论。

3. 制作上一次平台大促活动的流量、支付、转化等情况的总结表，得出大促活动的相关数据结论。

4. 制作一个月内物流情况的分析表，得出物流单量、时效、体验、服务商、类目、国家和地区等的相关数据结论。

5. 制作一个月内的关于市场大盘、国家分析、搜索分析的市场分析表格，得出产品在市场方面的数据结论。

对以上 5 个方面进行汇总，编写关于店铺和产品的优势与不足的数据分析报告。

任务实训2　优化速卖通女装店铺的两款滞销产品

【实训目标】

1. 能根据店铺的数据对已上架产品进行基础优化（标题、价格、属性）。
2. 能根据店铺的数据提升店铺产品的曝光量与点击率。
3. 能根据店铺的数据提升店铺的回访率与回购率。
4. 能根据店铺的数据提升产品的转化率。

【实训内容】

针对速卖通女装店铺的两款滞销产品，结合店铺的实际情况进行优化。

1. 制作产品跟踪数据表，做好产品基础优化（包括标题、价格和属性的优化），记录好优化前后的情况，做好接下来一周的数据跟踪。

2. 根据店铺产品的曝光量与点击率提升的内容，制作相应的跟踪表，用一周的时间跟进提升的效果。

3. 根据店铺产品的回访率与回购率提升的内容，制作相应的跟踪表，用一周的时间跟进提升的效果。

4. 根据店铺产品转化率提升的内容，制作相应的跟踪表，用一周的时间跟进提升的效果。

课后习题

一、名词解释

访客数　浏览量　跳失率　人均浏览量　平均停留时长　新访客数　新访客占比　客单价　加收藏夹人数　加购人数　下单转化率　支付转化率　新买家占比　下单买家数　支付买家数　支付金额　UV 价值

二、选择题

1. 下面哪个是速卖通站内流量来源？（　　　）

　　A. 百度搜索引擎　　　　　　　　　B. 社区软文转化

　　C. 首页自然搜索　　　　　　　　　D. 折扣分享平台推广

2. 以下组合中，哪个组合是影响销售额的数据指标？（　　　）

　　A. 转化率、客单价、UV　　　　　　B. 成交人数、ROI

　　C. UV、ROI　　　　　　　　　　　D. ROI、访客数

3. 从哪个数据工具可以获得影响销售额的数据指标所对应的数据？（　　　）

　　A. 阿里指数　　B. 百度指数　　C. 速卖通生意参谋　D. 客服软件

4. 在速卖通数据中，UV 指标指的是（　　　）。

　　A. 页面浏览次数　　　　　　　　　B. 独立访问者

　　C. 关键词被搜索次数　　　　　　　D. 用户一次访问店铺的页面数

5. 某店铺今天通过搜索获得的 UV 为 50，通过直通车获得 UV 为 80，一共成交了 13 笔交易，那么（　　　）。

　　A. 店铺今天的转化率为 10%　　　　B. 店铺今天一共获得了 80 个 UV

　　C. 店铺今天的 UV 为 130　　　　　D. 店铺今天的跳失率为 10%

6. 下面哪个选项不能提供店铺相关数据？（　　　）

　　A. 生意参谋　　B. 阿里指数　　C. 速卖通数据纵横　D. Photoshop

三、简答题

1. 数据分析在整个店铺的运营中有什么作用？

2. 产品和店铺优化应该从哪些地方着手？

3. 如何跟进店铺的优化效果？

第8章
速卖通客户服务与订单履约

知识目标

（1）学习跨境电商售前、售中和售后沟通与服务的基本内容。
（2）学习跨境电商售前、售中和售后沟通与服务的技巧。
（3）学习跨境店铺订单履约的处理技巧。

能力目标

（1）熟练应用相关的话术和沟通技巧解决售前、售中和售后的问题。
（2）能够处理跨境电商店铺的订单。

情景导入

经过反复优化，店铺的流量慢慢增多了，也慢慢有客户询盘和下单了，黄志远团队又虚心地向业内专家学习了关于客户服务与订单履约的内容。经过学习，他们了解到，原来客户的询盘可不能随便回复，如果随便回复，容易导致客户流失。相关人员需要掌握客户服务的话术和相关技巧，了解客户的心理，做出相应的引导以解决问题，体现店铺的专业性，从而促成订单的交易转化，引导老客户再次成交，最大限度地避免交易纠纷，给客户带来更好的购物体验。而且，相关人员还要根据客户下单的实际情况，做好订单的处理工作。

8.1　客户服务

在跨境电商行业中，"客户服务"的概念与传统意义下境内电商的"客户服务"是有区别的，它不仅涉及"服务客户"，更多地涉及并影响店铺流量、老客户的多次成交、店铺成本控制和团队管理等。

8.1.1 跨境电商客服的职责与客户咨询的常见问题

1. 跨境电商客服的职责

客服在店铺的运营中有着非常重要的作用，解决售前问题能够促进销售，解决售中问题可以消除客户疑虑，提升客户的购物体验，解决售后问题可以避免和降低纠纷率。因此，客服尽职工作是店铺正常运作必不可少的环节。

针对速卖通平台，客服的职责包括以下几点。

（1）负责店铺的订单留言及站内信的回复工作，并处理客户的投诉；

（2）负责处理店铺订单，包括发货、物流跟踪、库存及销售统计；

（3）协助销售人员进行开发新客户、维系老客户等工作。

2. 客户咨询的常见问题

速卖通平台的特点决定了客服在服务过程中需要具备各种能力。例如，平台面对的是不同国家和地区的客户，不同国家和地区使用的语言不一样，客户的消费习惯、支付方式也不一样。因此，客服不仅要具备解决基本问题的能力，还要通过不断学习来提升自己的服务技巧。

（1）客服在与客户沟通的过程中需要注意以下问题。

① 及时回复客户的问题。客服应经常检查邮箱、站内信、客户留言及其他沟通工具上是否有客户的询盘消息。查看买家消息的入口页面如图 8-1 所示，在客户询盘的 24 小时之内回复效果最好。

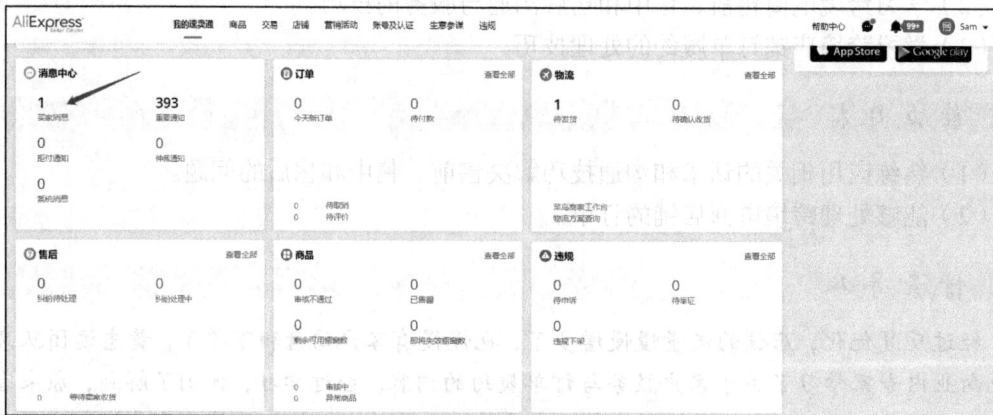

图 8-1　查看卖家消息的入口页面

② 回复内容时要有较强的专业性和完整性，遵循"3C 原则"，即清楚（Clear）、简洁（Concise）、礼貌（Courtesy）。

③ 回复格式要规范，不要忽略了问候语、结束语等细节。

（2）客户咨询的常见问题有以下 3 个。

① 询问有没有某一种产品。当客户看到店内有相似的产品，但是产品的尺寸、功能、颜色等可能与其预期不太一致时，客户就会针对他想要的产品进行询问，如图 8-2 所示。

这时，客服需要与客户进一步沟通，了解客户的真实需求，必要时可以请客户发送他需要的产品的图片或图示。

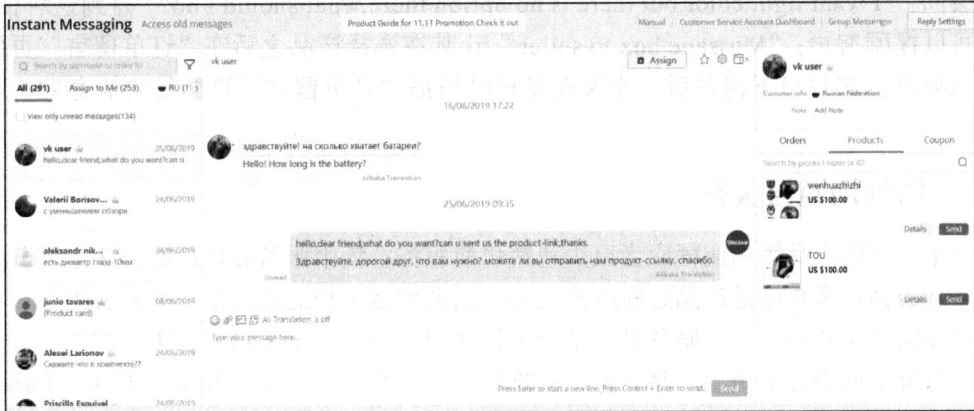

图 8-2　站内信回复页面

② 询问物流情况。当客户看到订单没有发货的时候，他可能会发站内信询问，如图 8-3 所示。卖家如果已经准备好相应的产品，可以先填好物流信息，打消客户的疑虑。也有部分客户会因为物流运送时间太长来询问物流信息，客服可以在查询后根据实际情况回复客户，并为客户提供解决方案，做好安抚工作。

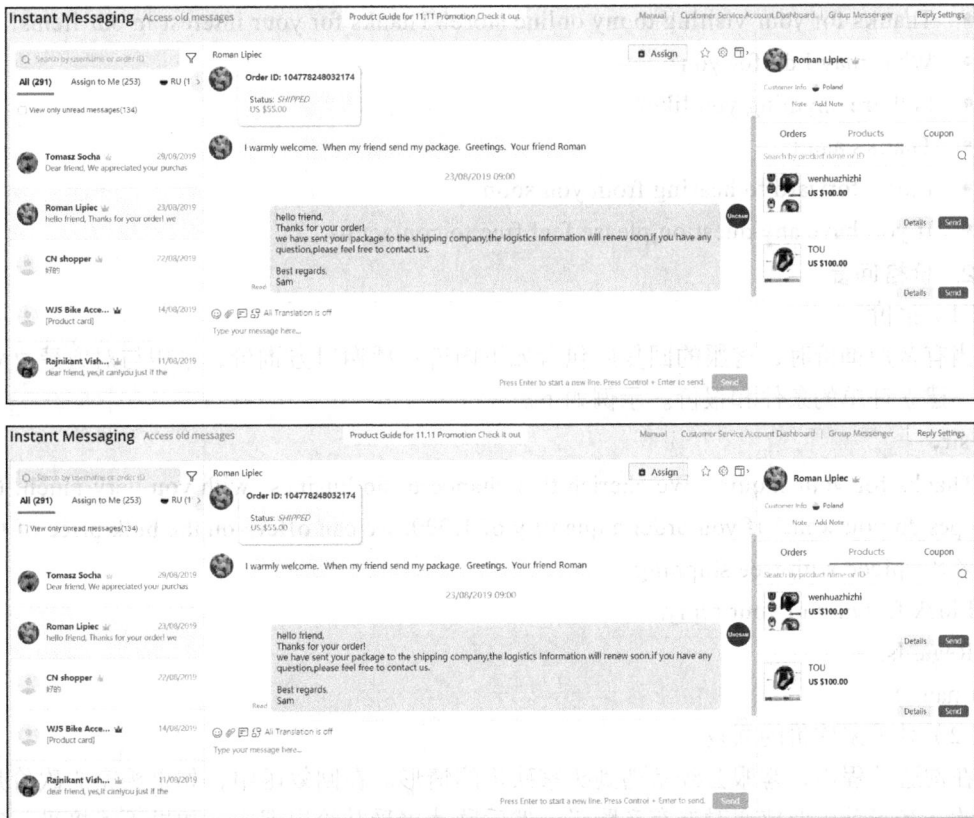

图 8-3　客户询问物流情况

③ 客户选错尺码或颜色。在交易过程中有时会碰到客户选错尺码、颜色等情况，这时客服可以让客户在"订单留言"页面注明特殊要求。例如，客户碰到产品颜色问题时，一般会问："I want light color,but there is no option there,what should I do?"碰到这种情况，客服可以提醒客户："Message box to seller."让其在选择产品之后在"订单留言"页面注明特殊要求。客户写下留言后，卖家在发货时根据"订单留言"页面里的信息发货就可以了。

8.1.2 售前沟通与服务

一个完整的产品销售流程应当至少包括售前服务、售中服务和售后服务 3 个部分。售前服务是店铺在客户接触产品之前所开展的一系列刺激客户的购买欲望的服务工作。在整个营销和销售系统中，售前服务是营销和销售之间的纽带，至关重要，不可忽视。

在跨境电商平台上售卖产品，客户需要从公司（工厂）、产品、物流、支付、价格以及活动等方面为客户提供信息和咨询服务。

1. 问候

与客户打交道的人是活生生的个体，所以客服在与客户进行沟通，问候、欢迎、帮助客户时，注意用语要亲切、自然，要表现得热情一点。跨境电商店铺售前沟通的常用语句如下。

- Hello/Dear Friend.
- Thanks for your visiting to my online store!/Thanks for your interest in our items!
- What may I do for you?
- Is there anything you like?
- Thanks again.
- I look forward to hearing from you soon.
- If you have any question,please feel free to contact us.

2. 价格回复

（1）报价

当有客户询价时，客服的回复应包含如下内容：感谢对方询价，希望与对方建立业务关系，建立订单的条件和报价。示例如下。

Dear sir,

Thanks for your inquiry. We cherish this chance to do business with you very much. How many pcs do you want? If you order a quantity of 1,000, we can offer you the bulk price of USD ××××/piece with free shipping.

I look forward to your reply.

Best Regards,

(Your name)

（2）对买家砍价的回复

在沟通过程中，客服会经常遇到买家砍价的情形。在回复函中，如果买家的砍价是能接受的，客服首先要感谢对方有意购买，然后欣然接受并给出理由。如果不能接受，客服要表示歉意并给出理由。同时，面对这样的潜在客户，客服要细致分析，提供促成交易的一些附加条件。

Dear Joathan,

Thank you for your interest in my items.

I am sorry but we can't offer you that low price you asked for. We feel that the price listed is reasonable and has been carefully calculated and leaves me limited profit already.

However, we'd like to offer you some discounts on bulk purchases. If your order is more than 10000 pieces, we will give you a discount of 5% off.

Please let me know for any further questions. Thanks.

Sincerely,

(Your name)

8.1.3　售中沟通与服务

售中服务存在于买家下单到买家签收货物的阶段。售中沟通与服务是体现卖家服务质量的重要环节，包括在线即时交流、邮件交流以及部分口头交流等。

1. 催促付款（Urging the Payment）

买家在下单之后，不一定会及时付款。对于买家已经拍下但还未付款的订单，卖家不可以直接关闭订单。若客户在下单之后的半天内仍未付款，卖家可以通过订单留言、站内信等进行催付，提高产品的付款率；如果买家在下单之后超过 2 天仍未付款，卖家可以继续跟踪，或者根据具体情况放弃该买家。

有些买家下了订单以后，却迟迟不付款，卖家如果不及时跟进，则会导致订单过期或被取消。因此，在买家下单后未付款时，卖家应及时通过站内信或邮件与其联系，以避免订单流失。

【例 8-1】提醒买家付款（通用）。

一般情况下，若买家下单后没有及时付款，卖家可以发邮件提醒买家若有产品的价格、尺寸等相关问题，可以及时告知，还可以承诺买家付款后会尽快发货。

Dear customer,

We have got your order of ×××. But it seems that the order is still unpaid. If there's anything I can help with the price, size, etc., please feel free to contact me.

Once the payment is confirmed, I will process the order and ship it out as soon as possible.

Thanks!

Best Regards,

(Your name)

若客户下单后 2 天内还未付款，且对之前发送的邮件也没有回复，则可能觉得价格高了或者找到了更便宜的卖家。此时卖家可以告知买家产品利润很薄，但是愿意给予一定的折扣以促成交易。

Dear friend,

We found you haven't paid for the order you placed several days ago. The payment process has already been sent to you and I think you have already known how to pay.

Our profit margin for this product is very limited. But if you think the price is too high, we can give you a discount of 3%. Hope you are happy with it and you are welcome to contact me if there's anything else I can help with.

Best Regards,

(Your name)

2. 买方付款后的处理（After Payment）

在买家下单后的 24 小时内，速卖通风控部门会对买家的资金进行审核，如果发现资金来源有问题，平台会关闭交易。若未通过风控，卖家需要及时与买家沟通。若通过风控，卖家则要填写发货通知，完善物流信息。

【例 8-2】买家已付款，但无库存。

卖家可直接向客户推荐类似的产品，并提供相应的链接。如果客户经过考虑后决定取消购买，卖家可以告诉客户取消购买的流程。

Dear customer,

Thanks for your order. However, the product you selected has been out of stock. Would you consider whether the following similar ones also ok for you:

产品链接 1

产品链接 2

If you don't need any other item, please apply for 'cancel the order'.And please choose the reason of "buyer Ordered wrong Product". In such case, your payment will be returned in 7 business days.

Sorry for the trouble and thanks so much for your understanding.

Best Regards,

(Your name)

如果买家下单后，可以履约，卖家应该在最短的时间内发货，并第一时间告知物流单号及物流运送情况，并请求给予五星好评。

Dear customer,

Thank you for shopping with us.

We have shipped out your order (order ID: ××××××××××××××) on June 21th by China Post Air Mail. The tracking number is ××××××××××××.You can track the shiipping message on the website ×××××××××××××.

It will take 20-30 workdays to reach your destination. But please check the tracking information for updated information. Thank you for your patience!

We would appreciate very much if you may leave us five-star appraisal and contact us first for any question,which is very important for us.

If you have any further questions, please feel free to contact me.

Best Regards,

(Your name)

针对已经下单的买家，卖家还可以抓住机会，继续推荐与其订单相关联的产品，刺激其继续下单。

Dear customer,

Thank you for ordering our dress. The packet has been shipped today and you will get it in about 15 days.

We are selling a popular and nice belt which coordinates your dress order. For the specific information you can click:××××××××××××××××××××××××××××.

If you have any question about the item, please feel free to contact us.

Best Regards,

(Your name)

3. 物流跟踪（Package Tracking）

货物发出后，并不意味着工作的完结，卖家要及时跟踪包裹情况并告知买家。良好的物流体验能够提升买家的购物体验。物流体验包括发货速度、物流运送时效、货物完整与否、送货员的服务态度等重要内容。货物发出后，有可能会遇到各种问题，如物流信息几天都未更新；货物长时间在途，且在预计时间内未到达买家所在国家和地区；确认收货超时，依然未妥投甚至货物丢失；卖家由于特殊原因需要更换快递公司等。这些都会引起买家的不满，卖家需要及时与买家沟通，避免买家发起投诉。如果货物能够顺利运出，则卖家最好根据物流显示的信息在货物抵达海关、到达买家当地邮局以及货物妥投后及时告知买家，争取买家在收货后能给予好评。

【例 8-3】物流信息未及时更新。

买家普遍希望尽快收到购买的物品，在得知快递单号后往往会主动查询物流信息。但如果物流信息几天内都未更新，买家会比较着急。此时卖家可以主动与买家联系，请买家耐心等待。

Dear customer,

As we all know, it's the busiest part of the shopping season and the logistics companies are running at maximum capacity.

Your delivery information has not been updated yet, but please don't worry. We will let you know as soon as the update is available.

Thank you for your patience!

Best Regards,

(Your name)

4. 关联产品推荐（Recommending the Related Products）

做好关联营销，能有效利用来之不易的流量，提高转化率，从而降低推广成本。关联营销不仅是把关联产品在关联位置上摆放好，而且要抓住一切机会向买家推荐。卖家还可以推荐订阅店铺，以便及时向潜在买家推送消息（包括折扣产品、新产品以及节日热销产品的信息）。

【例 8-4】买家不满意选择的产品，卖家向其推荐关联产品。

如果买家在询问之后发现感兴趣的产品有某些地方不如意，卖家可以把关联的产品推荐给他，告诉他这些是相关的热销商品，希望他喜欢。

Dear customer,

I am sorry that your are not satisfied with the product you inquired. According to your information, I would like to recommend some other items of similar styles and hope you will like them too. These are our popular best sellings right now. Please click the link××××× ×××××××××and ×××××××××××××××× to get more specific information about the items.

If you have any question about the items, please feel free to contact us.

Best Regards,

(Your name)

8.1.4 售后沟通与服务

提高买家满意度可以给卖家带来额外的交易机会，能够影响产品的排序曝光，还会影响其他买家的购买行为，对卖家的星级和可享有的资源产生影响。因此，买家满意度对卖家非常重要，而售后服务则是影响买家满意度的重要方面。

1. 售后评价（Freed Back）

评价是买家对卖家的反馈。评价分为好评、中评和差评。无论哪种评价，卖家都要认真地对待，沟通是一切的基础。好的服务往往会让客户给出好评。面对中、差评，卖家应及时沟通，可以用道歉邮件、优惠券以及适当赔款等方式给予安慰。

【例8-5】买家收到货之后没有留下评价。

有些买家收到货物后不管产品质量好不好一律不给评价，卖家可以委婉地提醒买家给出评价。有些买家甚至不知道怎么评价，卖家可以及时和买家进行沟通，告诉他评价的步骤。买家收货后，卖家可以主动发邮件咨询买家收到的货物是否符合他的需要和期待，有时候主动催一下，买家反而对卖家更有好感。

Dear buyer,

Thanks for your continuous support to our store, and we are striving to improve ourselves in terms of service, quality, sourcing, etc. It would be highly appreciated if you could leave us a positive feedback, which will be a great encouragement for us. If there's anything I can help with, don't hesitate to tell me.

Best Regards,

(Your name)

2. 纠纷处理（Dealing with Dispute）

速卖通平台规定交易过程中所产生的纠纷属于交易纠纷，即在交易过程中由于误会或者一方刻意隐瞒，从而使交易无法圆满完成。买家在交易过程中发起退款申请时有两个大类可选，分别是未收到货物以及收到货物但与约定不符。这两个大类又分别包含不同的小类。未收到货物包括运单号无效、发错地址、物流途中、海关扣关、包裹退回。收到货物但与约定不符包括货物与描述不符、质量问题、货物破损、货物短缺、销售假货。买家如果因各种原因发起退款申请，其在今后的交易过程中对平台的产品、卖家以及对平台本身都会产生质疑，最终该买家会流失，并会影响交易的回款周期。平台对纠纷也有相关的处罚措施，会把更多的资源提供给优质的卖家。纠纷处理流程如图8-4所示。

```
                    ┌──────────────┐
                    │   卖家已发货  │
                    └──────┬───────┘
        ┌─────────────────┼─────────────────────────────────────────────┐
        ┆          ┌──────┴───────┐   可提交时间：                        ┆
        ┆          │   买家发起    │   UPS/DHL/FEDEX/TNT发货，发货后6天~23天 ┆
        ┆          │   退款申请    │           EMS/顺丰发货，发货后6天~27天  ┆
        ┆          └──────┬───────┘           航空包裹发货，发货后6天~39天  ┆
        ┆                 │        1. 若设置的承诺运达天数小于等于5天，发货后即可提交 ┆
        ┆                 │        2. 若设置的承诺运达天数大于上述可提交天数的上限，以 ┆
        ┆                 │           承诺运达天数作为上限                  ┆
        └─────────────────┼─────────────────────────────────────────────┘
                   ◇──────┴───────◇
                   │ 买卖双方       │
                   │ 交易协商       │
                   ◇──────┬───────◇
     ┌────────────┬───────┴────────┬──────────────────┐
┌────┴─────┐ ┌────┴─────────┐ ┌────┴──────┐    ┌──────┴──────┐
│ 卖家同意  │ │ 卖家拒绝纠纷内容 │ │ 买家取消   │    │ 买家未收到货  │
│ 纠纷内容  │ │ 给出建议方案    │ │ 退款申请   │    │ 继续等待     │
└────┬─────┘ └────┬─────────┘ └────┬──────┘    └──────┬──────┘
┌────┴─────┐      │          ┌────┴──────┐           │
│ 达成协议  │ ┌────┴─────┬──────┐ │ 买家确认   │◀──────────┘
│ 执行款项  │ │ 买家同意  │ 买家拒绝 │ │ 收货放款   │
└──────────┘ │ 卖家方案  │ 继续协商 │ └───────────┘
             └────┬─────┘ └──┬───┘
          ┌───────┴──┐  ┌────┴──────────────────────────────────────────┐
          │ 达成协议  │  ┆ ┌──────────┐ ┌──────┴──────┐  可提交时间：         ┆
          │ 执行款项  │  ┆ │ 达成协议  │ │ 买家/系统提交至 │ 买家：第一次发起退款申请后第4天可提交  ┆
          └──────────┘  ┆ │ 执行款项  │ │ 平台进行裁决  │ 系统：买家第一次发起退款申请后第16天自动提交 ┆
                        ┆ └──────────┘ └──────┬──────┘ 对于未收到货——货物在途的纠纷，在承诺运达时间 ┆
                        ┆                     │        之前不会提交至平台进行裁决              ┆
                        └─────────────────────┼──────────────────────────────────────────┘
                                       ┌──────┴──────┐
                                       │ 平台介入     │
                                       │ 处理        │
                                       └─────────────┘
```

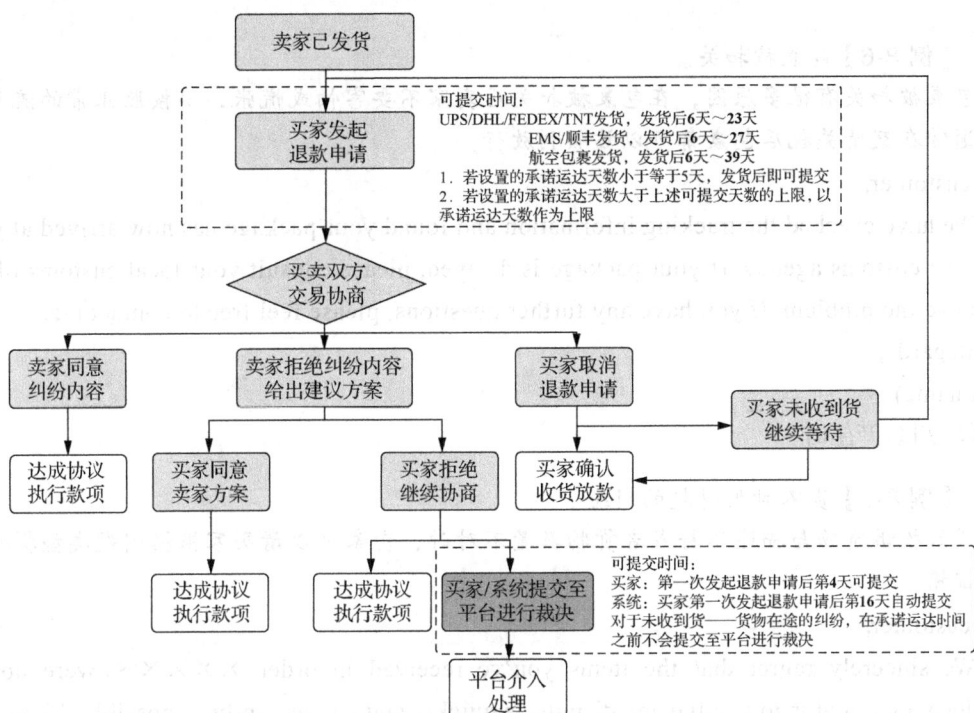

图 8-4　纠纷处理流程

（1）买家在交易过程中未收到货物或者对收到的货物不满意时可发起退款申请，纠纷由此产生，买卖双方可协商解决，若无法达成一致，可提交至平台进行裁决。

裁决的提交包括以下 3 种情况。

① 买家提交纠纷裁决：自买家第一次发起退款申请开始第 4～15 天，若买卖双方无法协商一致，买家可以提交至平台进行裁决。

② 系统提交纠纷裁决：自买家第一次发起退款申请开始至第 16 天，卖家未能与买家达成退款协议，买家未取消退款申请也未提交至平台进行裁决，系统会自动提交至平台进行裁决。

③ 卖家提交纠纷裁决：若买家申请退款退货，在买家填写退货地址后的 30 天内，卖家未收到退货或收到的退货货不对版，可以提交至平台进行裁决。

速卖通在纠纷裁决产生的 2 个工作日内会介入处理，它会参考买卖双方的纠纷协商阶段及提交纠纷裁决阶段提供的证据进行裁决。

① 若现有证据充足，平台则直接给出裁决意见，之后进入申诉期；若证据不足，平台则联系双方限期提供相应证据，速卖通将根据双方提供的证据给出裁决意见，如果任何一方逾期提供相应证明，速卖通会按照已得证据给出裁决意见并进入申诉期。

② 双方在申诉期内若补充了充足的证据，则平台根据补充证据进行最终裁决；若未补充有效证据，则平台根据裁决意见进行最终裁决。

③ 若买卖双方在申诉期内通过协商达成一致意见，速卖通会根据双方意见进行裁决。

（2）卖家在纠纷处理中可从以下几个方面着手。

① 纠纷产生前

在交易的过程中卖家要尽量避免纠纷的产生，如果真的产生纠纷了，要力争顺利解决，让买家感到满意，这能为卖家留住买家并且产生口碑效应，赢得更多的买家。

【例8-6】包裹被扣关。

包裹被扣关有很多原因，在包裹被扣关后卖家不要害怕或慌张，要按照正常的流程解决，通常在交清关税后包裹都可以被顺利放行。

Dear customer,

We have checked the tracking information and found your package has now arrived at your country's customs agency. If your package is delayed, please consult your local customs office to resolve the problem. If you have any further questions, please feel free to contact me.

Best Regards,

(Your name)

② 纠纷产生时

【例8-7】货不对版引起的纠纷。

买家投诉货物与描述不符或者货物数量不对时，卖家可以请买家根据问题类型提供相应的证据。

Dear customer,

We sincerely regret that the items you've received in order ××××× were not as described. Our goal is to resolve any dispute as quickly and conveniently as possible. Choice #1: You have claimed the items did not work/work properly. As such, we must ask that you please make a video recording to illustrate this issue and send them directly to my email: ××××× ×××. This will allow us to verify the problem and help resolve it to your satisfaction. Choice #2: You have claimed the items did not work/work properly. As such, we must ask that you please take some photos to illustrate this issue and send them to my email: ×××××××××. This will allow us to verify the problem and help resolve it to your satisfaction. We apologize for the inconvenience and look forward to hearing from you.

Best Regards,

(Your name)

③ 纠纷升级为平台纠纷

纠纷升级为平台纠纷可能存在多种情况，包括双方未及时响应、未有效协商、一方提出另一方不能接受的要求等。在纠纷升级为平台纠纷时，卖家要认真核实买家的投诉原因，根据投诉原因提供有效的证据。卖家要查看买家的留言和反馈的问题，及时有效地沟通，争取在3天内协商一致。如果问题已经解决，卖家可以引导买家关闭纠纷。

【例8-8】卖家过错，给予退款或退货。

在看到买家提供的证据以后，卖家如确实有过错，则应做出退部分货款、退货或者退全款的处理，请求买家关闭纠纷。

Dear customer,

We sincerely regret that we have been unable to come to terms thus far but we hope to bring this matter to a successful resolution. As such, we would like to offer you the following options: 1. Keep your ordered item(s) and accept a partial refund. It is possible to receive a partial refund of $××××.×× (USD). 2. Return and Refund. If you decide not to keep your ordered item(s), you can still return your order to ×××××××× and receive a full refund. However, you would be responsible for all return shipping fees. Whatever you decide, we will continue to honor you as a valued customer and appreciate your giving us the opportunity to serve you. If you have any questions, please feel free to contact me.

Best Regards,

(Your name)

3. 客户维护

【例 8-9】节日问候。

卖家给老客户或者新客户发送节日祝福邮件，一能维护好与客户的关系，二可以和客户沟通确认细节，向其推荐产品，让客户记住你，对你有印象。

Dear customer,

Merry Christmas and happy New Year! The Christmas and New Year holiday is coming near once again. We would like to extend our warm wishes for the upcoming holiday season and would like to wish you and your family a Merry Christmas and a prosperous New Year. May your New Year be filled with special moment, warmth, peace and happiness, the joy of covered ones near, and wishing you all the joys of Christmas and a year of happiness.

It's my honor to contact with you before, and my duty is to give you our best products and excellent service. Hope the next year is a prosperous and harvest year for both of us ! Last but not least, once you have any inquiry about ×××× (products) in the following days, hope you could feel free to contact with us, which is much appreciated.

Yours sincerely

(Your name)

8.2 订单履约

店铺运营的最终目的是让客户下单，但真正影响店铺信誉和服务等级的是好评率，而及时、正确履约发货是获得客户好评的重要因素。订单履约一般可分为以下几个步骤。

（1）订单登记

客户已经下单并付款，但可能还没有通过风控审核，这个时候卖家可以先登记订单以进入订单处理流程。未付款的订单属于客户催付的范畴，只有付款成功的订单才能进入订单处理流程。

（2）订单确认

订单确认的主要内容是确认客户所购买的货物是什么、是否有货，还要确定客户的联系方式、地址、物流选择。如果缺货，客服需将该情况反馈给客户并与客户沟通解决。

（3）单据打印

订单确认无误后，卖家即可按出货流程及所选择的物流方式打印对应的单据，包括发货标签和商业发票等。

（4）拣货配货

卖家按照订单的内容，去仓库选拣相应的产品。一般，卖家在这一步会同时把产品打包好。如果买家购买了多个产品，卖家可按照买家的需求及选择的物流方式来配货，如拆成几个包裹分别用小包运输，或用 DHL 等商业快递将全部产品一起发出。

（5）校验出库

校验出库环节非常重要，是最后一道关卡，作用是防止之前的工作出现错误。卖家在此环节中需检查订单、单据、货物质量等各方面是否存在问题。

（6）物流配送

校验出库环节没有问题、客户方面也没有任何问题，这时卖家就可以将货物发至物流公司或者物流公司指定的仓库了。

8.2.1　订单物流方案选择

在跨境电商行业，因为物流成本高，所以订单能否盈利往往取决于物流方案的选择。选择物流方案时，卖家通常都会根据客户的要求，结合具体的情况，选择最合适、最有利于订单履约和店铺运营的方案。

1. 选择物流方案的因素

选择跨境物流方案需要考虑下列因素。

（1）商品类型（普货、敏感货物、泡货）。

（2）商品质量（轻货、重货）。

（3）商品价格（是否低于 5 美元）。

（4）物流速度（追求价格低还是追求时效）。

（5）发货方式（线上发货还是线下发货）。

（6）突发状况（渠道折扣调整、部分地区局势等）。

2. 择优选取物流方案

步骤 1： 登录速卖通后台，单击"交易"下的"物流方案查询"，如图 8-5 所示，打开"物流方案查询"页面。

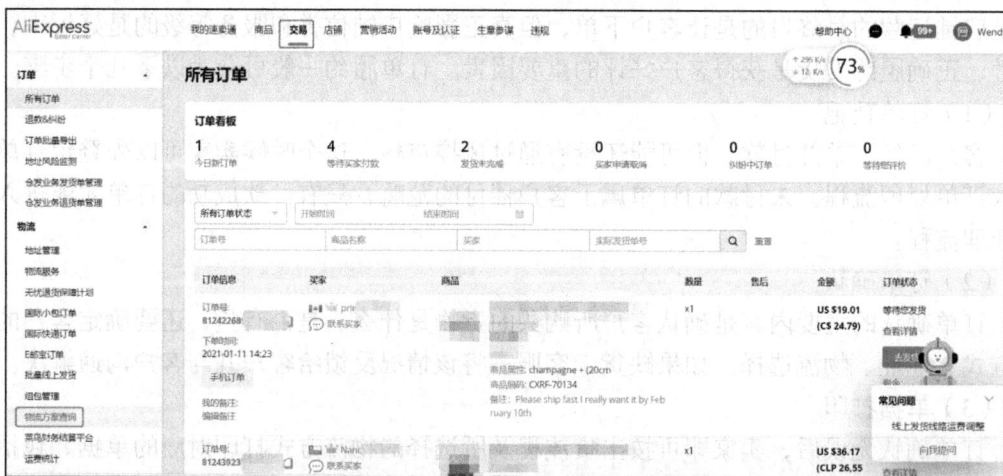

图 8-5　"物流方案查询"进入页面

步骤 2：在打开的"物流方案查询"页面中，选择收货地、发货地，勾选"全选"复选框，选择货物类型，输入货物价值（折扣前的价格）和包裹信息，如图 8-6 所示。例如，收货地为俄罗斯，货物类型为普通货物，货物价值为 12 美元，包裹重 0.6kg，长 30cm、宽 20cm、高 15cm。

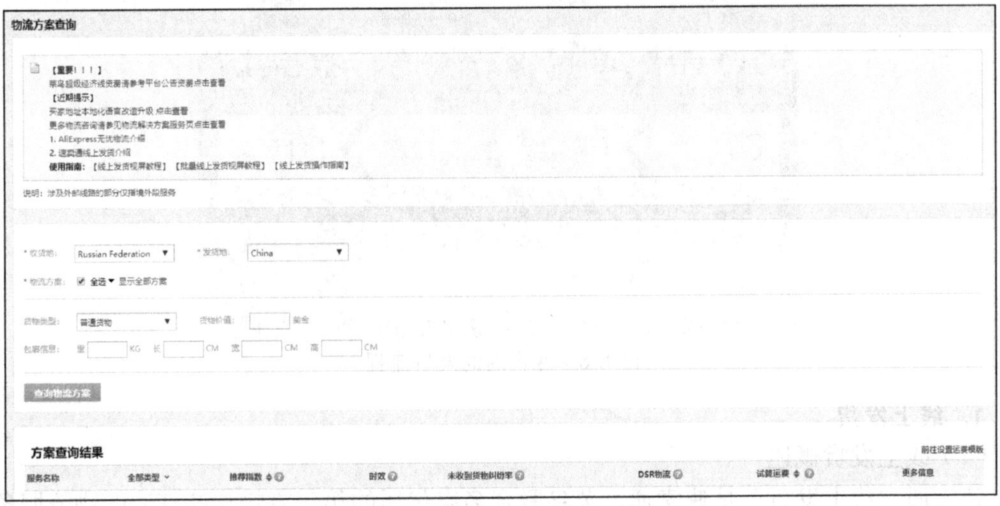

图 8-6　"物流方案查询"页面

步骤 3：单击"查询物流方案"，打开"方案查询结果"页面，如图 8-7 所示。从图中可看出，平台推荐的物流方案为"AliExpress 无忧物流-标准"，卖家可以参照买家的要求，根据时效、未收到货物纠纷率、DSR 物流、试算运费、更多信息等指标来综合选择适合自己的物流方案。

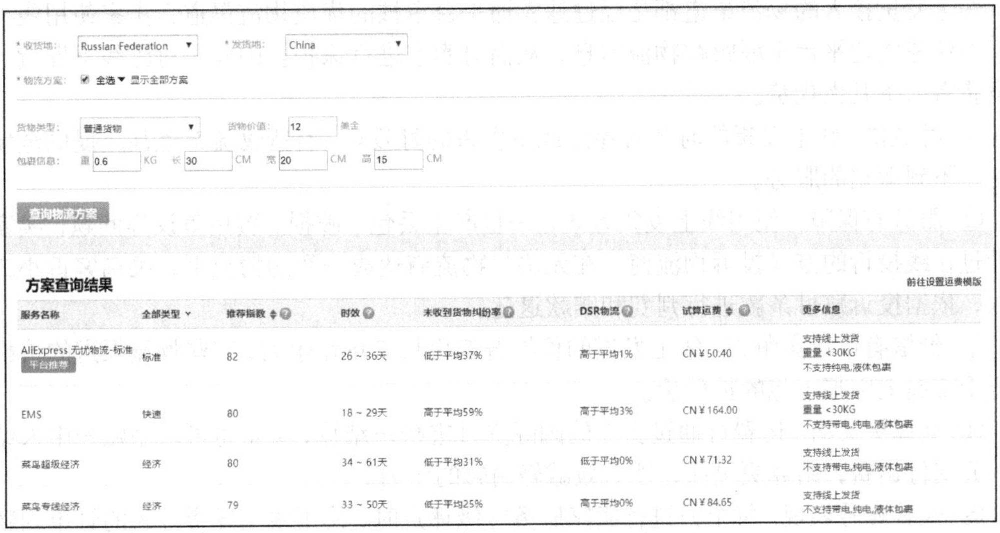

图 8-7　"方案查询结果"页面

8.2.2　订单发货

发货分为线上发货和线下发货。线上发货就是走平台提供的物流渠道，把货发往平台物流渠道指定的仓库。线下发货就是卖家自己找货代或物流公司发货。速卖通的发货流程如图 8-8 所示。

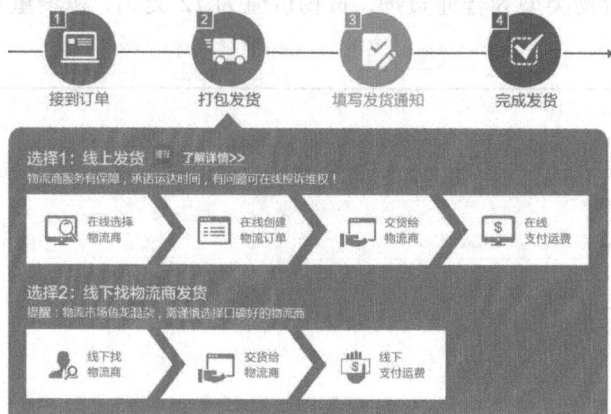

图 8-8　速卖通的发货流程

1. 线上发货

（1）线上发货概述

速卖通"线上发货"是速卖通、菜鸟联合多家优质的第三方物流商打造的物流服务体系。卖家出单后，可直接在速卖通后台的交易订单中单击"线上发货"，选择合适的在线物流方案，在线上发货。卖家使用"线上发货"需要在速卖通后台在线创建物流订单，物流商上门揽收（或卖家自寄、自送至物流商仓库）后，卖家可在线支付运费（或者直接授权国际支付宝账户代扣线上发货运费），如果遇到物流问题可在线进行维权。

（2）线上发货的优势

线上发货接入的物流渠道都是经过速卖通平台审核的优质物流渠道，卖家使用线上发货，可使速卖通平台全程跟踪物流信息，从而对卖家进行保护。因此，对比线下发货，线上发货有以下几大优势。

① 时效快。线上发货的时效普遍比线下发货的时效短，有些物流渠道甚至提供全境限时达、不到即赔的服务。

② 服务有保障。使用线上发货方式，一旦产生丢包、破损、费用争议等问题，卖家可以通过在线投诉的方式投诉物流商，在无法与物流商达成一致的情况下，菜鸟客诉小二会介入，依据投诉赔付条款进行判罚和赔款退还。

③ 价格有市场竞争力。线上发货的价格普遍更具市场竞争力，有些物流渠道的价格甚至低于市面上中邮小包的折后价。

④ 结算更灵活。运费可通过卖家的国际支付宝账户结算，卖家也可以用账户中未结算的美元支付运费，结算更灵活，能有效减轻周转的压力。

⑤ 改善账号表现。每个月进行卖家服务等级评定时，使用线上发货方式的订单因物流原因得到的低分可被抹除（物流问题导致的 DSR 物流低分、仲裁提起、卖家责任裁决率等都不计入考评）。

（3）线上发货的方式

目前，线上发货的方式有以下 3 种。

① 在后台进行线上发货操作;

② 通过第三方软件如全球交易助手、速脉打单宝、速卖 ERP 进行线上发货操作;

③ 对接线上发货 API 接口,通过自有企业资源计划进行线上发货操作。

(4)线上发货的流程

线上发货的操作流程包括待发货订单选择线上发货、选择物流方案、创建物流订单、将货物打包、交货给物流商、填写发货通知和支付运费等 7 个步骤。线上发货的操作相对比较简单,卖家按照系统的提示操作就可以完成发货。

2. 线下发货

线下发货主要是根据与货代公司的协议进行打包和辨识内容张贴,然后把包裹交给货代公司。相关费用也可以与货代公司自由协商结算。线下发货的操作步骤如下。

步骤 1:单击"交易"下的"所有订单",如图 8-9 所示,进入订单管理页面。

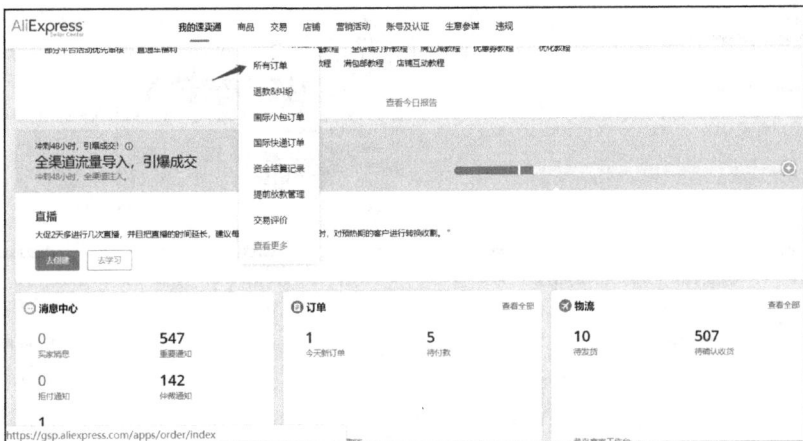

图 8-9　订单管理页面

步骤 2:单击"发货未完成",查看所有还未发货的订单,优先处理发货时间比较紧张的订单。因为如果我们超过系统限定的发货时间,订单就会自动取消,货款就会自动退回买家的账户。未发货订单页面如图 8-10 所示。

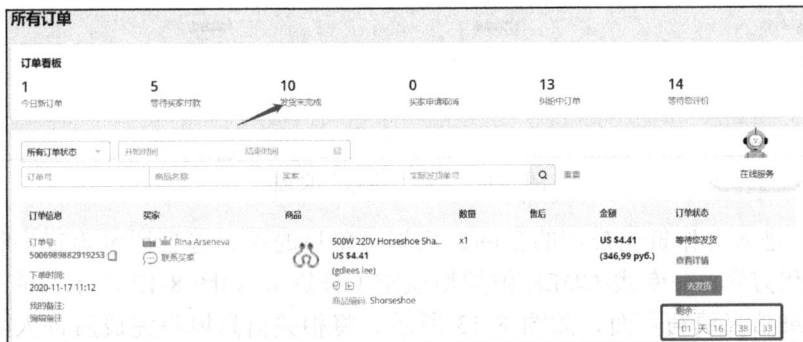

图 8-10　未发货订单页面

步骤 3：单击"去发货"，进入"订单信息"页面，如图 8-11 所示。

图 8-11 "订单信息"页面

步骤 4：进入合作货代公司的官网，根据订单目的地、包裹质量等查询收费方案，从中选择最优方案——专线-CDEK 俄罗斯航空（普货），如图 8-12 所示；单击"下单"，进入订单详细信息填写页面，如图 8-13 所示，将相关信息填写完成后进入生成订单的页面。

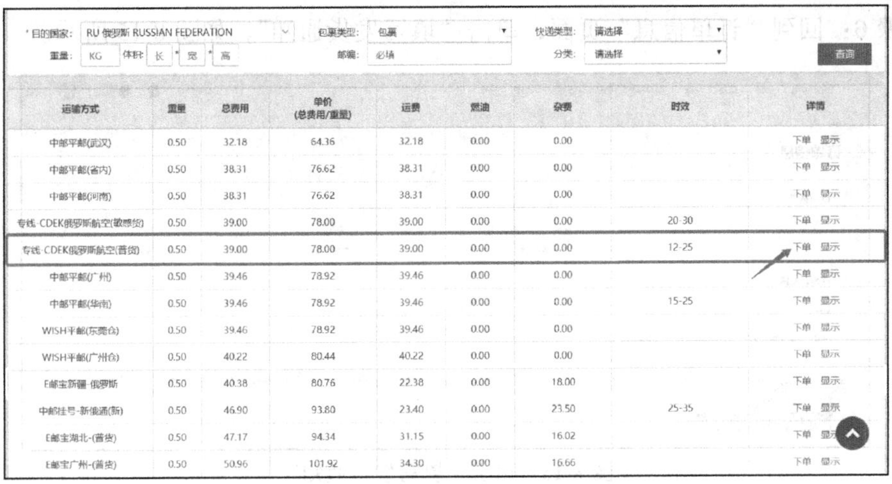

图 8-12　合作货代公司官网查询并选择相应的承运方式

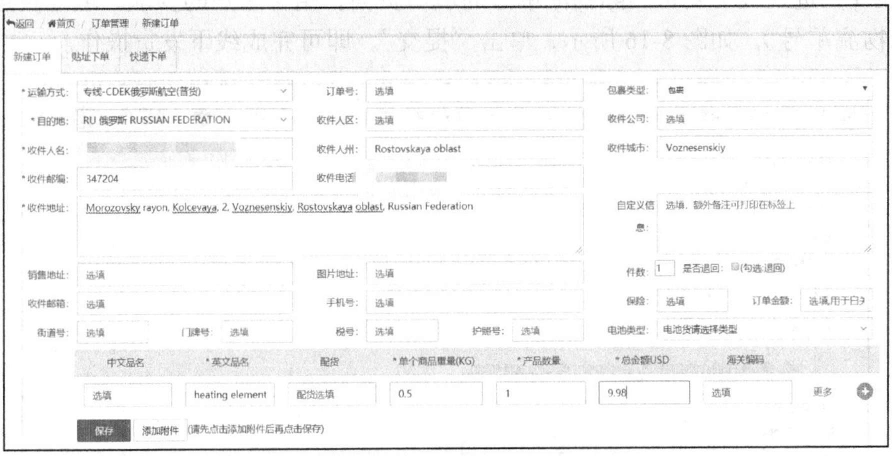

图 8-13　订单详细信息填写页面

步骤 5：将填好的订单详细信息填写页面保存，回到货代公司官网首页，单击"确认订单"，选中刚刚创建的订单，然后单击"提交预报"，如图 8-14 所示。其中的转单号就是国际快递运单号。

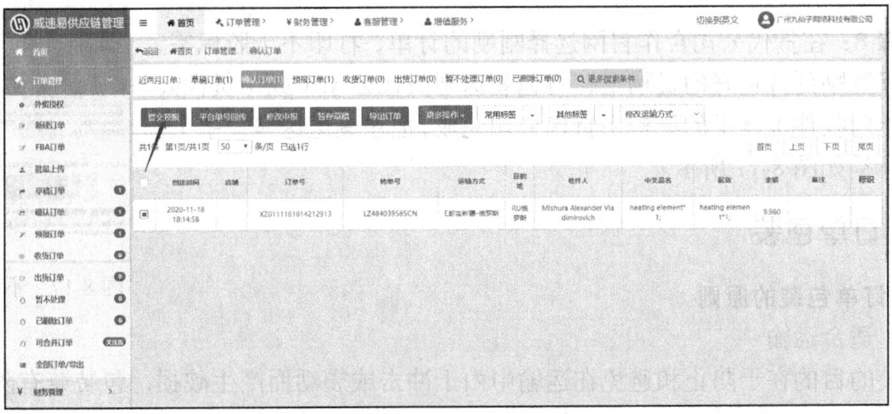

图 8-14　"提交预报"页面

步骤 6：回到"订单信息"页面，单击"填写发货通知"，如图 8-15 所示。

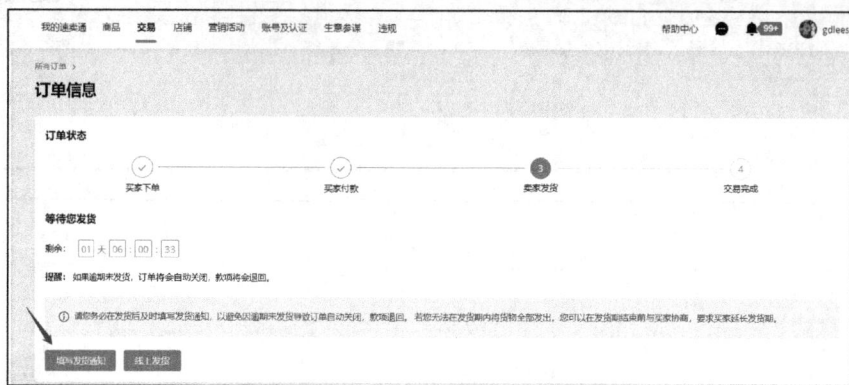

图 8-15　单击"填写发货通知"

步骤 7：进入线下发货国际物流单号的填写页面，结合客户的要求，填写货运跟踪号（即国际物流单号），如图 8-16 所示，单击"提交"，即可完成线下发货操作。

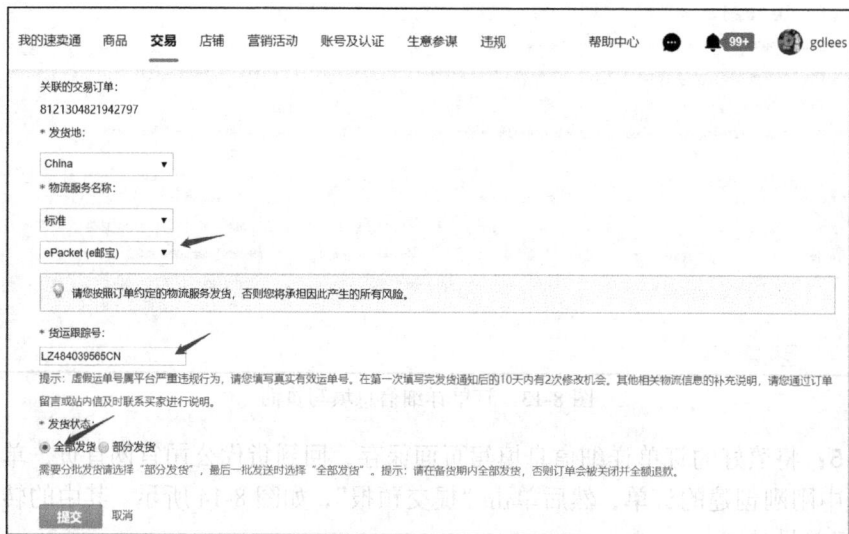

图 8-16　货运跟踪号填写页面

步骤 8：在货代公司合作官网选择刚刚的订单，打印不干胶标签，然后把标签贴到打包好的货物上，将包裹送到货代公司（或由货代公司直接上门收件）。剩下的流程由货代公司完成，把包裹送达客户手上。不干胶标签如图 8-17 所示。

图 8-17　不干胶标签

8.2.3　订单包装

1. 订单包装的原则

（1）适合运输

包装的目的在于防止和避免在运输中由于冲击或震动而产生破损，包装兼有防潮和防盗功能。

（2）便于装卸

完好的包装将有利于货物的装卸，有效地提高货物的装卸效率，同时能够避免野蛮装卸可能给货物带来的损害。

（3）适度包装

对货物进行包装时，要根据货物尺寸、质量和运输特性选用大小合适的包装箱及包装填充物，要尽量避免包装不足造成的货物破损和包装过度造成的包装材料浪费。

（4）保护产品、防盗

包装在保证快件内容的使用特性和外观特性不被损坏的情况下，更要注意防盗——特别是对于高价值货物而言。

（5）包装与快件成为一体

外包装要和快件的保护材料、缓冲材料和内容物融为一体，内容物之间（一个外包装内含有多个内容物）或内容物与外包装之间不应产生摩擦、碰撞和挤压。

（6）注意方向

有放置方向要求的货物在包装、储存和运输过程中必须保证按照包装上的箭头标志正确放置货物，避免侧放和倒放。

（7）重心、几何中心合一

包装件的重心和其几何中心应该合一或比较接近，这样可以防止在运输过程中由于启动、转弯和刹车而给货物带来损失。

2．选用合适的包装材料

常用的跨境货物的包装材料有纸箱、泡沫箱、牛皮纸袋、文件袋、编织袋、快递袋等，如图 8-18 所示。常用的包装辅料有封箱胶、不干胶警示贴、气泡膜等，如图 8-19 所示。其中，纸箱最为常用；服装等不怕压、不易碎的产品可以直接用快递袋包装；而其他贵重的或易碎的产品（如消毒柜用的卤素管等）要先用气泡膜垫包，再装入纸箱（或硬纸筒）中，以确保产品在跨境运输中的安全。

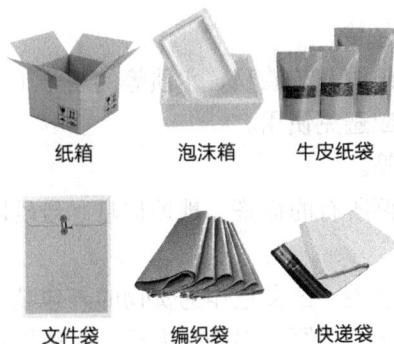

纸箱　　泡沫箱　　牛皮纸袋

文件袋　　编织袋　　快递袋

图 8-18　包装材料

封箱胶　　不干胶警示贴　　气泡膜

图 8-19　包装辅料

3．不恰当的包装方式及改进办法

（1）连体包装

卖家以带子、绳索、胶带或气泡膜对两个大小相同或不同的商品进行连体包装时，应根据实际情况确定是否更换包装，如出现松弛、易分离等情况，应予以更换。

（2）内件无定位包装

内件在包装内有明显晃响、滚动（无类似破损的声音）时，需附加缓冲防震材料或更换更加合适的包装箱。

（3）内件无内装保护

内件有锋利尖角的物品，如零件等要先用胶带将瓦楞纸板绑在所有锋利或凸起的边缘以进行保护，并在包装内填充足够的缓冲防震材料。

（4）内件无分隔

多件易碎品装入同一个包装时应采取相应的分隔措施。

（5）包装重心不稳

货物重心明显偏向一边，以及货物包装经积压或原本就近似圆形时，易滚动，需更换包装。

（6）重货包装强度不够

重货必须选择强度达到要求的单层或双层瓦楞纸箱进行包装。

（7）没有内包装的小件物品

内件为手表、读卡器、纽扣、螺丝等小件物品时，必须先按一定要求进行分隔独立包装，再外套包装箱，以免物品遗漏、丢失。

（8）超出原包装箱容量的包装

因为产品过大对原包装箱进行裁剪、额外加长或加宽了包装的情况，为免货物撑破包装，应视内件和外包装情况，更换新的外包装。

（9）商品包装与运输包装过于紧密

商品包装与运输包装之间应填充缓冲材料，以免物流供应商或海关查验时划伤内件。

（10）电子产品包装不当

电子产品必须使用纸板箱作为外包装。

4. 不恰当的包装材料

（1）任何报纸、刊物、宣传海报等不能作为外包装。

（2）强度不足的包装。不能使用有压垮痕迹、破洞及有油渍、水渍等的箱子（不影响签收）来包装货物，受潮或强度不够的瓦楞纸箱也应避免使用。

（3）易破损的材料，如编织袋、保丽龙、塑料等。

（4）重复使用的箱子或盒子。必须去除包装外侧所有的标签、地址信息、号码以及一切可能影响操作人员识别的粘贴物品和信息。

（5）公文包、行李箱、行李袋等。不接受以行李袋、公文包作为货物的外包装。

（6）木质包装。此类货物如有异常，拆箱后将无法还原，需确认去除、无须拆箱并提供必要的证明等。

（7）使用绳索、带子或胶带缠绕商品。带子、绳索不能直接作为包装材料，需要附加气泡膜、包装。

（8）商品包装。商品包装不能直接作为运输包装。

（9）打包带。使用不带铁箍的打包带，入库时需要拆箱去除，非重货则无需附加。

任务实训1　为速卖通女装店铺的客户进行售前、售中和售后客户服务

【实训目标】

1. 能应用售前沟通与服务的技巧解答客户关于价格、运费、支付和物流等方面的问题；

2. 能应用售中沟通与服务的技巧处理催促付款、付款后处理、物流跟踪和推荐产品等方面的问题；

3. 能应用售后沟通与服务的技巧处理评价、纠纷和客户维护等方面的问题；

4. 能根据实际情况做好客户维护。

【实训内容】

假设你在 Aliexpress 上经营一家网店卖服装。美国的客户 Ms.Lisa 看中了你店铺的一条连衣裙。

1. Ms.Lisa 发站内信问你，价格还能不能再便宜一些？

2. Ms.Lisa 下单后 2 天都没有付款，你该如何跟她沟通？

3. Ms.Lisa 付款后，你如何将店里的一件上衣作为关联产品推荐给她？

4. 你及时将货物发送给 Ms.Lisa 了。请给她写一封邮件，包含以下内容：

（1）告诉她你将如何跟踪物流。

（2）提醒她货物将在 30 天左右到达。

（3）希望她能给好评。

5. 货物到达海关后，遭遇海关严格检查，导致邮递延误，请写一封邮件向 Ms.Lisa 解释。

6. Ms.Lisa 在收到产品后一直没有给评价，写信告诉她希望她能对订单做出评价，并给出 5 星好评。

7. Ms.Lisa 收到货物后，投诉货物与描述不符，发起了纠纷，请写一封邮件解释，可以请求买家根据问题类型提供相应的证据，并表示如果是你们的问题，一定会给她满意的处理。

8. Ms.Lisa 是你的老客户。万圣节即将来临，请向你的老客户送上节日祝福，并且告诉她，如果有关于产品方面的任何需求，请直接来信告诉你，你将会给她提供最好的服务。

任务实训2　处理速卖通女装店铺订单

【实训目标】

1. 能根据客户的要求选择合适的物流方案；

2. 能熟练完成线上与线下发货流程；

3. 能根据产品实际情况完成订单打包工作。

【实训内容】

1. 完成店铺里采用线上发货与线下发货订单各 3 个；

2. 完成店铺的以上 6 个订单的打包工作。

课后习题

一、名词解释

3C原则　线上发货　线下发货

二、选择题

1. 跨境电商客户服务中，不属于"3C原则"的是（　　　）。

   A. 清楚　　　　　B. 系统　　　　　C. 简洁　　　　　D. 礼貌

2. 以下哪个不属于速卖通的评价的类型？（　　　）

   A. 好评　　　　　B. 中评　　　　　C. 差评　　　　　D. 不评

3. 纠纷裁决产生的（　　　）个工作日内速卖通会介入处理。

   A. 1　　　　　　B. 2　　　　　　C. 3　　　　　　D. 7

4. 以下不属于速卖通线上发货优势的是（　　　）。

   A. 服务有保障　　B. 提高账号表现　　C. 速度最快　　D. 价格有市场竞争力

5. 以下不属于跨境货物包装材料的是（　　　）。

   A. 泡沫箱　　　　B. 快递袋　　　　C. 纸箱　　　　　D. 冰袋

6. 以下可以作为外包装的是（　　　）。

   A. 报纸　　　　　B. 纸箱　　　　　C. 报刊　　　　　D. 宣传海报

7. （多项选择题）跨境电商客服的工作职责是（　　　）。

   A. 负责店铺的订单留言及站内信的回复工作，并处理客户的投诉

   B. 负责处理店铺订单，包括发货、物流跟踪、库存及销售统计

   C. 协助销售人员开发新客户，维系老客户等工作。

   D. 负责优化产品详情页

8. （多项选择题）若买卖双方就某个纠纷无法达成一致，有哪几种可提交至平台进行裁决的裁决情况？（　　　）

   A. 第三方提交纠纷裁决　　　　　　B. 买家提交纠纷裁决

   C. 系统提交纠纷裁决　　　　　　　D. 卖家提交纠纷裁决

9. （多项选择题）以下属于包装辅材的有（　　　）。

   A. 编织袋　　　B. 封箱胶带　　　C. 不干胶警示贴　　D. 气泡膜

三、简答题

1. 客服在整个店铺的运营中有什么作用？

2. 店铺的纠纷订单该如何处理？

3. 线上发货与线下发货相比，有哪些优势？

4. 有 20 根图 8-20 所示的玻璃消毒发热管，要被打包发送到英国，该如何进行包装，为什么？

图 8-20　玻璃消毒发热管

参考文献

[1] 速卖通大学. 跨境电商运营与管理：阿里巴巴速卖通宝典. 北京：电子工业出版社，2017.

[2] 速卖通大学. 跨境电商：阿里巴巴速卖通宝典. 2版. 北京：电子工业出版社，2015.

[3] 速卖通大学. 跨境电商物流：阿里巴巴速卖通宝典. 北京：电子工业出版社，2016.

[4] 速卖通大学. 跨境电商美工：阿里巴巴速卖通宝典. 北京：电子工业出版社，2015.

[5] 速卖通大学. 跨境电商营销：阿里巴巴速卖通宝典. 北京：电子工业出版社，2015.

[6] 速卖通大学. 跨境电商客服：阿里巴巴速卖通宝典. 北京：电子工业出版社，2015.

[7] 速卖通大学. 跨境电商数据化管理：阿里巴巴速卖通宝典. 北京：电子工业出版社，2016.

[8] 速卖通大学. 跨境电商 SNS 营销与商机. 北京：电子工业出版社，2015.

[9] 阿里巴巴（中国）网络技术有限公司. 从 0 开始：跨境电商实训教程. 北京：电子工业出版社，2019.

[10] 阿里巴巴商学院. 跨境电商基础、策略与实战. 北京：电子工业出版社，2016.

[11] 易静，樊金琪，彭洋. 跨境电子商务客户服务. 北京：人民邮电出版社，2019.

[12] 陈碎雷. 跨境电商物流管理. 北京：电子工业出版社，2017.

[13] 孟云迪. 跨境电商产品开发. 北京：电子工业出版社，2020.

[14] 陈道志. 跨境电商营销推广. 北京：电子工业出版社，2019.